主编◎林木西

"十二五"国家重点图书、400种精品项目
国家"211工程"三期重点学科建设项目标志性成果
东北老工业基地全面振兴系列丛书

东北老工业基地新型产业基地建设研究

DONGBEI LAOGONGYE JIDI
XINXING CHANYE JIDI JIANSHE YANJIU

林木西　赵德起　张华新　著

经济科学出版社
Economic Science Press

图书在版编目（CIP）数据

东北老工业基地新型产业基地建设研究／林木西，赵德起，张华新著．—北京：经济科学出版社，2011.12
（东北老工业基地全面振兴系列丛书）
ISBN 978－7－5141－1594－9

Ⅰ.①东… Ⅱ.①林…②赵…③张… Ⅲ.①老工业基地－产业经济－经济建设－研究－东北地区 Ⅳ.①F427.3

中国版本图书馆 CIP 数据核字（2012）第 026989 号

责任编辑：柳　敏　李一心
责任校对：杨　海
版式设计：代小卫
技术编辑：邱　天

东北老工业基地新型产业基地建设研究
林木西　赵德起　张华新　著
经济科学出版社出版、发行　新华书店经销
社址：北京市海淀区阜成路甲 28 号　邮编：100142
总编部电话：88191217　发行部电话：88191540
网址：www.esp.com.cn
电子邮件：esp@esp.com.cn
北京汉德鼎印刷厂印刷
三河市华玉装订厂装订
710×1000　16 开　14.75 印张　370000 字
2011 年 12 月第 1 版　2011 年 12 月第 1 次印刷
ISBN 978－7－5141－1594－9　定价：26.00 元
（图书出现印装问题，本社负责调换）
（版权所有　翻印必究）

序

《东北老工业基地全面振兴系列丛书》（共10本）终于和广大读者见面了。这套丛书是辽宁大学"211工程"三期重点学科项目的标志性成果，也是我校围绕老工业基地调整改造和全面振兴进行长期研究所取得的又一重要进展。有一种说法认为，老工业基地振兴"全国看东北、东北看辽宁"。辽宁大学作为全国"211工程"重点建设大学、辽宁唯一一所综合性大学，多年来围绕这一问题进行了认真研究和不断探索："八五"期间承担了国家社科基金重点研究课题"老工业基地调整与改造研究"并获国家教委人文社科优秀成果一等奖；"九五"期间，由程伟教授主持国家社科基金重点项目"振兴辽宁老工业基地研究"并出版了系列丛书（共8本），在全国引起了较大反响；2004年，以程伟教授为首席专家主持了国家教育部哲学社会科学研究重大课题攻关项目"东北老工业基地改造与振兴研究"结题评审获得"优秀"，并获"中华优秀出版物"提名，入选首批"教育部哲学社会科学重大课题攻关项目文库"；2009年，由我撰写的《东北老工业基地制度创新》先后获辽宁省第十届哲学社会科学成果（省政府奖）一等奖、全国高校人文社会科学研究优秀成果三等奖（人文社会科学）；2011年，以我为首席专家获得了教育部哲学社会科学研究重大课题攻关项目"东北亚区域合作与我国东北地区对外开放研究"。长期以来，我校的研究人员围绕上述问题不断产生新的研究成果。

作为辽宁大学"九五""211工程"重点学科"国民经济与城市群发展"和"十五""211工程"重点学科"辽宁城市经济"研究的直接延续，"东北老工业基地改造与振兴研究"既与以往研究成果一脉相承，又与以往研究有所不同：（1）研究视野不断拓宽。"九五"

"211工程"侧重研究了东北振兴的一个"点",即辽宁中部城市群(现沈阳经济区);"十五""211工程"侧重研究东北振兴的一条"线",即辽宁区域经济;本项目扩展开来研究一个"面",即把整个东北地区老工业基地作为一个新的增长区域进行全面深入的研究。(2)研究的问题更加深入。当下,东北老工业基地调整改造的任务已基本完成,现已进入全面振兴的新阶段。按照我们的观点,2010~2015年为东北老工业基地全面振兴的攻坚阶段,2016~2020年为东北老工业基地全面振兴的实现阶段,这一划分的主要依据是2007年8月2日国务院正式批复的《东北地区振兴规划》关于东北老工业基地全面振兴需要"经过10年到15年的努力"的基本判断。(3)对建设目标和任务提出了更高的要求。

总体说来,《东北老工业基地全面振兴系列丛书》的编写目标是适应国家实施东北地区等老工业基地全面振兴的重大战略、教育部门对本学科建设和人才培养的重大需求以及服务地方经济社会发展的需要,为此力争从改革、发展和开放的角度在以下三个大的方面实施重点突破:

1. 东北老工业基地创新体系研究

东北老工业基地全面振兴重在创新,关键在于制度创新。从一定意义上说,制度创新和技术创新是东北振兴的"鸟之两翼、车之两轮"。而要实现制度和技术创新,不能囿于现有的政策,必须实现区域经济政策体系的创新。因此,这方面的研究主要包括以下三部著作:

□《东北老工业基地制度创新体系研究》(张桂文等著)

主要从制度创新的相关理论、非均衡制度变迁对东北经济发展的影响出发,设计东北的制度创新体系:一是正式制度创新,包括产权制度创新、企业制度创新、市场制度创新和地方政府管理制度创新;二是非正式制度创新,主要从价值观念、道德伦理、风俗习惯出发,研究东北市场文化氛围的形成、自主创新精神的培育和诚信体系的建设等问题。

□《东北老工业基地技术创新体系研究》(武萍等著)

主要分析三方面的内容:一是技术创新的基础理论,包括国内外技术创新的模式与借鉴、技术创新评价体系的建立;二是东北老工业基地的技术创新体系,包括企业技术创新体系、中介服务体系、人才体系和环境支持体系;三是东北老工业基地技术创新绩效评价。

□《东北老工业基地经济政策创新体系研究》(马树才等著)

主要内容包括:一是区域经济政策创新的基础理论;二是东北老工业基地经济政策创新体系,包括区域产业政策创新、区域财政政策创新、区域货币政策创新和区域对外经济政策创新;三是区域经济政策协调配合创新体系研究。

2. 东北老工业基地经济发展与和谐东北构建

促进经济发展、构建和谐东北既是东北老工业基地全面振兴的内在要求,又是实现区域发展总体战略的重要组成部分。这方面的研究主要包括五部著作:

□《东北老工业基地新型产业基地建设研究》(林木西等著)

主要分析:一是新型产业基地建设的基础理论;二是东北地区新型产业基地的建设,包括先进装备制造业基地、高加工度原材料工业基地、高新技术产业基地、新型能源基地、现代服务业基地和现代农业基地;三是新型产业基地建设政策支持体系。

□《东北老工业基地产业结构调整优化研究》(黄继忠等著)

主要分析:一是产业结构优化的内涵及其借鉴,主要是国内外产业结构的高度化、合理化、高效化、生态化和产业结构优化效应;二是东北老工业基地产业结构的历史演进和产业结构优化的方向及路径;三是实现产业结构优化的新理念和战略选择。

□《东北老工业基地经济与社会可持续发展研究》(张虹等著)

主要分析:一是区域可持续发展的基本理论;二是东北老工业基地经济与社会可持续发展的评价指标体系及综合评价;三是东北老工业基地区域经济协调、资源型城市转型与可持续发展;四是东北老工业基地能源资源、生态环境与可持续发展;五是东北老工业基地和谐社会建设与可持续发展。

□《东北老工业基地劳动力就业研究》(穆怀中等著)

主要分析：一是东北振兴过程中面临的"三个转变"，即经济转轨过程中的失业人口和就业、二元经济转换过程中的剩余劳动力就业、人口转变过程中的未来人口结构和就业；二是"两个互动"所引发的问题，即改革和城市化所形成的原有的就业和"新就业"问题。

□《东北老工业基地统筹城乡社会保障制度研究》(柳清瑞等著)

主要分析：一是统筹城乡社会保障的相关理论和东北老工业基地统筹城乡社会保障的基本框架；二是东北老工业基地统筹城乡养老保险、医疗保险、最低生活保障制度、社会福利与救助制度；三是东北老工业基地统筹城乡社会保障制度的关键问题和实现路径。

3. 东北区域一体化与东北亚区域合作研究

东北老工业基地全面振兴必须扩大开放：一是扩大对内开放，在东北区域一体化的基础上谋求实现与国内其他地区在更大范围内的合作；二是扩大对外开放，主要是加强东北亚区域合作，促进东北亚区域一体化目标的实现。这方面主要包括两部著作：

□《东北老工业基地区域一体化研究》(崔万田等著)

主要分析：一是区域一体化的相关理论及国内外区域一体化模式的比较与借鉴；二是东北老工业基地区域一体化的目标及路径分析；三是东北老工业基地的基础设施一体化、市场一体化、资源环境治理一体化、产业结构一体化、"东北大城市群"建设和行政体制一体化。

□《东北老工业基地振兴与东北亚区域经济合作研究》(崔日明等著)

主要分析：一是东北地区扩大开放与加强东北亚经济合作的理论与现实基础；二是东北老工业基地振兴与东北亚区域合作互动的态势、优势与障碍；三是东北老工业基地振兴与东北亚区域合作互动的路径选择。

从整体上看，编写这套系列丛书的目的有两个：一方面是谋求建立一个比较完整、内容互补的理论分析体系，这10本书之间的关系不是单摆浮搁而是内在联系、互相统一的；另一方面，并不求"全"而是强调突出重点、面对现实问题和力求为解决实际问题提供思路和政策咨询。从实际效果看，这一目标初步得到了实现。

令人欣慰的是，这套系列丛书的出版得到了经济科学出版社的大力支持，特别是得到了国家有关部门的高度重视：2011年4月13日，国家新闻出版总署公布了"'十二五'时期国家重点图书、音像、电子出版物规划"，《东北老工业基地全面振兴系列丛书》名列其中；9月20日，新闻出版总署又公布了"关于做好2011年'十二五'规划400种精品项目出版工作的通知"，本系列丛书被确定为155种社科与人文科学精品项目之一。所有这些，都使我们深受鼓舞，倍感责任重大。

在《东北老工业基地全面振兴系列丛书》出版之际，对各级领导、国内外学者及诸多朋友对本丛书出版给予的支持，表示衷心感谢。书中的不足之处，恳请各位读者不吝赐教。

林木西

2011年12月于沈阳

目　　录

绪论 ··· 1

第一章　新型产业基地建设的相关理论 ······················ 9
第一节　产业发展的基本理论 ································· 9
第二节　研究的角度及新型产业基地建设测度 ············ 25
第三节　新型产业基地生成及其发展的测度 ··············· 28

第二章　新型产业基地的特征、类型及其作用 ············· 41
第一节　新型产业基地的特征 ································ 41
第二节　新型产业基地的主要类型 ·························· 51
第三节　新型产业基地的作用 ································ 57

第三章　世界新型产业基地的发展趋势及借鉴 ············· 61
第一节　世界新型产业基地发展的趋势 ···················· 61
第二节　国外新型产业基地的比较 ·························· 72
第三节　国内新型产业基地的发展 ·························· 84

第四章　东北新型产业基地的建设 ··························· 89
第一节　东北新型产业基地的发展历程 ···················· 89
第二节　东北新型产业基地发展中存在的主要问题 ······ 97
第三节　东北新型产业基地发展的类型 ···················· 100

第五章　东北新型装备制造业基地研究 ····················· 102
第一节　新型装备制造业基地概况 ·························· 102
第二节　东北新型装备制造业基地的发展 ·················· 115
第三节　东北新型装备制造业基地的发展对策 ············ 122

第六章 东北高新技术产业基地研究 ……………………………… 126
第一节 高新技术产业基地研究背景 ………………………… 126
第二节 东北高新技术产业基地的发展特征 ………………… 132
第三节 东北高新技术产业基地演进的动力分析 …………… 134
第四节 东北高新技术产业基地发展的创新政策 …………… 139

第七章 东北新能源产业基地研究 ……………………………… 144
第一节 新能源产业基地研究背景 …………………………… 144
第二节 东北新能源产业基地发展特征 ……………………… 150
第三节 东北新能源产业基地演进的动力分析 ……………… 153
第四节 东北新能源产业基地发展的创新对策 ……………… 157

第八章 东北生物医药产业基地研究 …………………………… 161
第一节 生物医药产业基地研究背景 ………………………… 161
第二节 东北生物医药产业基地发展特征 …………………… 168
第三节 东北生物医药产业基地演进的动力分析 …………… 171
第四节 东北生物医药产业基地发展对策 …………………… 173

第九章 东北现代农业基地研究 ………………………………… 178
第一节 现代农业基地研究背景 ……………………………… 178
第二节 东北现代农业基地发展特征 ………………………… 185
第三节 东北现代农业基地演进的动力分析 ………………… 187
第四节 东北现代农业基地发展的创新对策 ………………… 190

第十章 东北现代服务业基地研究 ……………………………… 194
第一节 现代服务业基地研究背景 …………………………… 194
第二节 东北现代服务业基地的发展特征 …………………… 200
第三节 东北现代服务业基地演进的动力分析 ……………… 203
第四节 东北现代服务业基地发展的创新对策 ……………… 207

参考文献 ……………………………………………………………… 210
后记 …………………………………………………………………… 225

绪 论

一、研究背景和意义

东北老工业基地新型产业基地建设研究这一课题是在经济全球化、中国经济转型以及东北老工业基地振兴这三大背景下提出来的。

随着科学技术的进步，世界经济全球化的趋势日益明显。与此同时，全球气候变暖的趋势使低碳经济成了新时期经济转型的必然选择，两者的结合可为新一轮经济的发展提供动力与活力。经济全球化的趋势使得世界经济在2008年金融危机爆发前实现了连续6年的持续增长，新的经济体大量产生，多国经济得到迅猛的发展，各国均积极调整自己的经济发展战略，纷纷选择符合自身特点的发展道路，努力融入世界经济发展的大潮，同时不断加强与其他国家间的合作，使国家间的经济依存度不断增强，这不仅表现在发展中国家对发达国家的相互依存，也表现在发达国家对发展中国家以及发展中国家间的相互依存。

在经济全球化迅猛发展的过程中，产业结构的调整与升级成了各国经济发展的新目标。目前国际间产业转移的趋势基本形成，尤其是在技术领域内的转移更加明显。也就是说，国际间的产业转移已经由劳动密集型向资本密集型，尤其是向技术密集型转移。发达国家资本正在向成本更低、盈利更多的发展中国家转移，且转移规模不断扩大，结构层次不断提高，方式愈益多样化。但这种转移的地区分布是不均衡的，从而为实现二次转移提供了可能。在这一转移趋势中，跨国公司成了转移的主体。亚太地区已经成为发达国家产业转移的重点，并且技术转移的内容由技术增至研发。与世界产业结构转移的趋势相适应，新型产业的转移成了国际资本与技术的主要选择。这些新型产业主要包括：节能环保型产业、新能源产业、新一代信息技术、生物产业、高端装备制造业、新材料、新能源汽车等，并且某些产业的转移表现为产业链的整体转移、项目外包等新的方式。

中国现在正面临着世界产业结构与经济发展方式转变的环境，正在努力实现由经济大国向经济强国的转变。具体包括：一是通过学习制定中长期的经济发展战略，力求实现持续稳定快速的增长；二是利用自身的比较优势，逐步实现与世界先进水平的对接，并争取在战略性新兴产业发展上实现整合；三是不断增强自主创新能力，旨在建立创新型国家；四是由外向型经济向开放型经济转化，在"引进来"的同时"走出去"；五是发展资源环境约束型经济，向"两型"社会转变；六是积极推动体制、机制创新和关键领域改革。

尤其值得指出的是，在全球金融危机、世界产业转移和新科技革命即将到来的大背景下，各国都在尽力发展战略性新兴产业。与之相适应，中国已经提出了战略性新兴产业发展的三个阶段性目标：一是到2015年，战略性新兴产业基地格局基本形成，产业创新能力大幅度提升，创业环境更加完善，引领带动作用显著增强，国际分工地位明显增强；二是到2020年，战略性新兴产业增加值占国内生产总值的比重力争达到15%左右，吸纳、带动就业能力显著提高，全国的节能环保、新一代信息技术、生物、高端装备制造产业成为国民经济的支柱产业，新能源、新材料、新能源汽车成为国民经济的先导产业；三是到2030年左右，战略性新兴产业的整体创新能力和产业发展水平达到世界先进水平，为经济社会的可持续发展提供强有力支撑。据此，各地区也纷纷制定了发展战略性新兴产业的中长期规划。

与经济全球化和中国经济转型相适应，东北地区迎来老工业基地全面振兴的前所未有的机遇。2003年，中央提出了振兴东北地区等老工业基地的战略，其中的一个重要任务就是要建设新型产业基地。主要包括：要形成具有较强竞争力的工业化产业基地，如大型装备生产基地、大型石化生产基地、现代装备制造业基地、具有国际先进水平的船舶生产基地；面向国内外市场的优质安全农副产品生产基地、国家商品粮生产基地；现代服务业基地。为此，制定了一系列相关政策，加大对老工业基地调整改造的支持力度。2004～2009年，为东北老工业基地调整与改造阶段。到2009年9月，这一阶段的任务已经基本完成。根据2009年《国务院关于进一步实施东北地区等老工业基地振兴战略的若干意见》，即国发[2009]33号文件的要求，以及程伟等（2009）的分析，2010～2015年为东北老工业基地全面振兴的攻坚阶段。这一阶段的主要任务之一就是转变经济结构、建立现代产业体系，重点是建设现代产业基地，打造先进装备制造业基地、能源重化工基地、农产品出口加工基地、高技术产业基地，以及新材料新能源基地、现代服务业基地等。

"十一五"时期的建设和发展，为东北新型产业基地的进一步发展奠定了扎实的基础：（1）辽宁沿海经济带全力打造先进装备制造业基地、船舶及配套基地、大型石化基地、电子信息及软件和服务外包基地，加快建设东北亚国际航运中心、国际物流中心和区域性金融中心取得重要发展；（2）沈阳经济区全力打造具有国际竞争力的先进装备制造业基地、精细化工基地、民用航空高技术产业基地、生物制药产业基地、钢铁深加工产业基地、芳烃及化学原料产业基地、石化产业基地、专用车改装产业基地、农产品深加工基地，以及国家乃至东北亚物流中心、高新技术产业中心等；（3）长吉图地区努力建设汽车、石化、农产品加工和光电产业建设初见成效；（4）"哈大齐"工业走廊重点发展装备制造业产业基地、石化产业基地、软件和服务外包产业基地、农业产品加工基地和区域性现代物流产业集群已取得阶段性成果。"十二五"时期至2020年，东北新型产业基地建设将进入加速发展新阶段，不断迈上新台阶。

正是在上述背景下，研究东北老工业基地新型产业基地建设这一课题就更加显得意义重大。从理论上说，可以为国内外老工业基地产业转型、经济转轨、资源型城市转型提供分析样本和案例，从中可以提炼一些理论性的结论；从实践上来看，东北老工业基地振兴的过程可为其他地区老工业基地的调整和改造提供有益的借鉴，从而为实现国家建设发展整体战略产生良好的促进作用。

二、国内外文献综述

新型产业基地建设是经济向纵深发展所提出的新的研究课题，国外一些学者对此进行了相关的研究。与此同时，随着世界产业结构的转型升级、国内经济发展的态势和东北振兴的新形势，国内学者围绕这一点进行了广泛的研究。

国外对于新型产业基地建设理论源起的研究文献较为丰富。主要包括：（1）马克思的社会再生产理论，社会生产的两大部类及各部类内部的主要比例关系，资本积聚、资本集中和产业分工、国际分工理论中均可觅及新型产业基地的相关论述。（2）西方宏观和微观经济学理论中的价格理论、供求理论、投入与产出、长期均衡、多部门均衡理论，也与新型产业基地的建设有着某些关联。（3）新制度经济学方面的研究，如威廉姆森（2002）、克劳德·梅纳尔（2003）强调制度与经济效率的关系，威廉姆森（1999）、阿维纳什·K·迪克西特（Avinash K. Dixit, 2004）、阿兰·斯密德（Allan A. Schmid, 2004）从合约、交易成本等角度研究制度结构与经济效率间的关系，拉坦（1994）、T. W. 舒尔茨（1994）、L. E. 戴维斯、D. C. 诺思（1994）强调利润的存在引致了制度的创新，从而为从制度的角度研究新型产业基地的建设与发展开创了新的领域。（4）产业组织理论与产业基地建设更加密切。马歇尔（1879）将产业组织正式定义为产业内部的结构，张伯伦（1933）研究的重心是产品差异和厂商，梅森（1939）提出了产业组织的理论体系和研究方向，贝恩（1959）完整地提出了市场结构——市场行为——市场绩效理论分析框架，谢勒（1970）指出了所谓的产业基本条件对市场结构和市场行为的影响。斯蒂格勒、德姆塞茨、布罗曾、波斯纳等人强调自由市场竞争的机制，并以此提出"政府规制"的理论，20世纪70年代以泰勒尔、克瑞普斯等人为代表的新产业组织理论（NIO），以博弈方法研究产业，丰富了新型产业基地建设的理论基础。（5）产业结构理论。威廉·配弟（1672）描述了制造业比农业、商业比制造业能够得到更多的收入，魁奈（1758，1766）创立了"纯产品"学说，费歇尔（1933）提出三次产业分类法，里昂惕夫（1941）用投入产出法对产业结构进行了深入的分析，赫希曼（1958）的不平衡增长模型中"关联效应"论和"最有效率次序"理论，拉尼斯、霍夫曼、丁伯根等人对产业结构的研究也为新型产业基地建设提供了理论依据。（6）产业布局理论。克鲁格曼（Paul Krugman，1991）和沃纳伯尔斯（Venalbles）强调"文化及制度转向"，即从原来单纯注重经济要素转向研究社会文化要素与经济要素的综合作用，并提出了"两区域模型"，即核心——周边模型，该模型展示外部条件原本相同的两个区域如何在收益递增、人口流动与运输成本交互作用的情况下最终演变出完全不同的生产结构。维纳布斯（1996）凭借产业间的直接"投入—产出"联系假设建立起国际专业化模型，表明的一体化与集聚之间非线性的倒U形关系，揭示了厂商对经济一体化可能做出的区位响应。蒲格和维纳布斯（1996）提出产业化的全球扩散模型，指出产业发展与产业扩散的基本路径。克鲁格曼和维纳布斯（1996）建立起区域专业化模型。（7）产业集聚理论。马歇尔（1890、1920）就开始关注产业集聚这一经济现象，阐述了存在外部经济与规模经济条件下产业集聚产生的经济动因。冯·杜能（1826）提出的区位理论，使其成为研究经济活动空间模式的第一人。威廉·劳恩哈特（1882）提出了在资源供给和产品销售约束下，使运输成本最小化的厂商的最优定位问题及其尝试性的解法。韦伯（1909）提出"最低成本说"和"区位三角形"原理。克里斯塔勒（1933）提出了以城市聚落为中心进行市场面与网络分析的理论。廖什（1939）主要研究了企业区位的决定因素主要是产品的需求量。（8）产业集群理论。迈克尔·波特（1990）将产业集聚放在一个更广泛的动态竞争理论中进行分析，这一理论包括了成本战略、差异战略、静态的效率以及动态的升级与创新，同时认为世界是由全球要素和产品市场组成的。他的这些研究将产业集聚的研究更深入了一层，可以理解为产业集群理论。格兰诺维特（1985）提出"商业群体"和"嵌入性"等概念。科尔曼（1988）对社会资本进行了研究，认为社会资本是指行动者为了实现自己的利益，相互进行各种交换，从而达成共识。（9）增长极理论。佩鲁（1950）

认为，如果把发生支配效应的经济空间看做力场，那么位于这个力场中推进性单元就可以描述为增长极。代维尔（1957）认为，经济空间是经济变量在地理空间之中或之上的运用，增长极在拥有推进型产业的复合体城镇中出现。盖尔（1957）指出影响发展的空间再组织过程是扩散—回流过程，如果扩散—回流过程导致的空间影响为绝对发展水平的正增长，即是扩散效应，否则是回流效应。(10) 全球价值链理论。波特（Porter，1985）提出了价值链理论，认为公司内部不仅存在价值链，而且一个公司价值链与其他经济单位的价值链也是相连的。寇伽特（Kogut，1985）强调价值链的垂直分离和全球空间再配置之间的关系，把价值链的概念从企业层面拓宽到了区域和国家层面。沃尔特·W·鲍威尔（Walter W. Powell，1990）将全球价值链的治理模式分为市场、层级制和网络三种组织形式。克鲁格曼（Krugman，1995）、阿尔恩特和凯尔科斯（Arndt and Kierzkowski，2001）使用了"片断化"来描述生产过程的分割现象。格里芬（Gereffi，1999）提出了全球商品链（Global Commodity Chain）的框架，把价值链与全球化的组织联系起来将全球价值链的治理模式细分为五种：市场（Market）、模块型（Modular）、关系型（Relational）、领导型（Captive）和等级制（Hierarchy）。亨特森（Henderson，1998）认为，在生产者驱动的全球价值链中，其价值的增值部分大多数位于生产领域，而购买者驱动的全球价值链中，其附加值多流向市场销售和品牌化等流通领域。汉弗莱和施米茨（Humphrey and Schmitz，2002）利用交易成本理论进一步识别了四种治理模式：市场型（Arm-length Market Relations）、网络（Network）、准等级制（Quasi-hierarchy）和等级制（Hierarchy）。上述对全球价值链的研究其内容涉及全球价值链的形成原理、治理机制问题和运行的动力问题等。(11) 企业理论，包括古典企业和现代企业理论。古典企业理论主要从技术角度研究企业，认为消费者的行为准则是在收入和价格的约束下追求效用最大化，企业则是在技术和市场的约束下追求利润最大化。现代企业理论（the theory of the firm）主要研究企业的本质、边界和企业内部的激励制度。科斯（1960）把交易成本的概念引入经济分析，将生产的制度结构纳入经济理论，提出并且讨论了什么是企业的基本特征、为什么市场经济中要有企业存在、为什么企业的边界不能扩大到整个经济这些至关重要的有关企业的基本问题。张五常（1974）进一步认为，企业与市场的不同只是一个程度的差别，只是契约安排的两种不同形式而已。

随着中国经济的快速发展，国内学者对产业基地建设尤其是东北新型产业基地建设的研究日益丰富。基本理论研究主要有：戴辉、李莉和万威武（2004）指出产业集群是区域竞争力的源泉，产业集群战略已成为许多国家区域经济发展政策的重点。郎毅怀（2003）指出必须按照市场化的方式重建企业之间的产业联系，实现产业集聚。王延华（2005）指出，产业集群是实现东北老工业基地振兴的必由之路。宋晓洪（2006）对东北老工业基地制造业技术创新模式及对策进行了研究，并提出相应政策建议。林毅夫（2004，2009）认为，东北老工业基地振兴必须发挥比较优势，其根本出路不是政策扶持，而是遵从比较优势原则，培养区域经济自生能力和企业的自生能力。黄泰岩、林木西（2007）从产业结构理论出发认为，东北老工业基地问题的关键是产业振兴，通过区域产业整合培育出新的具有竞争力的主导产业，带动区域经济发展和复兴，是东北振兴的现实选择。东北老工业基地振兴离不开政府的作用，东北地方政府建设的目标是打造责任政府、诚信政府、政策连续性政府，而最根本的一条是建立法制型政府。吴彤、米运生（2008）基于FDI位选择因素对东北老工业基地振兴中的FDI政策创新进行了实证分析研究。

对具体的振兴过程的研究包括：（1）对东北老工业基地形成的研究。新中国成立以后，东北老工业基地经历了"一五"、"二五"的建设及以后的发展阶段。李振全（1988）指出到1943年，东北煤炭产量占全国的49.5%，发电能力占全国的78.2%，生铁产量占87.7%，钢材产量占93%，水泥占66%，铁路运输线占全国50%以上。1943年，工矿业与农业产值的比重为59∶41。1941年，虽然万人以上大工厂只占工厂总数的4.7%，但工人数则占总数的53.8%，生产值则占61%，现代工矿业的特色十分鲜明。陈才、佟宝全（2004）指出：在国民经济建设恢复时期（1949年10月至1952年末），苏联向我国援建的42个项目中，30个被安排在东北地区。"一五"时期，156个重点建设项目中有58个在东北，围绕这58个重点项目又建设了上千个配套项目。这些项目以重型加工工业（重型装备制造业）为主，同时加大了能源（煤炭）和钢铁原材料大型项目的建设。在地域分布上，以沈阳为中心，包括了辽宁省的大连、鞍山、本溪、抚顺、阜新；吉林省的长春、吉林、辽源、通化矿区；黑龙江省的哈尔滨、齐齐哈尔、富拉尔基、鹤岗、双鸭山等，基本形成了沿哈大线与滨洲线几个主要城市为中心摆布重工业的地域格局（董志凯，2004）。经过20世纪50~70年代20多年的建设，东北的工业结构发生了较大的变化，重工业地位进一步提升，轻工业地位逐渐下降。机械工业居首，石油居第3位，化学工业居第4位，而纺织、森工等产业地位却呈下降趋势，陈才、佟宝全（2004）认为到第二个五年计划末期，形成了以重工业为主体的产业结构。（2）东北老产业基地调整、改造与全面振兴。为加快东北老工业基地的发展，党中央、国务院决定对东北老工业的基地实施振兴战略，具体分为调整改造与全面振兴两个阶段。陈耀（2006）指出在调整改造前夕，东北地区工业在全国的地位不断下降，传统支柱产业在全国的竞争力减弱，科技创新能力明显不足，人才流失比较严重，1996年以来东北地区科技人力资源存量虽然呈现持续积累，但增长步伐十分缓慢，远远落后于全国平均水平，资源相对规模不断下降，占全国的比重由1997年的13.66%下降到2007年的8.01%，资源集中度从1997年的2骤降至2004年的1.06。张克俊（2006）提出，应在东北老工业基地中确立高新区的功能定位与总体战略目标，把提高自主创新能力作为高新区建设核心。姜四清（2010）、魏后凯（2010）认为建设新型产业基地是一项长期而艰巨的任务，需要建立完善的法律规章制度，使其走上法制化、制度化的轨道。杨大光（2009）认为，东北以政府主导的投融资行为存在着投资效益低下的问题，狭窄的融资渠道增加了融资成本，融资中缺少风险控制机制，融资的激励机制也不健全，这些融资制度建设上的缺失会严重影响新型产业基地建设进程。余建辉（2011）对部分城市转型进行评价时发现，部分城市的转型发展不协调：石油类城市现有资源的财富效应仍然明显，对当地发展的带动力明显强于其他城市，故而转型较好；煤炭类城市由于开采规模大，采空区和棚户区大量存在，生态、民生方面的负担较重，故而转型进展一般。资源枯竭城市由于自身条件的不同，部分城市在各转型要素方面的发展存在不协调的现象。

三、研究方法

一是理论与实际相结合。东北地区新型产业基地建设必须充分尊重市场运行的基本规律，按照经济发展的特征来加以探究，这就要求充分深入地了解经济学相关理论的研究成果及最新研究动向，对相关的经济理论进行充分研究。与此同时，还需要充分了解东北老工业基地形成、发展及改造、振兴的具体历程，把握现在东北新型产业基地建设的基本状况。因此，对东北新型产业基地建设的研究需要采用理论与实践相结合的研究方法，并通过这一方法的运用力求在理论上有所创新，在实践上更有针对性。

二是整体与局部相结合。东北地区新型产业基地建设除了要考虑自身的特色外，还要充分考虑全中国乃至世界经济发展的基本情况；除了要考虑各产业自身的情况外，还要考虑其他相关产业的发展情况以及影响产业发展的制度要素、政府功能建设等，这就需要对新型产业基地建设进行整体的研究，这样才能有利于新型产业基地的持续发展。另外，新型产业基地的建设重点在产业本身，尤其是要对产业结构、产业组织、产业政策等具体内容进行深入研究，这就需要对产业进行局部的深入探究，从而实现产业基地建设与产业发展、经济发展以及社会发展的协调一致。

三是横向研究与纵向研究相结合。无论是宏观经济、微观经济还是具体的产业抑或制度，均具有自身的发展规律，同时各种经济现象的非独立性更需要研究者探究其内部联系。就新型产业基地建设而言，要充分研究东北新型产业基地建设与世界经济发展、产业转移、制度经济发展等的内在联系。与此同时，还要深入研究新型产业基地的发展轨迹，从而提高新型产业基地建设的效率和效用。

四、基本结构与主要内容

本书的基本结构除绪论外，分为十章，主要内容为：

第一部分为绪论，主要内容包括：选题背景及意义、国内外文献综述、主要研究方法以及主要内容和结构安排。

第二部分基本理论、产业基地建设规律及东北新型产业基地建设概况研究，由四章构成。第一章：新型产业基地建设的相关理论，主要包括产业发展的基本理论、新型产业基地研究的角度及新型产业基地建设测度。第二章：新型产业基地的特征、类型及其作用，主要包括：新型产业基地的特征、新型产业基地的主要类型、新型产业基地的主要作用。第三章：世界新型产业基地的发展趋势及借鉴，主要包括：世界新型产业基地发展的趋势、国外新型产业基地的比较、国内新型产业基地的发展。第四章：东北新型产业基地的建设，主要包括东北新型产业基地的发展历程、东北新型产业基地发展中存在的主要问题、东北新型产业基地发展的类型。

第三部分对东北新型产业基地建设的分类研究，包括六章。第五章：东北新型装备制造业基地研究，包括新型装备制造业基地概况、东北新型装备制造业基地发展、东北新型装备制造业基地的发展对策。第六章：东北高新技术产业基地研究，包括高新技术产业基地研究背景、高新技术产业基地发展特征、高新技术产业基地演进的动力分析、高新技术产业基地发展的创新对策。第七章：东北新能源产业基地研究，包括新能源产业基地研究背景、新能源产业基地发展特征、新能源产业基地演进的动力分析、新能源产业基地发展的创新对策。第八章：东北生物医药产业基地研究，包括生物医药产业基地研究背景、生物医药产业基地发展特征、生物医药产业基地演进的动力分析、生物医药产业基地的创新对策。第九章：东北现代农业基地研究，包括现代农业基地研究背景、现代农业基地发展特征、现代农业基地演进的动力分析、现代农业基地发展的创新对策。第十章：东北现代服务业基地研究，包括现代服务业基地研究背景、现代服务业基地发展特征、现代服务业基地演进的动力分析、现代服务业基地发展的创新对策。

第一章

新型产业基地建设的相关理论

随着经济发展的国际化，各国各地区不同产业的发展呈现出不同的趋势和特征。与之相适应，产业经济相关理论研究不断深入，与产业体系发展、产业基地建设有着更加紧密的关系。本章主要论述产业发展相关理论及与新型产业基地的关系。

第一节 产业发展的基本理论

对产业发展理论的研究主要包括四个大的方面：产业组织理论、产业结构理论、产业布局理论及产业技术理论。具体来说，产业生成及运行的基本理论可以延伸至更为微观的领域，包括产业集群理论、工业区及新工业区理论、集群创新理论、企业理论、行业理论、新经济地理理论、全球价值链理论、新型产业基地理论、区域经济增长理论和产业竞争力理论等，也可以扩展至宏观研究领域，如产业结构与产业分布。

一、产业经济学的理论源起

由于产业经济学研究的内容涉及经济运行过程中的诸多方面，所以产业经济学的理论源起与经济学的基本理论有着密切的关系。

（一）产业经济学与政治经济学

产业经济学与马克思的政治经济学的关系主要表现在：首先，马克思的社会再生产理论实际上就是产业关联理论中投入产出分析法的理论依据；其次，产业经济学中产业结构的分析方法直接来源于马克思政治经济学的两大部类及各部类内部的主要比例关系的分析，这些内容与现代产业经济学所强调的三次产业结构优化、升级有着传承的关系；最后，马克思的资本积聚、资本集中和产业分工、国际分工理论与现代产业聚集、产业集群建立原则等产业经济学的基本理论有着密切关系。由此可见，产业经济学的许多理论都可以从马克思的政治经济学中觅得根据。

（二）产业经济学与西方宏观和微观经济学

产业经济学与西方宏观和微观经济学理论的关系主要表现在：产业经济各领域的研究都不能离开价格理论与供求理论下的市场经济运行基本规律，同时对企业行为与绩效等的研究显然是与生产与供求相联系的。在宏观领域，产业经济学所研究的产业间的联系、产业整体上的投入与产出、产业长期内的均衡等都与宏观经济学的相关理论密切相关。如凯恩斯的国民收入理论中关于最终产品与国民收入相等理论、多部门的均衡理论、总供给与总需求的理论等。

（三）产业经济学与新制度经济学

现代产业经济学理论更多地与新制度经济学有直接的联系。由于交易费用是新制度经济学研究的逻辑起点，因此新制度经济学家将目光更多地集中于产权、契约和第三方强制力量上。这些研究越来越多地影响到产业经济学的发展，具体包括以下三个方面：

第一，如何考察制度效率。新制度经济学的主要代表人物威廉姆森（2002）强调从制度本身的选择看制度效率。克劳德·梅纳尔（2003）更清楚地指出制度效率来源于制度本身。丹尼尔·W·布罗姆利（2006）则直截了当地强调制度效率的来源在于制度结构，有效率的（制度）选择是由假定的制度结构决定的。由此，制度效率的内涵应该包括制度结果层面、制度本身特征层面和制度结构层面三个方面。许多经济学家包括科斯、克劳德·梅纳尔、丹尼尔·W·布罗姆利在内，进一步从制度结构入手对制度效率进行了大量更为细致和缜密的研究。威廉姆森（1999）研究兼并、协约和策略行为下的反托拉斯问题时选择了合约的角度；阿维纳什·K·迪克西特（2004）对经济政策制定的研究选择的是交易成本角度；阿兰·斯密德（2004）则通过建立SSP范式，即状态——结构——绩效范式，在分析政治制度、宏观经济制度和劳动力制度中，突出了结构在制度效率中的价值。上述考察制度效率的相关理论与产业经济学中企业效率的研究关系密切。

第二，制度变迁与制度效率的研究。拉坦（1994）将组织理解为与制度具有相同内涵的概念，强调指出与制度有关的许多因素都包括在制度变迁的过程中。

第一章 新型产业基地建设的相关理论

T. W. 舒尔茨（1994）强调外部利润的存在引致了制度的创新。L. E. 戴维斯、D. C. 诺思（1994）也强调"潜在的外部利润"形成了制度变迁的基本动因，由于制度变迁的供给与需求始终处于"错位"状态，新的供给只能对应旧的需求。诺思（1990）提出了制度变迁中的路径依赖问题，强调新制度运行中对原有制度的依赖。L. E. 戴维斯、D. C. 诺思（1994）认为当外部性、规模经济、风险和交易费用所引起的潜在收入不能内化时，制度需要创新，只有降低交易成本，才能完成有效率的制度变迁。V. W. 拉坦（1994）、丹尼尔·W·布罗姆利（2006）则从产权的角度论述制度变迁的制约因素。上述分析与产业结构演进及优化关系甚密。由于产业的更替中存在着交易的成本，因此研究产业的变迁应该考虑降低产业相关制度成本的基本方式。使得新产业的供给与旧产业的退出更有效率，使得每一种产业、产业每个发展阶段都强调产业资源效用的最大化。

第三，制度优化与制度效率的研究。对制度优化的研究主要基于以下四个方面。（1）交易成本（费用）与制度效率。科斯（Coase，1960）、约翰·克劳维根（John Groeneuesen，2002）指出制度效率的高低与交易成本的大小直接相关。埃里克·弗吕博顿和鲁道夫·芮切特（2006）认为交易费用包括动用资源建立、维护、使用、改变制度和组织等方面所涉及的所有费用。并进一步将交易费用分为市场型、管理型和政治型三类。迈克尔·迪屈奇（1999）把交易费用定义为三个因素：调查和信息成本、谈判和决策成本以及制度和实施政策的成本。巴泽尔（1997）认为交易成本是与转让、获取和保护产权有关的成本。以上对交易成本所涉及内容的论述为人们通过对交易成本施加影响，进而提高制度效率提供了不同的视角。（2）产权与制度效率。道格拉斯·C·诺思（1991）指出理解制度结构的两个主要基石是国家理论和产权理论。费雪、E. G. 菲吕博顿、S. 配杰威齐、斯韦托扎尔·平乔维齐等（1991）认为产权的本质特征是强调人与人之间的关系，并且可以从产权中获益，但要付出相应的成本。（3）契约与制度效率。新制度经济学家为此设计出许多克服机会主义的契约实施机制，包括个人信任、交易者社会规范、道德准则、自我实施、第三方实施等。另外，委托——代理理论中对道德风险、逆向选择等机会主义行为的有效治理则更好地体现了契约的确是一个优化制度的很有效的方法。（4）国家与制度效率。国家可以通过对产权施加影响来提高制度的效率。其途径主要有两条：一是可以通过直接优化产权结构来提高制度效率，包括在全社会实现所有权、降低产权界定和转让中的中介费用、改变介入产权安排的方式和程度等；二是利用法律和宪法制约利益集团的间接方式优化产权来提高制度效率，包括建立有约束机制的政治体制、建立宪法秩序、完善法律制度等。上述制度关于交易成本、国家、产权和契约的研究旨在提高制度效率。与之相适应，产业组织理论、产业结构政策及产业发展的相关研究都不可避免地接触到制度的产权、国家和契约三个层面，尤其是产业生成与发展中产权的界定会直接影响到产业的生命周期，产权的配置与更替需要契约与国家的支持，由此与新制度经济学分析产生了紧密的联系。

二、产业组织的相关理论

产业组织理论是产业经济学的主要组成部分，对新型产业基地的产生和发展有重要影响。

1879年，马歇尔夫妇合著的《产业经济学》将产业组织正式定义为产业内部的结构。其后在《经济学原理》讨论了产业组织问题，包括组织与分工、某地区特定产业的集中、大规模生产及企业的经营管理等。这些内容阐明了"马歇尔冲突"——竞争活力与规模经济间的矛盾关系，此后包括斯拉法等经济学家进一步质疑了这一冲突。1933年，张伯伦发展了垄断竞争理论，其理论的重心是关注产品差异和研究厂商而不是产业。但同时期的罗宾逊夫人认为在现实经济世界中，通常是不同程度的竞争与垄断同时存在。上述研究成为现代产业组织理论的渊源。

对产业组织理论做出重要贡献的是梅森。1939年，梅森在《大企业的生产价格政策》中提出了产业组织的理论体系和研究方向。1959年，其弟子贝恩的《产业组织论》完整地提出了市场结构——市场行为——市场绩效理论分析框架，即SCP分析框架，强调市场结构决定企业的市场行为。而在一个给定的市场结构下，市场行为又是市场绩效的决定因素。这一成果标志产业组织理论最终形成。后来的追随者被称为"哈佛学派"。1970年，谢勒的《产业市场结构和市场绩效》指出了所谓的产业基本条件对市场结构和市场行为的影响，同时提示出市场行为对市场结构和产业基本条件的反馈效率。

与此同时，芝加哥大学的斯蒂格勒、德姆塞茨、布罗曾、波斯纳等人形成了"芝加哥学派"。这一学派在理论上信奉自由市场竞争的机制，相信市场力量的自我调节能力，以此为起点强调新古典学派的价格理论在产业活动分析中的适用性，认为企业自身的效率才是决定市场结构和市场绩效的基本因素，正是由于一些企业效率的提高，才导致了企业利润的增加和规模的扩大。与此同时，之所以许多产业的政府规制并未收到预期的效果，发生了规制失败，其原因是政府被"俘获"，从而开创了产业经济学的一个新领域——规制经济学。

20世纪70年代出现了以泰勒尔、克瑞普斯等人为代表的新产业组织理论

(NIO)。其最大贡献在于理论研究方法的统一,即博弈论成为统一方法,其中以非合作博弈为主。新产业组织理论对寡占市场竞争者的战略相互作用的研究拓宽到短期价格竞争、长期的价格竞争和默契合谋、产品差异化、进入壁垒与进入阻止、声誉、限制性与掠夺性定价问题、技术进步与市场结构的动态演变等方面。

三、产业结构相关理论

产业结构理论是产业经济学理论的重要组成部分。这一理论起源于英国古典经济学家威廉·配第于1672年所出版的《政治算术》一书,其中描述了制造业比农业、商业比制造业能够得到更多的收入。而这种产业间的相对收入年差异导致了劳动力在产业间的流动。1758年和1766年,魁奈于《经济表》和《经济表分析》中创立了"纯产品"学说。上述两人可以说是产业结构理念的创始者。

20世纪30年代,澳大利亚经济学家费歇尔明确提出对现代产业结构理论影响深刻的三次产业分类法,之后库兹涅茨进一步地研究了这种分类方法,并阐明了产业结构与国民收入、劳动力就业的关系:随着时间的推移,第一产业的国民收入和劳动力的比重处于不断下降的趋势;第二产业的国民收入的相对比重大体上是上升的,然而劳动力比重综合来看大体不变或略有上升;第三产业的劳动力比重呈上升趋势,但国民收入的相对比重大体不变或略有上升。里昂惕夫于1941年出版的《1919~1929年美国经济结构》一书用投入产出法对产业结构进行了深入的分析。克拉克在《经济发展条件》中总结出了劳动力在三次产业中的结构变化与人均国民收入的提高存着一定的规律性。此外,钱纳里等人提出的发展形式理论,则强调对经济结构的全面转变。

20世纪50年代以后,产业结构理论得到较快发展。里昂惕夫先后出版了《美国经济结构研究》和《投入产出经济学》,进一步阐明了经济各部门间的关系。刘易斯出版的《劳动无限供给条件下的经济发展》一书提出了"二元经济结构"的理念。赫希曼于1958年出版的《经济发展战略》设计了不平衡增长模型,其中"关联效应"论和"最有效率次序"理论已经成为发展经济学中的重要分析工具。后来拉尼斯、霍夫曼、丁伯根等人对产业结构又进行了许多深入的研究。

四、产业布局相关理论

产业经济学的第三个组成部分是产业布局理论,关系新型产业基地的空间分布。这一理论的最新发展是20世纪90年代以来西方新的经济地理研究学派，该学派以克鲁格曼（Paul Krugman）和沃纳伯尔斯（Venalbles）为代表。其主要标志是"文化及制度转向"，即从原来单纯注重经济要素，转向研究社会文化要素与经济要素的综合作用。其研究的主要内容与产业集聚及产业集群有着密切的关系，可以说是对产业的发展进行的深入研究。新经济地理学的发展，为经济学家研究区位提供了一种新方法。

新经济地理学所研究的主要内容大体可以分为两个方面：（1）经济活动的空间集聚。主要以收益递增作为理论基础，并通过区位聚集中"路径依赖"现象研究经济活动的空间集聚。克鲁格曼在其著作中比较系统地阐述了收益递增思想，并试图在此基础上建立一种新经济区位理论。在他看来，收益递增本质上是一个区域和地方现象，空间聚集是收益递增的外在表现形式，是各种产业和经济活动在空间集中后所产生的经济效应以及吸引经济活动向一定区域靠近的向心力。除了用来解释产业活动的集聚或扩散以外，作为新经济地理学的基础，收益递增模型还被用来解释城市增长动力机制，认为人们向城市集中是由于这里有较高的工资和多样化的商品，而工厂在城市集中是因为这里能够为其产品提供更大的市场，而空间聚集是导致城市形成和不断扩大以及区域发展的基本因素。在收益递增规律及相应的集聚或扩散模型的影响下新经济地理学将区域和城市的发展定性为"路径依赖"和"历史事件"，强调影响集聚的力量的持续和积累。也就是说，区域的优势被认为是由一些小的事件所导致的自身的加强。（2）区域增长集聚的动力。主要说明区域的长期增长与空间集聚的关系。认为资本外部性的相对规模（市场作用的范围）、劳动力的可移动性和交通成本将决定经济活动和财富在空间配置上的区域整合程度：一方面，当资本外部性及劳动力的迁移通过区域整合增加时，将意味着更大规模的空间集聚，富裕中心和较差的边缘区之间的差距将加大；另一方面，如果区域之间仍然存在着不可流动性（由于语言和文化等方面的障碍），那么中心地区的劳动力和由于拥挤而带来的成本就会增加，并有利于经济活动的扩散和区域集聚的减弱。

新经济地理学的主要动态模型有：

（1）两区域模型：核心——周边模型。这一模型最先见于克鲁格曼（1991）的研究。该模型展示外部条件原本相同的两个区域如何在收益递增、人口流动与运输成本交互作用的情况下最终演变出完全不同的生产结构。模型假设：世界经济中仅存在两个区域和两个部门——收益不变的农业部门和收益递增的制造业部门。农业工人在这两个区域均匀分布，农民工资处处相同；制造业工资的名义值和实际值则存在地区差异，因而制造业工人视实际工资的高低从低工资区域向高工资区域流动。通过将收益递增条件下的制造业份额与流动工人的份额加以内生，得出区域生产结构随运输成本变化而呈现出非线性关系的规律。该模型显示，在中等水平的运输成本下，前向与后向联系的效应最强：一个区域的制造业份额越大，价格指数越低，厂商能够支付的工资越高，越能吸引更多的制造业工人。在这种情况下，经济的对称结构变得不可持续，从制造业原本均匀分布的经济中将逐渐演化出一种核心——周边结构。核心占世界产业的份额大于其占世界要素禀赋的份额，由于制造业收益递增，它将成为制成品的净出口者。由于在这一区域（或国家）的大小及其演变都是内生的，由该模型得出的结论比一开始就假定国家大小是外生给定的新贸易模型大大前进了一步，也更加具有说服力。

（2）国际专业化模型。由于国界以及语言和文化等方面的差异对人口流动构成相当大的障碍，上述以要素流动性假设为基础的人口集中意义上的集聚模型一般只适用于国内范围的空间集聚研究。为了进一步研究国际层次的经济活动的分布，维纳布斯（1996）凭借产业间的直接"投入——产出"联系假设建立起国际专业化模型。按照他的假设，在由国家组成的世界中，国家之间虽然不存在劳动力的流动，但是可以进行贸易。假设各个国家具有相同的禀赋和生产技术，拥有农业和制造业两个生产部门，劳动力可以在国内部门间流动：农业部门为完全竞争型，农业产出为单一投入——劳动的增凹函数；制造业部门为不完全竞争型，使用劳动和中间产品的组合作为投入，厂商之间存在直接的"投入——产出"联系，每一厂商的产出既作为提供给消费者的最终产品，又作为所有其他厂商所需要的中间投入品。制造业作为中间商品的生产者和消费者的双重身份，使得与传统集聚有相近逻辑的国际专业化过程得以发生。这一模型所表明的一体化与集聚之间非线性的倒 U 形关系，揭示了厂商对经济一体化可能做出的区位响应。

（3）全球化和产业扩散模型。全球性的产业扩散及其规律对于新贸易和新增长理论来说一直是一个难以把握的问题。以上述国际专业化模型为基础，蒲格和维纳布斯（1996）在模型中进一步引入技术进步作为外生变量，用 L 表示由技术所决定的效率水平，假设技术进步使所有基本要素稳定地递增，并用效率单位测度各基本要素，建立起全球化和产业扩散模型：假设存在这样一个世界，其中某个区域因为偶然的技术进步在制造业率先建立起一种自我强化的优势，允许它支付比其他国家更高的工资。随着时间的推移，世界对制成品的需求上升。这将使得制造业区域的生产水平上升，强化制造业在该区域的集聚，并使得该区域工资上升。随着这一过程的进一步发展，区域间的工资差异将越来越大，并最终不可持续，制造业厂商将寻求迁入第二个区域，在那里将更有利可图。这样，第二个区域又开始了建立制造业自我强化优势、提升区域工资的新的轮回，并最终引发第三个区域的制造业成长，如此循环往复。在运输成本很高或很低的情况下，位于核心国家的产业感受到的前向与后向联系（向心力）都相对较低，劳动效率的小幅度上升导致工资成本的上升（离心力）足以压倒产业联系（向心力）的影响，从而引发投资和生产向周边国家的转移以满足最终需求。而在运输成本的中间区段，位于核心国家的产业感受到的前向与后向联系（向心力）最强，有更大的余地平衡由劳动效率，上升所导致的工资成本（离心力）的增加，因此，在运输成本的中间区段，产业集聚更容易维持。

（4）区域专业化模型。为了进一步考察全球化对已实现工业化的国家和地区的产业结构的影响，克鲁格曼和维纳布斯（1996）从分析一些厂商与某类厂商存在比与其他厂商更强的买方/供方关系这一重要的投入——产出联系特征入手，建立起区域专业化模型。这一模型与上述模型的演化动态原理基本相似，但在基本假设方面却存在一个主要差别：在区域产业专业化模型中，假设存在两个国家（"本国"与"外国"）和两个生产部门（产业 1 和产业 2），这两个国家和两个部门所面临的需求与所采用的技术完全对称，劳动投入为唯一的生产要素；由于所考察的经济已完全实现工业化，规模收益不变的农业部门已从其中退出，因此，假设各生产部门均为不完全竞争型的制造业，并假定产业 1 在本国的集聚（相应的，产业 2 在外国集聚）达到均衡，当产业间联系强于产业内联系时，在任何贸易成本下，这一产业集聚都是不可持续的。这是因为，对于各个厂商来说，最为重要的区位利益来自于与他国厂商的联系，因此，各个国家将发展多样化的产业组合。相反，如果产业内联系强于产业间联系，则当贸易成本值较高时，产业不可能形成地理集聚，两个产业在两个国家内均有分布；只有当贸易成本足够小时，产业的地理集聚才是可能和可持续的。产业内联系与产业间联系之差距越大，使产业集聚为可持续的贸易成本的取值范围越宽。由这一模型所预测的基本倾向即使在对模型引入更多区域和产业部门的情况下也会保持不变。但在多个产业的情况下，分布并不是一半对一半的，一个区域可能比另一个区域有更多的产业，这将导致区域之间真实收入的差距。

新经济地理学对收益递增、外部经济、运输成本、要素流动和投入产出联系的性质及其相互作用进行了深入的探讨，所发展出的一系列模型揭示出一些重要的理论含义，对于理解全球化条件下的生产、贸易和经济发展的特点具有重要意义。上述研究表明，运输成本的变化对于经济活动空间分布的影响是非线性和非单调的。贸易成本的下降使得世界经济一体化程度稳定增加。在收益递增的条件下，产业集聚和长期增长依运输成本而呈非线性变化，演化的轨迹表现为典型的倒 U 形，在全球化过程的中间段，产业结构表现为高度集聚，国家间的经济差异最为显著，产业结构和人均收入的不平衡发展乃是经济发展的常态。

五、产业集聚和产业集群相关理论

（一）相关概念的区分

1. 产业集中与产业集群

产业集中（Industrial Concentration）是指某一产业内规模最大的几个企业在整个产业内的份额，是产业组织研究的一个重点。产业集中可以通过绝对集中和相对集中两个指标来反映：绝对集中指标通常用位于某一产业内规模最大的几个企业的某项指标（如市场占有率等）在整个行业中的占比来反映，从中可以看出规模最大的几个企业对整个行业的垄断程度；相对集中指标主要以洛伦茨曲线（Lorenz Curve）及以此为基础的基尼系数（Gini Coefficient）来衡量，用以反映整个产业内所有企业的集中程度。一般来讲，如没有特别说明，产业集中主要反映产业内企业垄断程度的高低，而与产业的空间分布没有直接关系，同时也没有对产业内企业间联系进行特别关注。因此，产业集中与产业集群的概念相差比较远，两者没有直接联系。

2. 产业链与产业集群

产业链（Industrial Chain）是一个传统的概念，是指某种产品从原料、加工、生产到销售等各个环节的关联。早在1958年赫希曼的《经济发展战略》中，就从产业的前向联系和后向联系的角度论述了产业链的概念。与产业链相关的还有价值链、生产链、供应链、商品链等不同概念。尽管说法发生了变化，但其内容的实质没变，只不过从不同的研究角度对产业的联系进行阐述。与产业集群相比，产业链虽强调产业之间的联系，但主要侧重于产业间联系，对于产业以外的机构如商会、协会、中介机构等关注较少。此外，产业链没有空间集聚的概念。产业集群的概念则比产业链的概念丰富得多，它既包括产业间的联系，还包括产业及其他相关机构间的联系，而且还强调空间的集聚。

3. 工业园区与产业集群

中国的工业园区建设是与经济技术开发区建设密切相关的，1984年中央开始在沿海地区设立经济技术开发区，当时国家对开发区的基本要求是"三为主、一致力"，即以工业为主、以出口为主、以利用外资为主，致力于高新技术产业发展。随着不同类型、不同级别的开发区在全国建设，各种类型的工业园区也相应建立起来。工业园区建设的初衷是以利用外资为主，园区内的工业主要以区外企业为主。因此，工业园区是典型的外力驱动型。与工业园区不同，产业集群强调产业之间的紧密联系，主要依靠内力发展。但在有的工业园区内，由于企业之间的联系非常密切，又形成了产业集群。因此，工业园区与产业集群形成互动发展的新格局。

4. 产业集聚与产业集群

集聚（Agglomeration）是指事物的空间集中过程。早在一个世纪前，韦伯在《工业区位论》中就开始使用这一概念，主要是讲产业的空间集聚。产业集聚（Industrial Agglomeration）是指产业在空间上的集中分布现象，是经济地理学的研究重点，特别注重产业从分散到集中的空间转变过程。由于其在某一共同空间发展，可以共享基础设施，带来规模经济受益。产业集聚与产业集群关系密切，但是两者又有区别。产业的空间集中可以形成产业集群，但并不是所有的产业集聚都可以形成产业集群。如果有的产业集聚在一起，但是相互之间没有联系，就不能形成产业集群。因此产业集聚只是产业集群形成的一个必需条件，而非全部条件。

（二）产业集聚相关理论

产业集聚问题的研究产生于 19 世纪末，马歇尔（1890）就开始关注产业集聚这一经济现象。马歇尔之后，产业集聚理论有了较大的发展，出现了许多流派。比较有影响的有：冯·杜能、韦伯的区位集聚论、熊彼特的创新产业集聚论、E. M. 胡佛的产业集聚最佳规模论等。

马歇尔（Marshall，1920）阐述了存在外部经济与规模经济条件下产业集聚产生的经济动因。他把经济规模分为两类：一是外部经济规模，即产业发展的规模，这和产业的地区性集中有很大关系；二是内在经济规模，主要取决于从事工业的单个企业的资源、组织以及管理效率。马歇尔认为产业集聚是外部规模经济所导致的，并且进一步论述了产业集聚产生的三个原因：地方化的产业提供了一个稳定的技术市场；附属行业在附近的成长，为产业中心提供了工具和材料等；产业集聚可以产生技术外溢。以上论述为产业集聚的研究开了先河。

冯·杜能（1826）出版的《孤立国同农业和国民经济的关系》提出的区位理论，使其成为研究经济活动空间模式的第一人。之后的威廉·劳恩哈特和阿尔弗雷德·韦伯创立了工业区位理论，进一步研究了产业集聚问题。威廉·劳恩哈特（1882）提出了在资源供给和产品销售约束下，使运输成本最小化的厂商的最优定位问题及其尝试性的解法。韦伯（1909）出版的《工业区位论》是最早的关于工业区位理论的比较系统和完整的理论著作。其核心是：在工业配置时要尽量降低成本，尤其是要把运输费用降到最低限度，以实现产品的最终销售，因此被称为"最低成本学派"。他认为一般性的区位因素只有运输费用、劳动力费用和集聚力这三项。前两者可视为一般区域性因素，而运输费用对工业区位的基本定向起着最有力的决定性作用，劳动力费用是工业区位系统的"第一次变形"；将集聚力可归结为由外部经济条件引起的向一定地点集中的一般性因素，是工业区位系统的"第二次变形"。同时他提出了"区位三角形"原理，认为集聚的产生是自下而上的，即通过企业对集聚好处的追求自发地形成的。克里斯塔勒（1933）提出了以城市聚落为中心进行市场面与网络分析的理论。廖什（1939）主要研究了企业区位的决定因素，认为如果企业以追求利润最大化为目标，那么其合理区位主要是由产品的需求量大小决定的。如果企业能够建立吸引足够数量的消费者的地点，有足够多消费需求，企业就能获得利润；反之，这样的地点就不能成为合理区位。他还将一般均衡理论应用于区位分析，在区位产业理论中他提出了产业集聚和点集聚的问题，将区域产业集聚划分为产业地带和产业区，产业地带就是同类产业区的集聚，而产业区是彼此相互分离的市场范围。

后来许多经济学家对产业集聚进行了许多深入的研究，建立起了现代的区位论。其研究从单个厂商的区位决策发展到区域总体经济结构及其模型的研究，从抽象的纯理论模型推导发展为建立接近区域实际的、具有应用性区域模型。其研究对象扩展到第三产业。

（三）产业集群相关理论

迈克尔·波特（1990）将产业集聚放在一个更广泛的动态竞争理论中，这一竞争理论包括了成本战略、差异战略、静态的效率以及动态的升级与创新，同时认为世界是由全球要素和产品市场组成的。他的这些研究将产业集聚的研究更深入了一层，可以理解为产业集群。波特在其代表作《国家竞争优势》中运用"钻石"理论，以10个国家为案例，分析了国家竞争优势的形成，提出了产业集群的概念、形成和竞争优势。其钻石模型认为产业集群需要需求环境、要素条件、关联与支持产业以及企业竞争与战略四大要素的相互促进与配合。产业的地理集中可以使产业的生产率和创新利益进一步放大，一个国家要提高其产业的国际竞争力，必须在国内创造最有生气、最富有挑战性的创新环境，建立地区内大学、研究机构、中介服务机构、政府机构结合而成的研究和开发合作网络，推动产业的集中，减少企业成本上升，增强创新能力。1998年又进一步提出，产业集群的典型特征是在某一特定领域中，大量产业联系密切的企业以及相关支撑机构在空间上集群，并形成强劲、持续竞争优势的现象。因此，他实质上强调产业集群是一个自我强化的系统，这一系统刺激了集群内企业的竞争战略，也增强产业集群本身的竞争力。这一自我增强的过程需要依赖于人际关系、面对面的交流、社会网络、社会资本等，将产业集群理论用网络理论联系起来。

另外，许多学者运用网络理论对产业集群进行了研究，包括格兰诺维特（1985）提出的"商业群体"和"嵌入性"等概念。科尔曼（1988）对社会资本进行的研究，认为社会资本是指行动者为了实现自己的利益，相互进行各种交换，从而达成共识。他们都认为网络、规则或文化等是社会资本的要素。这一分析视角为产业集群的研究开辟出一条新路径。

六、增长极理论

增长极理论被认为是西方区域经济学中经济区域观念的基石，是不平衡发展论的依据之一。这一理论认为：一个国家要实现平衡发展只是一种理想，在现实中是不可能的，由于经济增长通常是从一个或数个"增长中心"逐渐向其他部门或地区传导，因此，应选择特定的地理空间作为增长极，以带动经济发展。

实际上，增长极理论是20世纪40年代末50年代初西方经济学家关于一国经济平衡增长抑或不平衡增长大论战的产物。该理论最初由法国经济学家佩鲁（Francois Perroux）提出，许多区域经济学者将这种理论引入地理空间，用它来解释和预测区域经济的结构和布局。后来法国经济学家布代维尔（J. B. Boudeville）将增长极理论引入到区域经济理论中，之后美国经济学家弗里德曼（John Frishman）、瑞典经济学家缪尔达尔（Gunnar Myrdal）、美国经济学家赫希曼（A. O. Hischman）分别在不同程度上进一步丰富和发展了这一理论，使增长极理论的发展成为区域开发工作中的流行观点。

佩鲁（1950）认为，如果把发生支配效应的经济空间看作力场，那么位于这个力场中推进型单元就可以描述为增长极。增长极是围绕推进型的主导工业部门而组织的有活力的高度联合的一组产业，它不仅能迅速增长，而且能通过乘数效应推动其他部门的增长。因此，增长并非出现在所有地方，而是以不同强度首先出现在一些增长点或增长极上，这些增长点或增长极通过不同的渠道向外扩散，对整个经济产生不同的最终影响。他借喻了磁场内部运动在磁极最强这一规律，称经济发展的这种区域极化为增长极。佩鲁的贡献在于：首先，他提出了一个完全不同于地理空间的经济空间，认为经济空间是以抽象的数字空间为基础，经济单位不是存在于地理上的某一区位，而是存在于产业间的数学关系中，表现为存在于经济元素之间的经济关系；其次，认为经济发展的主要动力是技术进步与创

第一章 新型产业基地建设的相关理论

新,创新主要集中于那些规模较大、增长速度较快、与其他部门的相互关联效应较强的产业中,具有这些特征的产业可称为推进型产业,推进型产业与被推进型产业通过经济联系建立起非竞争性联合体,通过后向、前向连锁效应带动区域的发展,最终实现区域发展的均衡,这种推进型产业就起着增长极的作用,对其他产业(或地区)具有推进作用;最后,增长极理论的核心是推进型企业对被推进型企业的支配效应,即一个企业和城市、地区、国家在所处环境中的地位和作用。

法国的另一位经济学家布代维尔(1957)认为,经济空间是经济变量在地理空间之中或之上的运用,增长极在拥有推进型产业的复合体城镇中出现。因此,增长极是指在城市配置不断扩大的工业综合体,并在影响范围内引导经济活动的进一步发展。布代维尔主张,通过最有效地规划配置增长极并通过其推进工业的机制,来促进区域经济的发展。美国经济学家盖尔在综合研究各种观点后指出,影响发展的空间再组织过程是扩散——回流过程,如果扩散——回流过程导致的空间影响为绝对发展水平的正增长,即是扩散效应,否则是回流效应。

综上所述,增长极有三种类型:一是产业增长极;二是城市增长极;三是潜在的经济增长极。增长极理论的基本点包括:(1)其地理空间表现为一定规模的城市;(2)必须存在推进型的主导工业部门和不断扩大的工业综合体;(3)具有扩散和回流效应。增长极体系有三个层面:先导产业增长;产业综合体与增长;增长极的增长与国民经济的增长。在此理论框架下,经济增长被认为是一个由点到面、由局部到整体依次递进、有机联系的系统,其物质载体或表现形式包括各类型城镇、产业、部门、新工业园区、经济协作区等,增长极对地区经济增长产生的巨大作用主要表现在对区位经济、规模经济和外部经济的推动作用。

七、全球价值链理论

波特(Porter,1985)还提出了价值链理论,认为公司内部不仅存在价值链,而且一个公司价值链与其他经济单位的价值链也是相连的,每个公司的价值链都存在于一个由许多价值链组成的价值链体系中。寇伽特(Kogut,1985)在对价值链研究的过程中,强调价值链的垂直分离和全球空间再配置之间的关系,把价值链的概念从企业层面拓宽到了区域和国家层面,因而对全球价值链理论的形成起到至关重要的作用。沃尔特·W·鲍威尔(1990)将全球价值链的治理模式分为市场、层级制和网络三种组织形式,并从一般基础、交易方式、冲突解决方式、弹性程度、经济体中的委托数量、组织氛围、行为主体的行为选择、相似之处等方面对三种经济组织形式进行了比较。克鲁格曼（Krugman，1995）、阿尔恩特和凯尔科斯（Arndt and Kierzkowski，2001）使用了"片断化"来描述生产过程的分割现象。认为产权分离是跨界生产组织的一个重要决定因素，从而为OEM生产外包和跨国公司的全球采购提供了直接的理论基础。格里芬（Gereffi，1999）提出了全球商品链（Global Commodity Chain）的框架，把价值链与全球化的组织联系起来，在此基础上对生产者驱动和购买者驱动的商品链进行了比较研究，强调链条上企业相对价值创造和价值获取的重要性，并提出生产者驱动和购买者驱动模式：生产者驱动的商品链是指由生产者投资来推动市场需求，形成本地生产供应链的垂直分工体系，投资者可以是拥有技术优势，谋求市场扩张的跨国公司，也可以是力图推动地方经济发展、建立自主工业体系的本国政府；购买者驱动的商品链是指由具有强大品牌优势或销售渠道的大型采购商组织，协调和控制针对发达国家和发展中国家目标市场的生产、设计和营销活动。格里芬认为价值链中权利拥有者或某些机制协调和组织各环节的价值创造活动，由此将全球价值链的治理模式细分为五种：市场（Market）、模块型（Modular）、关系型（Relational）、领导型（Captive）和等级制（Hierarchy）。亨特森（Henderson，1998）认为，生产者驱动的全球价值链中，其价值的增值部分大多数位于生产领域，而购买者驱动的全球价值链中，其附加值多流向市场销售和品牌化等流通领域。汉弗莱和施米茨（2002）利用交易成本理论进一步识别了四种治理模式：市场型（Arm-length Market Relations）、网络（Network）、准等级制（Quasi-hierarchy）和等级制（Hierarchy）。上述对全球价值链的研究其内容涉及全球价值链的形成原理、治理机制问题和运行的动力问题等。

八、企业理论

新型产业基地建设还与企业有密切关系。企业理论包括古典和现代两部分。现代企业制度是对古典企业理论的继承和发展。

（一）古典企业理论

古典企业理论主要从技术角度研究企业。认为消费者的行为准则是在收入和价格的约束下追求效用最大化，企业则是在技术和市场的约束下追求利润最大化，由此产生消费者的效用函数和企业的生产函数，进而产生了厂商在完全竞争市场中的短期行为和最优规模，以及长期行为和长期最优规模。总体来说，古典企业理论主要从技术角度运用边际分析方法，研究在完全竞争的市场条件下产业最佳产出水平和市场均衡价格。

（二）现代企业理论

与古典企业理论不同，现代企业理论（the Theory of the Firm）主要研究企业的本质、边界和企业内部的激励制度。该理论的开创者是1991年诺贝尔经济学奖得主罗纳德·科斯（Ronald Coase），后继者主要包括奥利弗·威廉姆森（Oliver Williamson）、Klein、Oliver Hart、Bengt Holmstrom、Jean Tirole等人。与企业理论有关的理论包括交易费用经济学（创立者为威廉姆森）、企业的产权理论（创立者为哈特）、企业的激励理论（创立者为Holmstrom和Milgrom）以及其他非主流的企业理论。

科斯（1960）把交易成本的概念引入经济分析，将生产的制度结构纳入经济理论，提出并且讨论了什么是企业的基本特征、为什么市场经济中要有企业存在、为什么企业的边界不能扩大到整个经济这些至关重要的有关企业的基本问题。他认为：(1) 市场和企业是执行相同职能因而可以相互替代的配置资源的两种机制，企业最显著的特征就是对价格机制的替代；(2) 无论运用市场机制还是运用企业组织来协调生产，都是有成本的；(3) 市场经济中之所以存在企业主要是因为有些交易在企业内部进行比通过市场进行所花费的成本要低；(4) 市场机制被替代是由于市场交易有成本，企业没有无限扩张成为世界上只有一家大企业则是因为企业组织也有成本。张五常（1974）进一步认为，企业与市场的不同只是一个程度的差别，只是契约安排的两种不同形式而已。

20世纪70年代以来，科斯开创的现代企业理论主要研究的对象：一是交易成本理论，着眼点于企业和市场的关系；二是代理理论，侧重于分析企业内部组织结构及企业成员之间的代理关系。由于两者都强调企业的契约性，因此又被称为"企业的契约理论"。在此之后，威廉姆森、阿尔钦、德姆塞茨、詹森和梅克林等进行了更为深入的研究，认为企业的本质是一个合同关系，包括各个参与者间的合同，所有这些合同都存在着代理成本和监控问题。由于"代理成本"是企业所有权结构的决定因素，由此引出企业产权理论。

九、可竞争市场理论

传统微观经济学的核心内容是论证"看不见的手"原理。该原理由英国古典经济学家亚当·斯密（1776）提出，经过几代经济学家的努力，逐渐发展成为完全竞争理论。这一理论证明，在特定的假设条件下，市场机制能够使一个经济体获得良好的绩效，并具有帕累托效率，这就给"看不见的手"赋予了具体而实际的内涵。

然而与传统微观经济学存在着一定的内在的缺陷，因为完全竞争具有帕累托效率的结论依赖于非常严格的假设前提，如要求大量厂商的存在；而在规模经济条件下，无法实现完全竞争的效率，这就是规模经济与自由竞争的矛盾，即著名的"马歇尔冲突"。从现代经济学的角度看，"马歇尔冲突"实际上可以理解为：效率要求价格等于边际成本，但是当边际成本低于平均成本（即存在规模经济）时，按效率定价将给生产该商品的厂商带来损失。这是在规模收益递增条件下实现效率的一个基本障碍。

为了解决这一冲突，许多经济学家进行了不懈的努力。如斯拉法（1925）对马歇尔的批判、张伯伦（1933）的垄断竞争理论、罗宾逊夫人（1933）的不完全竞争理论。不过，张伯伦等人没有能够很好地把规模经济与竞争效率结合起来，而依然是用厂商数目来定义垄断和竞争，市场结构也是按照厂商数目的多少来划分的。换句话说，张伯伦等人只是发展了对规模经济（垄断竞争）条件下的厂商行为分析，并没有解决规模经济与竞争效率的矛盾。并且，仍然把完全竞争作为评价不完全竞争厂商行为的基准。

正是"马歇尔冲突"造成了微观经济学的"两分法"，而产业组织理论——人们通常把它看成是微观经济学的应用——则研究不完全竞争结构中的厂商行为。由于产业组织理论依然把完全竞争市场作为评价产业结构的一般基准，因而，传统微观经济学中在评价基准方面存在的"逻辑问题"也同样存在于产业组织理论中。大数目厂商的假定不仅使完全竞争模型难以处理规模经济的情况，而且还直接导致了微观经济理论中的"寡头问题"。

由于上述问题的存在，完全竞争市场显然不是一个评价行为和结构的令人满意的基准。正是在这一背景下产生了可竞争市场理论（the Theory of Contestable Markets）又叫可竞争性理论（Contestability Theory），这一理论形成于20世纪70年代末80年代初。1982年，鲍莫尔与潘扎尔（Panzar）、普林斯顿大学教授威利格（Willig）一起出版了《可竞争市场与产业结构理论》一书，标志着系统化的可竞争性理论的形成。可竞争性理论在价格理论、产业组织理论等方面都提出了极具创新意义的见解。可竞争市场理论不是一般反对国家干预，而是主张重新认识市场和政府的作用。该理论强调潜在竞争对现有厂商行为的约束，将完全竞争的结论用以说明收益递增的情况，修正了对"看不见的手"原理应用范围的传统看法。并且，由于竞争存在与否不再取决于现有厂商的多少，传统寡头理论因"猜测变量"而导致的"寡头问题"不再存在，在此基础上分析了产业结构的决定、厂商行为和绩效特征。因此，在可竞争性理论中，微观经济学和产业组织理论在研究对象上的传统差别基本上不复存在，主要研究可竞争市场中的所有市场结构（完全竞争、寡头和垄断）的决定、行为和绩效。

第二节 研究的角度及新型产业基地建设测度

一、对产业相关理论关系的解读

新型产业基地建设源于众多理论，上述相关理论之间的关系可见下图（图1.1）。

图1.1显示了与产业相关的各种理论间的逻辑关系。从一定意义上说，政治经济学、宏微观经济学和制度经济学研究的主要目标是经济的发展，以市场为研究的对象，其主要功能是形成促进经济发展的载体，在市场经济条件下，一切经济行为均应发生在市场范围内，包括正式与非正式的市场。在这一假定下，图1.1显示了企业、产业以及产业集群等经由市场载体实现其促进经济发展的路径：

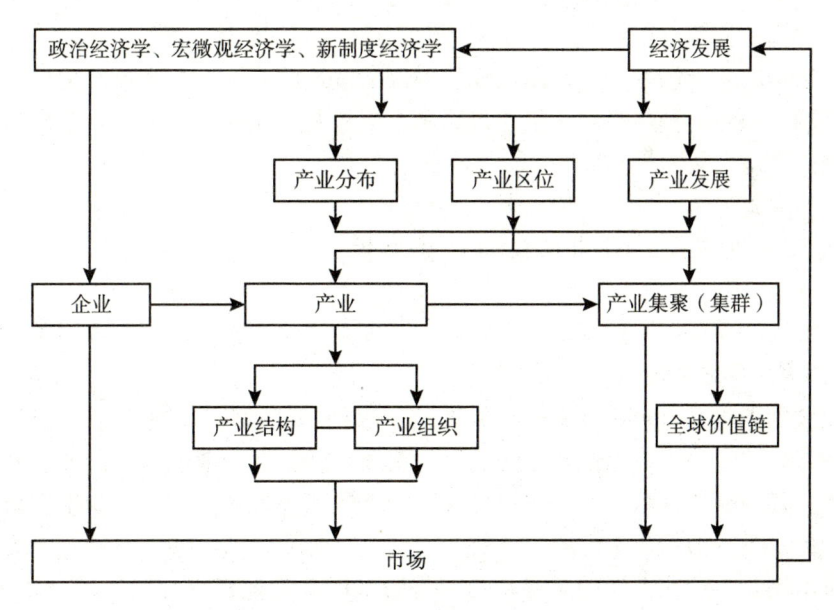

图 1.1 产业相关理论逻辑图

企业是产业的主体。当生产同类产品的企业的数量达到一定时就会形成产业，生产不同类或同类产品的企业在空间上形成集合时形成产业集聚，进而形成更具生命力与活力的产业集群，这是产业自身发展的一般规律，也是研究新型产业基地建设的核心内容。

产业结构和产业组织是产业本身的两个基本组成部分。产业结构强调不同产业间的类别区分及相互间的关系，属于宏观经济研究的范畴，产业组织强调产业主体企业行为的研究，重在企业行为与市场的关系的研究，属于微观经济研究的范畴。产业结构与产业组织是新型产业基地建设研究的最重要的两个领域。

全球价值链是新型产业基地国际化的重要支持。无论是生产者价值链还是需求者价值链都是推动产业向更大范围内升级的动因，全球价值链是新型产业基地国际化的动因。产业分布、产业区位和产业发展与新型产业基建设与发展有着密切的关系。与此相适应，三者均强调空间范围内的经济发展情况。旨在研究区位特征视角下产业及产业集聚（群）如何促进经济发展的过程，只不过三者在研究视角的切入上侧重点会有所不同：新经济地理学侧重于从经济活动的空间集聚和区域增长集聚的动力两个方面对产业加以研究；区位理论研究在最适合的地点进行价值创造活动所产生的经济利益，尤其强调位置对于产业发展的重要价值；增长极理论是从非均衡发展角度研究新型产业基地建设对增长极形成的影响。上述三者均是从产业发展的地理空间的角度来进行研究的，属于对产业及产业集聚进行研究的同一视角。

归根结底，市场是产业得以实现促进经济发展的载体。与产业有关各种因素通过市场所独有的价格机制、供求机制和竞争机制等作用对新型产业基地建设从而对促进经济发展发挥重要作用。

二、制度创新、技术创新与产业发展

产业发展及新型产业基地建设依赖于制度创新和技术创新，二者的关系如同"鸟之两翼，车之两轮"，不可偏废。

制度创新（Institutional Innovation）是产业发展的基础，是新型产业基地建设的动力之源。促进新型产业基地建设的制度创新包括企业创新、产业创新、市场创新、发展模式创新以及地方政府制度创新等诸多方面。同时，制度创新为技术创新提供各方面的发展保障与支持。

技术创新是产业发展的直接动力，是新型产业基地建设与发展的技术支撑。新型产业基地的建设离不开技术创新和技术进步。在开放条件下，技术进步的途径主要有三个方面，即技术创新、技术扩散、技术转移与引进。狭义的技术创新主要在企业层面，是指从产生新产品或新工艺的设想到市场应用的完整过程，它包括新设想的产生、研究、开发、商业化生产到扩散这样一系列活动；广义的技术创新与产业有关，深化创新理论、创新体系（包括国家创新体系和区域创新体系）、创新政策等各个方面。从创新主体来看，包括企业、支持体系和政府。在市场经济下，企业是技术创新主体，政府为企业创新提供政策支持和一定的资金支持，社会支持体系为企业创新提供各种中介条件。而从创新客体来看，新型产业基地的建设能力可以为技术创新提供广阔的空间和平台。

新型产业基地建设依赖于技术创新，而技术创新需要制度创新的支持。技术创新需要资金，通过制度创新可解决技术创新的资金来源。在新型产业基地建设初期，可通过天使基金支持其发展；在新型产业基地建设发展期，可引入风险投资；在新型产业基地建设成熟期，可逐渐引入股权投资。同时，通过建立资本市场可为基金组织设置退出渠道。再有，新型产业基地建设需要人才，为此应建立相应的人才激励机制，充分调动科技人才、管理人才的积极性、主动性和创造性，以便更好地吸引人才和留住人才。对于技术创新成果，可以通过专利制度提供保护，等等。因此，新型产业基地建设实现技术创新，关键在于制度创新。对于东北地区的新型产业基地来说，制度创新更为重要。

三、产业发展测度视角的选择

广义的技术创新与产业有关，而产业发展的测度是通过考察与产业有关要素各自的运行及其相互间的适度性从而对产业发展水平做出的整体评价。依据产业发展的测度结果，可以对产业的发展做出调整，从而使产业发展更合理、更科学。依据影响产业发展的各种因素间的关系，可以得出产业测度的视角，如图1.2所示。

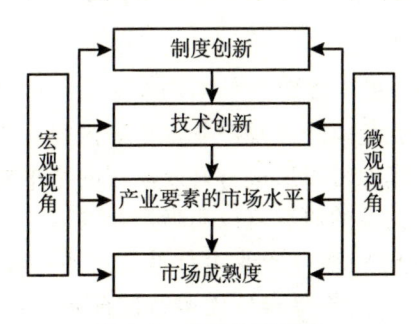

图1.2　产业发展测度

图 1.2 给出关于产业发展测度的各种可能方式。主要包括两个方面：一是影响产业因素自身的发展水平的测度，包括制度、技术、产业要素和市场四者自身的发展水平的测度；二是上述四者间关系适度水平测度。制度、技术、产业要素和市场自身的发展水平指的是它们各自的组成部分的发展情况。如制度中产权、契约的发展水平，技术中的信息技术的发展水平；产业中的产业结构的发展水平，市场中的竞争性市场发展水平等。制度、技术、产业要素和市场相互间的适度关系包含两层含义：一是四者整体发展水平的适度水平；二是内部组成部分间的适度水平。

另外，上述四者各自组成部分的发展水平以及相互间适度水平的测试需要从宏观与微观两个层面来进行。如制度的宏观因素包括国家、产业、中介组织制度等的设计与实施，其微观因素包括的企业激励机制、契约制度、所有权配置制度等。市场的宏观因素包括市场发展阶段的演进、开放型市场的运行等，微观因素包括短期市场的供求、竞争性市场的特点等。

进一步分析，对产业发展的测度既可以选择其中的一个点来进行定点测试，也可以选择几个点进行综合测试。不过各国各地区要根据自身的资源、文化传统等来具体决定测度产业发展的视角。

上述四个视角中，一般规律是主要集中于对技术创新与产业要素的市场水平两者的测度。但中国的情况比较特殊，我国技术创新已逐渐步入自主创新阶段，市场不断成熟，产业要素的市场发展水平也逐渐提高。相比之下，制度创新却相对滞后。因此，中国目前产业发展测度的重点应该是制度创新，在此基础上分析制度创新所带动的技术创新制度与产业要素市场水平间的适度性的测度。

第三节 新型产业基地生成及其发展的测度

如上所述，产业研究的主要对象包括产业组织、产业结构、产业关联、产业集群和产业布局、产业竞争力以及产业安全等内容。这些内容既是产业研究的对象，也是新型产业基地得以形成与有效运行的基本要素。所以，对上述各部分内容内涵及其相互关系的研究可以明晰产业的运行机理，当产业运行各要素均达到最优运行水平时则某一产业运行最优，不存在资源损失。而新型产业基地的建设是建立在产业各要素最优运行的前提下的，故研究新型产业基地的建设就要从产业各要素的内部及外部的关系度，即产业基地的运行机理

第一章　新型产业基地建设的相关理论

来入手。

一、产业基地的生成

关于产业，苏东水（2000）认为其是社会分工不断发展的必然结果，是具有某种同类属性的经济活动的集合，是介于宏观与微观经济之间的中观经济。杨公朴、夏大慰（2005）进一步指出产业是具有使用相同原材料、相同工艺技术或生产产品用途相同的企业的集合。张平、王树华（2009）认为产业是处于宏观、微观之间的经济群体，具有投入与产出效益活动，其与社会生产力水平相适应，产业间存在各种关系，从而形成经济系统。可见，产业是企业在形成企业集合的过程中的各种经济活动的总和，包括企业集合内各企业间、企业集合与市场间、企业与政府间等各类宏观与微观经济活动。

对于产业基地，一般认为，产业基地是由政府或者民间组织、机构自发或者规划筹办的富于规划的且具有产业集群效应的经济体。产业基地因产业属性而异，规模不一，并呈现多元化特征。产业基地的形成首先取决于市场的需求，因而与市场的运行规律有着密切关系。另外，产业基地是同一产业的规模化、集群化，是从事相同或相似产业的企业集合，且具有产业组织、产业结构和产业管理等产业各要素的合市场规律性的特征。此外，产业基地还受制于国家等第三方强制力量和习俗非强制力量所形成的各种制度的制约。实际上，产业基地是在市场规律和制度两要素的不断影响下形成的，其应该以市场为主导，制度要素对产业基地的形成起到辅助作用。但随着经济规模的不断扩大，出现市场失灵，就越来越需要制度对产业基地的形成进行干预。因此，高水平的制度干预就成了产业基地能否更好发展的重要制约条件。从这个意义上说，可以将新型产业基地理解为在合市场规律的各种制度的干预下形成的合市场经济发展规律的同类企业的集合。产业基地与新型产业基地均具有三个基本特征：企业的同质性、企业的合市场规律性、企业的合制度规律性。上述三点尤其是后两点在产业基地形成中的运行情况，很大程度上决定了产业基地的发展水平。产业基地的形成发展及成熟过程如图 1.3 所示。

图 1.3（1）显示市场和制度两要素在产业基地形成过程中发挥作用的情况。横轴 I 代表制度水平，纵轴 M 代表市场水平。随着制度和市场水平的提高，产业基地的水平也在不断的提高。图中 L_1、L_2、L_3 三条曲线代表了制度和市场两要素在产业基地中发挥不同程度作用时产业基地的发展水平。假定 L_2 曲线为正常产业基地水平所对应的市场与制度的水平，即若制度水平为 I_1，则此时的市场水

平为 M_2。如果此时真实的产业基地运行曲线为 L_3，则实际的市场水平为 M_4，而此时所需要的制度水平要远高于 I_1，也就是说存在着市场过度开发（$M_4—M_2$），制度的制定与实施的滞后。同样的，如果此时产业基地的真实运行水平为 L_1，则实际的市场水平为 M_1，而 M_1 市场水平下产业基地运行所需要的制度水平要低于 I_1，也就是说存在着市场的开发不足（$M_2—M_1$）、制度制定与实施的过度。在这种情形下，可能会导致比市场过度开发导致的产业基地发展水平的损失更多，因为制度的制定要依据市场的规律来进行。又如当市场水平处在 M_3 时，其正常所对应的制度水平为 I_2，低于 I_2 则存在着制度开发不足，高于 I_2 则存在着制度开发过度。上述表明：影响产业基地的市场和制度要素需要保持其开发水平与产业基地发展水平的一致性，否则就会存在市场、制度和产业基地三类资源的无谓损失。

（1）市场、制度与产业基地　　（2）产业基地发展路径

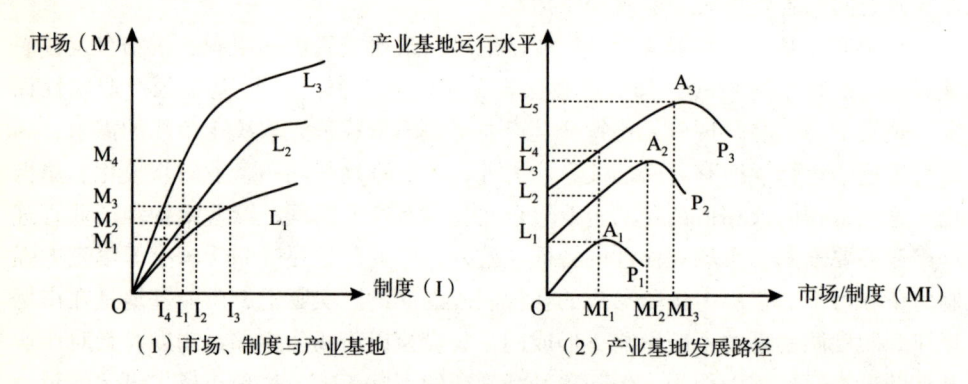

图 1.3　产业基地的形成机理

图 1.3（2）显示了产业基地在市场和制度影响下的基本类型。纵轴 L 表示产业基地的发展水平，横轴 MI 表示市场和制度的适度程度，曲线 P 表示产业基地的可能发展阶段，产业基地的水平随着市场和制度水平的提高而提高，同时，市场、制度参与基地运行的水平及两者的适度水平的高低决定了产业基地的发展阶段。具体来说，产业基地的发展大致有三种类型：（1）只有市场要素参与或只有制度要素参与产业基地的生成，即市场生成型或制度生成型。此类型下市场或制度互不联系，未能形成相互补益。图中 P_1 即为此类型。这一类型的产业基地其生命周期相对较短，市场或制度要素的无谓损失较大，未能实现效用最大化。其中市场生成型产业基地水平要略高于制度生成型。在 P_1 中，当市场和制度水平均为 MI_1 时，产业基地的生成收益最大化，但其所对应的产业基地的水平只达到了 L_1，市场或制度要素并未实现效用最大化。MI_1 后成本大于收益，产业基地

水平开始下降。(2) 市场和制度要素共同参与产业基地的生成，但制度对市场规律的适度性较低，制度对产业基地的形成作用未能充分发挥，表现为制度滞后，称之为制度—市场生成型。如图中的 P_2 曲线。此类型下由于制度与市场共同参与了产业基地的生成，因此相同的制度和市场水平下，产业基地的水平较 P_1 要高。如制度和市场水平处在 MI_1 时，产业基地的水平则为 L_2，比 P_1 时高出了（P_2-P_1）部分。市场和制度两个产业基地生成要素的效用进一步地得以开发，这一类型下产业基地的运行中水平最高点出现在 MI_2 制度与市场水平处，比 P_1 晚出现了（MI_2-MI_1）部分，市场与制度在产业基地生成中的效率更高，但两者的适度性还未达到最高水平。(3) 市场和制度要素共同参与产业基地的生成，制度完全按照市场的规律与市场的发展同步，其对市场的适度性较高，制度对产业基地的形成作用得以充分发挥，称之为市场—制度生成型产业基地。如图中 P_3 曲线。此类型下由于制度要素在参与产业基地的生成中完全适合了市场要素的发展水平，因此使得产业基地的生成既适应了市场的发展规律，同时又使得其不适应规律之处通过制度得以纠正，且制度促进了其对市场发展规律的适应能力。图中当市场和制度水平处在 MI_1 时，产业基地的水平处在 L_4，比 P_2 类型下高出了（L_4-L_2）部分，比 P_1 类型下高出了（L_4-L_1）部分。上述三种类型的产业基地生成类型会随着市场和制度两要素的适度水平而向内向下或向外向上移动。

综合图 1.3 可知，产业基地生成与发展需要市场和制度共同作用，这两个要素也是现代经济发展的主要制约因素，两者的适度性低则会产生其中某一要素的效率损失，影响产业基地的发展水平。基于此，产业基地的生成与发展可以有三种类型，其中第三种类型比较符合宏观的经济总量增长和微观经济主体效用最大化的基本发展目标。因此，我们将第三种类型的产业基地视为新型产业基地。而一个新型产业基地的生成与运行会经历市场主导、制度对市场低适应性和制度对市场的高适度性三个阶段。由于市场主导下的新型产业基地生成与运行是以市场的成熟为前提的，因此，制度要素的发展必然以市场要素的发展为前提，并需要与市场要素的成熟水平相适应。

二、新型产业基地建设中市场与制度要素的宏微观分析

从生成机理来看，产业基地是在市场规律下形成的，而新型产业基地则是第三方强制力量（主要是政府）利用市场力量形成的，更重视制度这一经济活动要素的作用。其建立需要考虑市场与制度两方面的因素。由于市场和制度两者均涉

及宏观、微观经济领域及宏观与微观的适度性，所以对新型产业基地生成要素的分析亦应从宏观与微观入手。以新型产业基地生成及运行成本最小化、资源利用效用最大化为目标。

（一）影响新型产业基地生成的市场要素

1. 宏观角度

从宏观角度来理解新型产业基地生成的市场要素，需要从整个区域乃至世界市场发展的外在及内在规律来研究，主要强调产业基地整体的生成与市场的整体运行相匹配，具体考虑以下因素：（1）从世界经济发展趋势着眼，发现并选择具有需求潜力即经济新增长点的产业。在世界经济发展变化过程中，总会有一些产业处于经济发展的前沿，引领着经济的发展，因此在确定国家和地区新型产业基地的建设时要准确地把握世界经济发展的脉搏。（2）区域和国家产业结构现状及发展趋势。如发达国家多以发展第三产业为主，而发展中国家仍以第二产业的振兴与发展为主，三次产业经历了由低技术水平到高技术水平的发展过程，因此新型产业基地的建设必须把握产业发展的总趋势和发展阶段，以求产业基地效用的最大化。（3）与本地区、本国的产业建设基础相协调。产业基础对于新型产业基地建设的成本有着重要的影响。这里的产业建设基础主要包括自然资源开发、人力资源开发和科技创新开发等方面。（4）社会总供给与总需求的状况。一般应选择总供给小于总需求最多的产业来建设，同时还要考虑这种需求刚性、长短、国内及国际等。

2. 微观角度

从微观角度理解新型产业基地生成的市场要素，主要考虑市场规律对企业的影响，强调产业基地中企业的运行要与市场相关规律匹配，包括以下标准：（1）新型产业基地企业的研发水平要高，应不断提高产品的科技含量，能够应对市场瞬息万变的情况。一般可用企业的研究投入作为检验其是否具有较高的科研水平的一个重要标准。（2）产品生产的投入产出率相对较高，即有较高的产出效率。（3）产品差异化程度较高，以便在一定时期内市场较难有较多的替代品，保持企业较高的收益。（4）产品需求的价格弹性小，供给的价格弹性大，以保证较强的市场生存能力，使得新型产业基地处于良好的市场状态。（5）产品结构合理，主要体现为产品的供给与市场的需求存在着高相关度，供给与需求成正比。（6）企业生产存在着规模经济效应，产业集聚可以形成较高效率，成本不断降低，收益增长，生产可能曲线会向外向上移动，产业基地内企业的依赖性及互补性较强。

（二）影响新型产业基地生成的制度要素

1. 宏观角度

从宏观角度理解制度要素对新型产业基地生成的影响，主要强调影响新型产业基地中产业选择及发展的相关制度。这类制度对新型产业基地建设的影响主要考察其与市场的适应性，强调其对市场的适应程度和调整程度，如与社会总供求的关系、与经济增长的关系等。主要包括：（1）国民经济整体发展规划，即产业政策。主要是一个国家长期内经济发展目标的制度性约束，包括与经济发展不同时期所确定的重点发展产业的相关制度，如"五年规划"、产业振兴规划、战略性新兴产业规划等，这些产业发展的制度都从较长时期内保证了产业基地的形成与发展。（2）财政政策。财政政策具有宏观调控作用，当产业基地建设与市场运行机制相悖，需要国家进行制度性干预时，国家就可以通过财政政策保证产业基地建设与市场运行保持一致，实现产业基地效用的最大化。（3）税收及汇率政策。这两类政策影响到产业基地的实际成本与收益。比如进出口税率和人民币汇率的变化均会影响产业基地的生成及运行成本，因此在新型产业基地的建设中需要考虑税收及汇率的稳定性及持续性，长期内保证新型产业基地的效率。（4）环境保护制度。随着低碳经济越来越成为世界经济发展的主流，各国更重视各产业的环保性。环境保护制度对于一个国家长期内产业基地的发展会起到良好的保护作用。若非如此，产业基地一旦生成其对环境保护所付出的成本加倍增长以致无法弥补，因此环保制度实际上促进新型产业基地创造一个更符合市场规律的起点和更具市场发展前景的空间。（5）产业准入制度。新型产业基地的建设需要有较高的标准，国家根据产业发展的情况所实施的产业准入的相关制度会使新型产业基地更具有市场竞争力，同时可以避免产业发展所形成的资源的浪费。

2. 微观角度

从微观角度理解制度要素对新型产业基地生成的影响，主要强调影响新型产业基地中企业的相关制度。特别强调其与企业的短期、长期供求关系、企业的效率关系等，具体包括：（1）产权制度。与企业产权有关的制度可以最大限度地保证新型产业基地内企业的效率，更好地适应市场经济的发展规律。包括企业产权的配置、产权的优化及激励等制度，这些与产权有关的各种制度可以优化新型产业基地。（2）创新制度。企业的活力主要在于创新，但创新若想与市场规律更好地协调需要相应的制度保证。新型产业基地内企业的创新制度也主要包括企业技术创新和企业管理制度创新两个方面。技术创新需要对企业进行投入上的制度限制，一般会设置最低科研资金的限定；管理制度上的创新需要在运行环境上及运行期限上加以制度保证。(3) 竞争制度。这一制度主要是保证企业更好地与市场运行基本规律相一致，避免企业经营者利益冲动而引发非市场规律下的竞争所形成的最终企业甚而产业基地的损失。竞争制度如反垄制度的实施可以使产业基地内企业的非市场性的谋利冲动在事前加以规避，最大程度地减少产业基地的运行损失。(4) 合约制度。新型产业基地内企业与合约相关的制度会影响到企业及产业基地的成本与收益，最大程度地开发企业参与者的潜能，提高企业运行的效率。

三、新型产业基地建设中市场与制度适度性的测度

从生成的基本原理可知，新型产业基地建设需要分析市场与制度两类要素的适度性，上述对新型产业基地市场和制度要素的分析可以为我们完成对两者适度性的测度提供切入点。其具体过程如下。

（一）市场与制度适度性的测度对象

由于需要从宏观与微观两个方面来考量市场与制度的适度水平，所以测度对象包括：市场要素中宏观与微观指标的适度性测度、制度要素中宏观与微观指标的适度性测度、市场与制度要素中宏观与宏观指标的适度性测度、市场与制度要素中微观与微观指标的适度性测度、市场与制度要素中宏观与微观指标的适度性测度等。上述测度对象从整体和局部两个方面来考虑，既照顾到了新型产业基地生成与运行的整体效果，也可以发现其生成与运行中的具体问题。

（二）市场与制度适度性测度的指标选择

对于新型产业基地是否已经符合市场规律及制度所要达到的效果，除了考察上述影响因素，还要确定相关指标，验证新型产业基地的生成及运行过程中市场与制度的适度水平。表1.1给出了新型产业基地生成与运行适度性测度的各项指标。这些指标需要整体的适度，否则就会出现新型产业基地发展的"短板"，造成其他要素的无谓损失，如表1.1所示。

市场指标中的宏观指标主要包括：(1) 产业对GDP的贡献值，主要是指新型产业基地中增加值的增长与GDP的比值，其值越大，表明该产业对GDP增长的贡献越大，则该产业的这一指标适度水平越高；(2) 产业产值的增长率，主要是指产业基地内某产业增加值的增长，其值越大表明该产业适度水平越高；(3) 产业所需资源供求指数和产品供求指数，均指供给与需求的比值，若大于1则供给强，

表1.1　　　　　　　　新型产业基地市场与制度适度性指标

市场指标		制度指标	
宏观	微观	宏观	微观
产业对GDP的贡献值	企业的研发资金比率	国家产业支持指数	企业产权配置指数
产业产值的增长率	企业产品投入产出比	国家产业税收比率	企业产业内研发指数
产业所需资源供求指数	产品的可替代指数	汇率稳定指数	企业产品竞争力指数
产业产品的供求指数	规模经济指数	产业准入资本指数	企业的合约指数
		产业环境保护指数	

小于1则需求强，供给指数越大，供给适度水平越低，企业的适度性越低；反之则相反。需求指数越大，需求的适度水平就越高，企业的适度性就越低；反之亦相反。市场要素中的微观方面主要有：（1）企业的研究和发展资金比例，主要指企业的R&D投入占企业总销售收入的比例，其比例越大表明企业研发水平越高，其适度水平越高；（2）企业的投入产出比，主要指企业生产成本与产品收益的比值，其值越大，企业的适度水平越低；（3）产品的可替代指数，用以说明企业产品的需求价格弹性的变化情况，若弹性较大，则该产品的可替代指数较大，表明其适度性较差；（4）规模经济指数，主要是指随着企业规模的扩大其收益率变化的情况，可以用投入增长率与收益增长率间的比值来表示，越高适度性越高，反之则相反。

制度指标中，其宏观方面的指标主要有：（1）国家产业支持指数，主要是指国家对某一产业在财政上的支持，具体地为国家对产业基地建设的正式和非正式投资占基地总投资的比例，比例越高适度性越高；（2）国家产业税收比率，主要是指国家对产业基地的各项税收占总税收的比率，一般地来说其比例越低适度性越高；（3）汇率稳定指数，这是基于一国货币对于经济的稳定和保障作用而设定的，指的是汇率一年内变化的绝对值与经济的正负增长的比值，比值为正则促进增长，为负则滞后增长；指数为正则表明货币汇率制度对新型产业基地的建设适度水平高，为负则表明适度水平低；（4）产业准入资本指数，一般是指国家对从事某一产业所设定的最低资本限制与该产业内企业平均资产的比值，这一比值越高，该产业市场化程度越低，比值越低则市场化程度越高；（5）产业环境保护指数，主要强调产业各企业环境保护值与达标值的比值，越大则环境保护指数水平越低，越小则环境保护指数水平越高。制度要素的微观方面的指标包括：（1）企业产权配置指数，其在微观分析中居于重要地位，分为绝对指数和相对指数。绝对指数是某一产权主体所占产权比例与产业产权主体所占产权比例平均值的比值,相对指数是企业所有产权主体占有产权的平均比例与产业产权主体所占产权比例平均值的比值。绝对产权指数可以判断企业产权的集中度,相对产权指数可以判断产权的离散度。一般地,集中度越高,企业产权制度对市场的适度性越低;离散度越高,企业产权制度对市场的适度性越高,反之则相反。(2)企业产业内研究发展指数,主要是指企业本身对研发资金比例上规定与本产业所有企业的平均研发资金投入比例的比值,这一值越高越表明企业的研究和发展制度对市场适度性高,反之则低。(3)企业的产品竞争力指数,是企业主要产品的市场占有率与产业同类产品市场平均占有率的比较,比值越大企业的产品制度对市场的适度性越高,比值越小则企业的产品制度对市场的适度性就越低。(4)企业的合约指数,这是显示企业人力资本质量的一个指标,决定了企业的发展动力及前景。一般应为企业与员工所订立的合约各项内容与产业同类合约的各项内容折现的对比值,比例越高合约的适度性越高,比例越低适度性越低。

上述从宏观与微观两个方面对产业中市场和制度两要素的适度性做了具体的指标化,这些指标需要完全适度才能实现新型产业基地这一资源的效用最大化,若某一领域存在着不适度则会出现新型产业基地资源的浪费。由此可知,通过测度指标对测试对象的测度就可以判定新型产业基地的运行水平,从而可以实现对产业基地的优化。

四、新型产业基地运行路径及优化策略

新型产业基地在市场与制度两要素各指标的适度性的提高过程中得以生成及运行。根据其指标的适度情况可以确定其运行路径,并进一步提出对路径进行优化的策略。

(一)新型产业基地的运行路径

根据新型产业基地市场和制度要素中宏观与微观指标的适度情形可知其运行路径,如图1.4所示。

图1.4显示了新型产业基地的运行路径,横轴MIL为市场和制度要素的适度水平,纵轴IBL为新型产业基地的运行水平,曲线PIB为新型产业基地运行路径。该图显示了新型产业基地运行路径的四个阶段:OB阶段、BD阶段、DF阶段和F以后阶段。每一阶段的运行所显示的基地的运行水平均由市场和制度要素的适度水平MIL所决定。随着MIL的提高,新型产业基地的水平IBL也基本上呈正向变动。

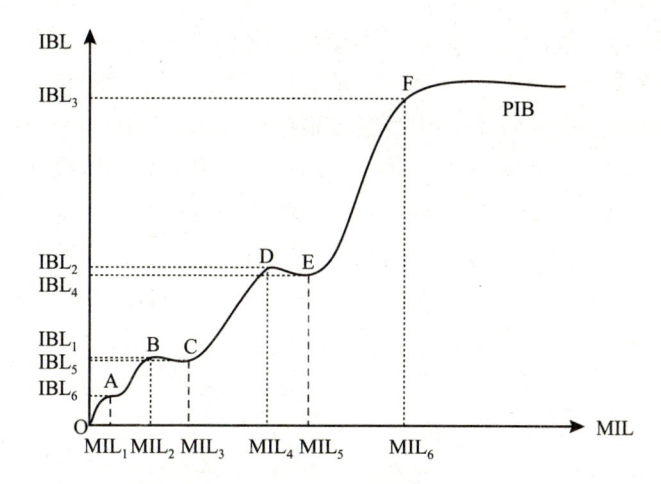

第一章 新型产业基地建设的相关理论

图1.4 新型产业基地运行路径

在第一阶段 OB 中，由于市场指标与制度指标适度水平低，使新型产业基地运行水平也较低。具体来说，这一阶段中市场指标和制度指标同时对新型产业基地的运行发挥作用，但市场指标与制度指标的适度性较低。市场要素宏观与微观各指标内部适度性较好，而宏观与微观间指标的适度性低。其中 OA 阶段是市场指标中或宏观要素或微观要素本身各指标适度性较好，而宏观与微观各指标间的适度性则较差，制度要素各指标参与这一阶段新型产业基地运行的程度较低。如当新型产业基地水平低于 IBL_6 时，新型产业基地中市场宏观指标本身适度水平高，或者微观指标本身的适度水平高。AB 阶段则表明市场中宏观与微观指标适度性高，但无论其宏观与微观指标本身还是两者间的适度性均还处在较低水平上，远低于市场要素宏微观各指标自身及相互间的适度水平，因此制度要素在这一阶段对于新型产业基地的运行起着决定性作用。AB 阶段中新型产业基地运行水平的较快提高主要是市场指标宏观与微观各指标间的适度性的提高，由 MIL_1 上升到 MIL_2。而 A 点后新型产业基地运行水平的可能下降是由于市场要素宏观与微观指标适度水平达到了最优，其对新型产业基地运行效率的提高作用已经完全释放，因此需要寻找新的增长点。

在第二阶段 BD 中，市场指标与制度指标的适度水平由 MIL_2 上升到 MIL_4，相应地，新型产业基地的运行水平由 IBL_1 上升到 IBL_2。这一阶段中，在市场要素各自的宏观与微观适度水平较高的基础上，制度要素宏观与微观各指标的适度性得以较大幅度的提高，并且两者间的适度性开始逐渐得以提高。并且在 CD 阶段的后期还会出现两种发展趋势：一是市场要素宏观指标与制度要素中的宏观要素指标适度水平逐渐提高;二是市场要素中的微观指标与制度要素中的微观要素指标适度水平逐渐提高。但这种适度水平的提高并不意味着市场中宏观指标与制度宏观指标相适度的同时,市场中的微观指标也一定与制度中的宏观要素指标相适度,原因是市场与制度要素指标体系内的适度水平可能与体系外的适度水平标准不一致,或高或低。此时宏观制度和微观制度的目标并不完全一致。由于这一阶段需要适度的指标较多,主要是制度要素宏观与微观各指标首先要完成自身的适度性及相互间适度性的提高,所以初期即 BC 阶段可能随着较短时间内的各指标的适度适应期,会导致新型产业基地的运行水平出现些许下降,但很快就会上升,且上升速度很快,高于第一阶段中 AB 段的上升速度。如当市场制度适度水平处于 MIL_3 点,之前 IBL 水平低于 IBL_2,但该点之后迅速上升,直至 IBL_2。CD 阶段中新型产业基地运行水平上升速率高于 AB 阶段的主要原因在于更多要素指标的适度性得以提高,其中最主要的是制度要素指标内部及相互间的适度性得以大幅度的提高,但其与市场要素宏观与微观要素间的适度水平还较低。因此在 D 点以后会出现新型产业基地运行水平的暂时性下降。

在第三阶段 DF 中,市场指标与制度指标的适度水平由 MIL_4 上升到 MIL_6,相应地,新型产业基地的运行水平由 IBL_2 上升到 IBL_3。这一阶段中,新型产业基地的市场和制度要素的所有指标均表现出较高的适度性。在 DE 阶段,市场与制度要素各指标在宏观与宏观、微观与微观适度性加强的同时,还需要解决宏观与微观间指标的适度性,同时由于市场宏观与微观间、制度宏观与微观间的适度水平发挥到了极点,因此这一时期市场与制度各指标宏观与微观间的适度性未能得以及时提高,从而使新型产业基地的运行水平降低,如图中当市场与制度的适度水平由 MIL_4 上升到 MIL_5 时,新型产业基地的运行水平反而由 IBL_2 下降到 IBL_4。但这只是适度水平达到更高前的调整。在 EF 阶段,市场与制度要素各指标宏观与宏观、微观与微观以及宏观与微观间的适度性得以大幅度提高,因此使得新型产业基地的运行水平迅速上升,在较短时间内适度性的提高表现出了高效率。

在第四阶段 F 点以后,市场与制度要素各指标的适度性得到充分的提高,主要表现为经济运行新变化下市场与制度要素各指标的应变能力的调整。若调整得当,则新型产业基地的运行水平会较长时间停留在较高水平,否则会逐渐下降,甚至会迅速下降,缩短新型产业基地的生命周期。

上述由第一至第四阶段的新型产业基地的生成与发展路径是由产业本身的发展特性所决定的,这一过程从整体上来看需要注意以下问题:一是新型产业基地的生成和运行过程中存在着两个调整过渡时期,即 BC 和 DE 时期,在这两个时期内随着市场和制度适度水平的提高,新型产业基地的运行水平不升反降,必须正确认识这种波动;二是新型产业基地的生成运行过程是一个渐进的过程,是一个由内及外的发展过程,不能急于求成;三是前三个阶段的发展速率是逐渐提高的,要充分发挥新型产业基地作用就需要尽量减少上一阶段的运行时期,尤其是 BE 和 DE 两个调整过渡阶段;四是四个阶段运行时间的长短均有可变性,若适度性调整得较理想,则后一阶段的运行时间会增长,前一阶段的运行时间会相对缩短;反之,则相反。

(二) 新型产业基地的优化策略

根据新型产业基地生成与运行的路径及其特征,对新型产业基地进行优化的策略也需要从上述四个阶段,通过调整新型产业基地中的市场和制度的各指标的适度性来完成优化:

第一阶段(OB),主要优化市场各微观与宏观指标各自适度水平及两者间的适度水平。要从提高各指标的适度水平及适度水平值的均衡度两方面入手来制定优化策略,主要策略包括:(1)努力增加企业研发资金比例,提高产品的科技化水平,降低产品的投入产出比;(2)适时扩大产业生产经营规模,实现集群效应与规模效应;(3)多方开拓产业所需资源的渠道,保证产业所需要的各类资源,包括人力资源的有效供给;(4)加强产业发展的市场调查与研究,充分了解产业产品于不同市场中的供求情况,及时准确地对产品进行更新与换代,提高产业产品的供求指数。上述策略可以基本保证市场要素宏观与微观指标各自及相互间有较高的适度性。

第二阶段(BD),主要优化新型产业基地制度要素宏观与微观指标各自的适度性及两者间的适度性。主要策略包括:(1)制定相关的财政政策保证国家对产业的固定的和临时性的支持;(2)对竞争激烈的产业实行产业保护政策,主要采取税收政策来实施;(3)充分了解本国货币的基本运行情况,从产业发展的角度制定提高汇率指数的政策;(4)根据本国的经济发展实际,建立产业准入及产业环境保护指数的动态调整机制;(5)制定符合市场发展现状的企业产权配置制度,并适时调整;(6)从产业的中长期发展出发,建立产业内企业的固定的研发资金投入的奖惩制度;(7)根据新型产业基地的产业特征,建立产业内企业的竞争力产品数量类别的奖惩制度;(8)从不同的方面对企业合约以制度限制,主要包括基本收益保证与激励制度,保证企业从业人员的基本利益及产业的长远发展的人力资源的要求。上述宏观与微观方面各指标的策略的实施可以促进新型产业基地中制度要素适度性的提高,从而优化新型产业基地的运行。

第三阶段（DF），主要优化新型产业基地中市场要素与制度要素各指标间的适度性。主要策略包括：(1) 根据产业的市场发展现状及前景，特别是产业对 GDP 的贡献及产业增加值的增长，确定国家对产业支持的额度及税收比例；(2) 协调企业自我研究和发展资金与国家对其的制度性规定间的"可调空间"，保证其与产业发展的市场规律相一致；(3) 研究市场供求状况，对新产品的引进给予制度上的保证；(4) 国家要对从产业的市场运行所带来的收益通过再分配的方式实现企业合约的指数，从长期内调整产业产品的供求；(5) 鼓励产业集聚及规模化，但同时避免非竞争性的均衡及企业负外部性的扩展。这些策略可以更好地协调新型产业基地内企业与市场、企业与国家不协调所形成的新型产业基地效用的损失。

第四阶段（F 点以后），主要是发现新型产业基地运行中市场与制度各指标中可能存在的"短板"，从而对其进行优化，最大可能地延长新型产业基地有高效率运行的周期。主要策略包括：(1) 建立并完善独立的新型产业基地运行的指标监测与研究机构，及时监测并研究其运行的相关数据；(2) 及时发现新型产业基地运行中的"短板"，及时制定相关对策，减少对策实施的"时滞"；(3) 定期对新型产业基地的运行水平做出评估，及时淘汰低水平运行的产业基地。

总之，从新型产业基地的运行路径来对其进行优化可以保证新型产业基地这一稀缺资源效用的最大化，实现最优配置。

第二章

新型产业基地的特征、类型及其作用

经济发展和区域振兴要求建立新型产业基地。而在新型产业基地的建设中需要了解其表现出来的基本特征，充分发挥其促进经济发展的作用。本章主要对上述两个问题加以阐述。

第一节 新型产业基地的特征

新型产业基地的生成与运行受到内部环境和外部环境的影响，因此其表现出来的基本特征也应该包括内部特征与外部特征两部分。从内部特征来看，新型产业基地可以理解为在合市场规律的各种制度的干预下形成的合市场经济发展规律的同类企业的集合。从外部特征来看，由于新型产业基地受到所在区域、技术、资源、文化等因素的影响，因此其外部特征呈现出多样化。

一、新型产业基地的内部特征

（一）企业的同质性特征

新型产业基地内的企业具有同质性的特点，主要表现在：（1）企业生产产品的同质性。一般来说，新型产业基地内企业所生产的产品大体相同或相似。如装备制造业新型产业基地内的企业主要生产数控机床及功能部件、风电、大型船舶、船用大曲轴、精密轴承及特大轴承、核电设备等产品；船舶制造业新型产业基地主要生产船用柴油机、VLCC超大型油轮、大型集装箱船、大型滚装船和大型海洋工程设备等产品；石化产业新型产业基地企业主要生产油品、芳烃、PTA、甲醇、涂料等产品；电子信息和软件新型产业基地内企业主要生产电子信息产品；现代服务业新型产业基地企业主要物流和金融等生产性服务。还有如以生产太阳能系列产品为主的新型产业基地：乌鲁木齐高新技术产业基地（太阳能光伏）、山东德州产业基地（太阳能光热应用装备）、江西新余高新技术产业基地（太阳能光伏）、河北邢台产业基地（太阳能光伏）。以生产汽车相关产品的新型产业基地：上海嘉定汽车产业基地、山东明水产业基地、湖北襄樊高新技术产业基地、广州花都区产业基地、成都经济技术产业基地、辽宁铁岭专用车生产基地等。产品同质性可以使企业成本及社会成本均有不同程度的降低，实现规模经济。（2）企业的市场竞争力的同质性。企业的竞争力一般包括：品牌与营销能力、研究与开发的创新能力、人力资源聚集与利用能力、供应链采购系统能力、筹集资金与运用能力和系统整合与适应变化的能力。大体来说，同一新型产业基地内部各企业间在上述六个方面的平均实力比较平均，只是在个别竞争力指标上有所差别，但企业总体水平保持在相对平均的水平上，这样可以保证企业具备生存于这一基地内的竞争力，否则就会被市场所淘汰。（3）企业生存的外部环境的同质性。新型产业基地的企业生存环境主要包括市场环境和政策环境。市场环境主要包括市场体系、制度创新、法律规范等。政策环境主要包括中央政府及地方政府的政策及管理效率等，就中央政策而言，各地基本相同，除非有一定的区域倾斜政策；而地方政府的政策虽然各异，如每个地区都想方设法吸引外资，但大体政策不会有很大差异。相对来说，新型产业基地内部各企业所面临的国际与国内大环境相同，市场的成熟度是一致的。也就是说，企业的生产、销售、开发等环节在成本与收益上的影响因素是相同的，其对不同企业的影响程度也大致相同，中央政府与地方政府所出台的对于企业的各项政策原则上也平等的。

（二）企业的合市场规律性特征

企业的生存与发展离不开市场，而企业需要合市场发展的基本规律，新型产业基地内的企业也是如此，具体表现在：（1）新型产业基地内企业的生存与发展要符合市场供求规律。市场的需求决定企业产品的供给，市场的供给适应发展实际会创造市场需求。因此基地内所有企业都要研究产品的市场需求情况，若某个企业不按市场的供求规律来从事生产与销售，其竞争力自然就会大大下降，这一点对所有企业都适用。有所不同的是，有的企业可能侧重于短期供给，有的侧重于长期供给；有的侧重于国内市场，有的侧重于国际市场。（2）新型产业基地内企业的生存和发展要与市场的发展阶段相一致。市场的发展一般都会经历成长期、发展期和成熟期等阶段，产业基地内企业需要充分考虑其所处的市场发展阶段，并借此来衡量本身的企业生存的可能，进而通过新型产业基地来实现利润最大化。（3）新型产业基地内企业都要充分利用各种信息从事生产经营活动。企业在市场中生存本身就是信息不完备的结果，而信息不完备也恰恰是促进企业进一步发展的重要因素，企业对于供求信息、市场预期信息、政府管理信息等的了解运用是各企业必须具有的基本能力。差距化在于不同的企业获得及运用信息的方式会有所不同。

（三）企业的合制度规律性特征

制度是产业得以发展的基础。新型产业基地内所有企业在合制度规律程度上要保持一致。制度的基本规律性方面具有相同的要求，主要表现在：(1) 新型产业基地内企业的产权配置的合理性。产权配置包括产权的初始配置与产权的让渡，新型产业基地内的企业的产权配置无论采用哪种形式，最终目的是产权利用效率的最大化或合理化，这是保持企业的活力的基本条件。(2) 国家强制力对企业作用的均衡。国家强制力作为最强大的第三方强制力量，对于制度的实施起到重要的保障作用。由于国家强制力对所有企业都是同等效力的，企业必须服从或与之相适应。(3) 契约激励机制的有效性。即企业必须做到契约的完备性，使之充分发挥防范逆向选择与道德风险的作用，这样就可以在契约的范围内使企业乃至产业基地的发展更有生命力。

（四）新型产业基地的资源密集性特征

新型产业基地内的资源主要包括政府的政策性资源及资金、技术、人才、土地等生产性资源。其中，政府的政策性资源是其他各种资源集聚的前提。生产性资源是提高政策性资源效率的重要保证。这些资源在新型产业基地内聚集表现出如下特点：(1) 跨区域性。新型产业基地内资源会来自不同的区域，尤其是人才的集聚更是如此。(2) 跨行业性。资金、技术和人才往往来自不同的行业，这可使在其他行业闲置的资源得以实现其价值。(3) 乘数效应。新型产业基地资源密集性的乘数效应主要是指：一旦其一资源进入某个新型产业基地，其他的资源就会相应跟进，从而形成新的集聚，产生"滚雪球"般发展的趋势。

（五）新型产业基地经济引领性特征

新型产业基地代表一国或一个地区产业发展的水平，亦引领该国或该地区经济的发展。新型产业基地对经济发展的引领主要体现在：(1) 对传统产业改造的引领。如新型装备制造业基地的建设就是对装备制造业中高科技设备方向的引领，对技术创新的引领。(2) 对战略性新兴产业的发展方向的引领。如东北地区新型产业基地对高端制造业、新能源、节能环保、新材料、生物制药、生物工程等发展的引领。(3) 对高新技术发展的引领，由于一些产业基地本身就落户于高新技术开发区，对该地区乃至国家高新技术产业发展具有重要的推动作用。(4) 对劳动密集型产业的发展的引领。新型产业基地建设既要对信息化发展起到推动作用，又要对工业化尤其是重化工业化、高加工度化发展发挥促进作用，由于其中一些行业是劳动密集型产业，因而可以为扩大就业、加快产业升级做出应有的贡献。(5) 对经济市场化向纵深发展的引领。新型产业基地内政府的服务功能被强化，行政功能相对被弱化，因此企业会朝着更符合市场规律的方向前进，政府也必然有更符合市场规律的定位。这种特点无疑是对市场经济发展方向及政府转型的一种引领。

二、新型产业基地的外部特征

(一) 区域性特征

1. 区域分布性

区域分布性指新型产业基地的分布呈现出以区域为单位的特点，主要表现在：(1) 区域分布的层次性。层次性是指新型产业基地分布在层次不同的区域内，如分布在一个城市、省甚至是跨省域范围内，有的产业基地还可以跨国分布。(2) 区域分布的差异性。差异性指的是新型产业基地在不同区域分布时存在一定的差异，包括政策性资源的差异和生产性资源的差异，这些差异是客观存在的，不以人的意志为转移。(3) 区域分布的互补性。互补性是指新型产业基地在不同区域分布时强调产业基地间在各类资源上的相互补充，以便将各类资源的潜在效用充分开发利用起来，从而使新型产业基地自身效用最大化。

2. 区域集聚性

区域集聚性是从新型产业基地所在区域的功能发挥角度而言的。主要强调新型产业基地所在区域对区域内的各个领域产生集聚的作用。指根据赫特纳 (1927) 的观点，一个区域的"区域性"集聚度越高，表明该区域经济相互依存、交流、文化同质性、内聚力、行为能力尤其是解决冲突的能力就越高，而随着"区域集聚性"的日益增强，区域将成为拥有自己权利的行为主体。而区域性又包括5个层次方面的内容，即"区域空间"（Regional Space－元区域）、"区域复合体"（Regional Complex）、"区域社会"（Regional Society，区域公民社会）、"区域共同体"（Regional Community，一种行为主体）和"区域国家"（Region-state，一种政治实体）等。而新型产业基地的区域集聚作用目前主要体现在对区域内各企业及相关经济实体的集聚上。区域集聚在新型产业基地的运行中具体体现为：(1) 资本的区域集聚。指是资本会在一定区域内在特定的新型产业基地内以不同的方式投资于不同的企业，包括实物资本和人力资本的集聚，其集聚的速度一般会快于其他地区资本集聚的速度。新型产业基地一旦生成并运行，其对资本的集聚作用就会显现出来，其原因是新型产业基地一般都会有较低的生产成本和较高的投资回报率。而资本的集聚会进一步地带动新型产业基地的发展，从而产生良性循环。(2) 服务的区域集聚。新型产业基地的形成及运行会对服务行为产生强大的区域集聚作用，包括对运输、咨询、广告、文化等服务行业的集聚，从而形成较为完善的独立的区域服务体系。(3) 技术的区域集聚。新型产业基地的运行会对相关产业的主流技术及技术的可能发展方向产生区域集聚作用，其良好的运行机制等优势会对相关产业的技术产生导流作用，具有很强的吸引力，并随着技术的升级更新，进而促进新型产业基地的合市场规律的高效率运行。(4) 制度的区域集聚。新型产业基地在运行中会表现为较强的制度的区域集聚倾向。为了更好地与其他区域竞争，更充分地开发新型产业基地的潜在价值，包括宏观的区域间的竞争制度以及微观的区域内的企业制度及以此为主导的其他相关领域的制度均会在一定区域内迅速集聚。这些制度的区域集聚会增强新型产业基地的运行效率，对其他方面的区域集聚产生很好的促进作用。另外上述新型产业基地的区域集聚性存在着集聚内容上的互补性和集聚时间上的同步性。

3. 区域传导性

区域传导性主要强调新型产业基地的比较优势在生成及发展过程中表现为从某个区域向另外一个具有比较优势的区域传导。包括纵向上的和横向上的传导。纵向上的传导主要是指：(1) 新型产业基地向成本更低，收益增长更快的区域转移。如欧美发达国家在产业发展的过程中会在发展中国家建立并且运行新的产业基地，发展中国家具有资源丰富、人力资源成本低等新型产业基地发展的更多优势，中国近期新型产业基地由沿海地区向内陆转移的趋势也表明了新型产业基地的区域传导性。(2) 新型产业基地的技术会由一个相对集中的区域传导至另外一个区域，即新型产业基地在技术上也会趋于集中。横向上的传导则指不同的新型产业基地间在技术及管理等方面上具有相互间的传导性，主要表现为区域间的传导。其原因在于不同的新型产业基地在技术及管理上的相关优势的转移需要一定的宏观与微观经济环境，而新型产业基地相对集中的区域恰好能够满足这一要求，因此新型产业基地间在技术及管理经验方面会朝其他区域传导。

4. 区域发散性

新型产业基地的区域发散性特征主要指新型产业基地在一定区域形成之后会

进一步地向外形成辐射，从而促进形成更大区域的新型产业基地。主要包括：（1）新型产业基地范围的区域发散。新型产业基地形成以后，随着产业发展的不断深入，其对其他产业及领域的影响不断增强，在条件成熟的情况下促进其他产业的发展，而其他产业也会加快发展的速度。两者的同步性会使得新型产业基地的范围不断扩大，新型产业基地的区域发散功能得以实现。（2）新型产业基地产业的区域发散。新型产业基地运行会使得基地主导产业的发展处于领先水平，而市场经济中某一产业会有不同的产业阶段选择，因此在产业基地水平不断增强的同时，新型产业基地内的企业可以选择不同的产业发展水平下的产品，使其生产的产品的种类和范围不断增多和扩大，这是新型产业基地运行的基本规律。（3）新型产业基地技术的区域发散。新型产业基地的技术具有整体发散性，当一个新型产业基地生成以后，其技术具有整体性，且在某个区域内其技术具有领先性，这一技术对产业基地内的所有企业具有一致的影响，也就是说当新型产业基地内的最优产业技术会对整个区域甚至相邻区域产生发散性影响。

（二）专业化特征

新型产业基地专业化特征指的是新型产业基地的各种影响因素具有专业化的特征。新型产业基地在经济发展中的主导作用决定了其运行效率会高于一般的经济运行载体。其专业化的特征主要包括：

（1）技术专业化。新型产业基地的技术专业化强调其所使用的各种技术均应该体现该产业内某个方向上的领先水平，其专业化程度较高。技术专业化是新型产业基地效用最大化的重要标志。除了专业化的技术之外，技术专业化还包括专业的技术应用人员、专业的技术研究发展人员、专业的技术监测人员等。

（2）管理专业化。新型产业基地的管理专业化是指基地的整体管理及企业管理都具有专业化的特征，并且两种专业化水平要高度一致。若新型产业基地管理的专业化水平与基地内企业管理专业化水平不一致，则会存在某一管理专业化资源的损失，从而会导致新型产业基地运行效率降低。新型产业基地管理专业化强调基地管理中宏观上各种管理机制的设计、运行要专业化，提高基地资源的配置效率。企业管理专业化指企业在生产、销售、人力资源开发等各个环节的管理上也要设计实行最优的管理机制，并最终实现企业效用的最大化。新型产业基地的管理专业化无论是宏观的基地管理还是微观的企业管理都包括纵向上的基地与企业自身发展的管理专业化和横向的基地间与企业间的管理专业化两类。纵向与横向管理要"双管齐下"，以降低管理成本，提高基地运营效率。

（3）运行专业化。新型产业基地的运行专业化强调产业基地的整体及基地内企业的运行都要符合市场的基本规律。具体体现为：第一，新型产业基地运行中企业与基地的合市场发展水平保持一致，两者运行水平与所对应的市场发展阶段相一致，其最佳状态应该是充分竞争性市场下两者专业化运行；第二，新型产业基地运行与市场供求基本规律相一致，主要强调新型产业基地的各个要素的运行需要由市场的供给与需求决定；第三，新型产业基地运行中各要素在市场中所进行的交易要充分利用各种信息，降低交易成本，完善种种契约。新型产业基地的运行中必然受到制度的影响，而影响制度运行的信息、交易成本及契约等对经济的影响在产业基地中要最小化，从而实现新型产业基地与其他基地间、企业与企业间的各种经济活动在制度条件下要实现专业化。需要进一步说明的是，新型产业基地的专业化特征要求各种要素专业化水平要大体一致，否则会对新型产业基地整体专业化水平产生影响，导致其他新型产业基地影响因素的无谓损失。

（三）网络化特征

新型产业基地会外在地表现为网络化的特征。其原因在于新型产业基地的生成及运行是各种资源组合优化的结果，现代社会经济的快速发展使得各种资源可以在较短的时间内在一定范畴内产生集聚，新型产业基地作为现代经济发展中最具有代表性的促进经济快速发展的载体，其对资源集聚的要求更高，因此新型产业基地网络化有其可能性。

新型产业基地网络化特征具体表现在：（1）基地分布网络化。主要是指新型产业基地在地理分布上会形成一定范围内距离相对固定的"网络"，这些网络包括某个新型产业基地内部各个企业的分布网络化，也指不同的新型产业基地在某一区域内分布与呈现网络化，具体由某个地区的资源与经济发展情况所决定。(2）基地技术配置网络化。新型产业基地内部和各个新型产业基地间均存在技术的网络化，即隶属于新型产业基地的技术网状地分布于基地企业及不同的基地中。它们之间形成有机的联系，各种技术间存在着依赖性和互补性。（3）基地制度网络化。新型产业基地内部及不同基地所运行的各种制度在配置给不同的企业或基地的同时，也会被其他企业及基地效仿，因此会迅速地网络化，并且这一过程会通过不断的优化来强化这种网络化的制度。（4）基地人力资源网络化。分布于不同基地及同一基地内部不同企业内的人力资源会自然地形成网络，强化人力资源的市场价值，促使其实现最大的潜能。其原因是新型产业基地本身的高回报率及巨大的人力资源的发展空间。同时新型产业基地对人力资源的高淘汰率也会促使人力资源形成一定的网络。因此某些人力资源若脱离这一网络会降低其于新型产业基地中的"讨价还价"能力，同时网络其他成员的力量会弥补某人离开的空缺。所以，新型产业基地的人力资源网络会具有稳定性，不会轻易出现"断点"。

上述新型产业基地网络化的不同表现具有共同的特点：第一，这种网络的各个"节点"即新型产业基地间具有一定的相关性，这种相关性使得网络会动态化，而非静态，即网内的各个新型产业基地的各种资源具有流动性，会在网络内的各个节点间流动，从而形成良性的循环，使得网络处在变化优化中，因此会达到最优配置。第二，这种网络化会以"节点——子网——母网"和"节点——支网——总网"的状态存在。"节点——子网——母网"强调网络内部各类资源纵向间的相互制约与控制关系，"节点——支网——总网"强调网络内部各类资源横向上的区位分布。第三，新型产业基地网络会呈现出"密度非均衡"的分布特点。这种"密度非均衡"会体现在地理分布、技术配置、制度配置和人力资源配置等方面，即各类资源不可能均匀地分布于基地网络的各个点上，而会因外界环境的变化而聚散。由于新型产业基地运行于竞争性市场条件下的经济环境中，因此网络"密度非均衡"是常态，"密度均衡"是非常态，这也是新型产业基地网络保持活力的重要影响因素。第四，新型产业基地内资源网络化同时会表现为"资源配置下的均衡"。这种均衡指网络的各个点会保持一种适度的张力，确保网络不会在外界影响下出现"断点"。其原因就是构成网络的各类资源会呈现出"逆向流动性"，即当某点的资源接近饱和时，资源就会流向其他非饱和区。因此资源的自动配置会及时弥补新型产业基地网络出现的"短板"，保持网络的稳定性。

（四）文化依赖特征

经济的发展离不开文化环境，特定的文化环境会培育出具有某种文化特征的经济运行机制。伊斯兰文化、基督教文化、佛教文化等明显的区域文化现象培育出了具有阿拉伯文化特色的西亚经济、基督教文化特色的欧洲经济及佛教文化特色的印度经济。可见经济的发展会受文化背景的影响。新型产业基地虽然属于经济全球化的产物，但由于其于不同区域形成，最终必然指向具体的市场，因此文化的影响不可避免。新型产业基地会具有文化依赖的特征。

新型产业基地的文化依赖特征具体表现在：（1）对文化资源的依赖性。新型产业基地生成与运行会在一定的区域内进行，因此这一区域的文化资源的多寡和适当与否就会成为新型产业基地建设的重要影响因素，新型产业基地的产品偏重于某种文化群体，则这种影响会更大。（2）对文化氛围的依赖性。某一区域的文化氛围的强弱对新型产业基地的生成与运行有一定的影响，新型产业基地会更倾向于在文化氛围浓郁的地区建立并运行。其原因是文化氛围会对新型产业基地形成要素，如人力资本、技术、制度等具有较为明显的影响。良好的文化氛围会利于人力资本的集聚，利于制度及技术的运行，成本相对会低些。因此新型产业基地在某种意义上讲具有对文化氛围的依赖性。(3) 对文化稳定的依赖性。某一地区文化的稳定性对新型产业基地生成及运行同样有着重要影响。稳定的文化环境会保证新型产业基地的良好运行，为其提供良好的生产、销售产品，经营企业文化及经营基地文化提供较高的起点。(4) 对文化发展的依赖性。新型产业基地所在地区的文化是否具有潜在的发展可能及可能性的大小，会影响到新型产业基地的生成及运行。这种文化发展性包括原有文化是否具备可发展的因素和文化发展的阶段所经历的时间，其速率会影响新型产业基地的生成及运行，对企业的或产业的及产业基地的运行的效率周期产生长期的影响。(5) 对文化包容的依赖性。新型产业基地是经济不断发展中形成的对经济的发展具有生发力量的经济运行的有效载体，其必须与经济发展中不断变化的情况相适应。全球经济要素的组合及创新要求实现文化的融合与创新，故某地区文化是否具有包容性是新型产业基地生成过程中需要考虑的重要因素之一。进一步的，某地区文化包容程度的强弱会从某种意义决定新型产业基地运行速率及创新的程度，所以新型产业基地对文化包容性的依赖也属必然。

总之，新型产业基地的建设过程中某地区的文化特征会对产业基地的可持续发展产生长期的影响，因此新型产业基地建设过程中就需要考虑其影响因素对区域文化特征的依赖性。

（五）环境适应性特征

新型产业基地对环境具有高适应性的特征。主要表现为其对基地生成及运行的内部及外部环境的适应性，内部环境包括企业的运行、人力资源、企业技术等，外部环境包括企业运行的市场、自然资源、产业技术、产业发展等。新型产业基地对环境适应度要高于其他经济发展所依赖的媒介。新型产业基地对环境的适应性会体现其对环境容量的充分利用上。环境容量指新型产业基地生成及运行的环境可容许新型产业基地的范围及技术等可开发的最大边界。新型产业基地对环境适应性如图 2.1 所示：

图 2.1 给出了新型产业基地对环境的适应性的情形。横轴代表新型产业基地的内部环境容量，用 I 表示；纵轴代表新型产业基地的外部环境容量，用 E 表示。L 表示环境容量及新型产业基地对环境容量的适应性曲线。

图 2.1 中环境容量水平中内部环境容量水平 I 和外部环境容量水平 E 的增长

速度和幅度具有一致性的特征。如图中所示，I_1—I_5 与 E_1—E_5 是相对应的。如果出现 I 与 E 的不对应情况，则会出现环境容量的损失，即或内部环境容量或外部环境容量的无谓损失。只有两者保持一致，才会最大化环境这一资源的效用，避免环境资源的损失，也可以降低使用环境的成本。

图 2.1 中 L_1 为环境容量可能曲线。L_2 为新型产业基地对环境的实际适应水平曲线。L_3 为新型产业基地对环境适应的平均水平曲线。L_4 为在新型产业基地作用下的外移的环境可能曲线。L_5 为非新型产业基地对环境容量的平均适应水平，其远低于新型产业基地对环境容量的适应水平。同样，如果新型产业基地的运行中缺少相应的运行管理机制加以管理，就会使得其对于环境的适应水平下降，L_3 就会向下向内移动，直至新型产业基地运行成本高于其收益，新型产业基地就会退出市场。除此之外，更为重要的是，图中清晰地显示了新型产业基地对环境的适应性特征。

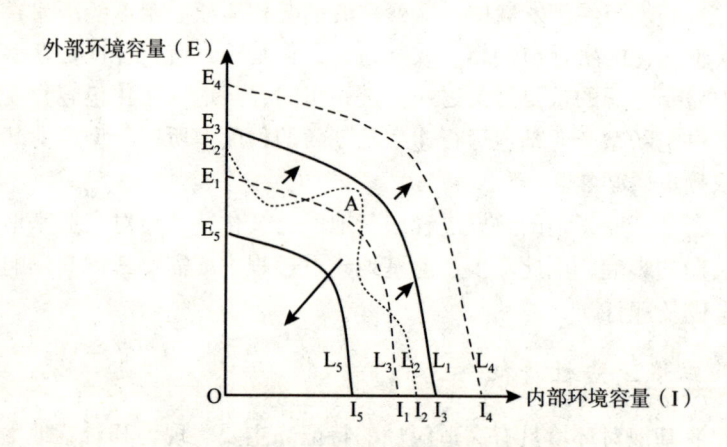

图 2.1　新型产业基地的环境容量的适应性

图 2.1 中所显示的新型产业基地对环境的适应性特征包括：（1）新型产业基地对环境容量的适应曲线会最大限度地接近环境容量的可能曲线。即图中 L_3 和 L_2 会无限地接近 L_1。其原因是新型产业基地在运行的过程中，随着其各要素的融合与互相补充，其对环境容量的开发能力会越来越强，从而推动新型产业基地环境适应水平曲线的外移。（2）新型产业基地环境容量具有增长功能。在新型产业基地运行中，随着基地水平的不断增长，由于其增长中非环境容量的因素的影响，因此新型产业基地的运行水平会从某种意义上高于环境容量的水平。因此新型产业基地会对环境容量可能曲线产生推动作用，即图中 L_1 曲线会向上向外移

第二章 新型产业基地的特征、类型及其作用

到 L_4。这充分表明了新型产业基地对环境的高适应性。(3) 新型产业基地对环境影响要素的选择具有高效率的特点。新型产业基地在对环境的适应过程中，会选择影响环境的各种因素，包括内部因素与外部因素。如人力资源、自然资源、市场等。新型产业基地会自然地选择发展水平高的环境要素来适应。如图中的 A 点所示，新型产业基地会选其作为最先适应的点。A 点可以是环境要素中的最优要素。(4) 新型产业基地对环境影响要素具有高融合性。即新型产业基地会最大化环境要素的水平，使得环境要素的效用整体最大化。图中显示出的 L_2 线上凡是偏离 L_3 线的各点，均具有向 L_3 线无限靠近的趋势。(5) 新型产业基地对环境容量适应具有全面性。即新型产业基地在适应环境中，会适应所有的影响环境的内部与外部因素，不可能将其中的某个要素遗漏。图中显示的 L_3 和 L_2 曲线是连续的，非中断的，也不会出现某点过度内移或外移的情形，即存在着适应水平合理区域。

总之，新型产业基地对环境的适应性特征显示了新型产业基地对环境的高适应能力，甚至会表现为环境资源的开发能力。

第二节 新型产业基地的主要类型

虽然新型产业基地生成及运行的核心是技术与制度，但其所需要的各类资源依旧是其生成及运行的基础。不同区域资源的分布不尽相同，同时对资源的利用技术存在着高低的区分，即基地所处的市场环境不同。因此在制度、技术、市场及影响新型产业基地生成的资源要素水平会使新型产业基地表现为不同的类型。上述四者在新型产业基地生成及运行过程中的静态发展水平和动态适度水平的形成发展特征是区分不同类型新型产业基地的主要依据。主要包括内源型、嵌入型、改进型三种。不同类型的新型产业基地均可以从其制度、技术、市场本身的基本特征、资源的主要来源及发展路径来加以区分。

一、内源型新型产业基地

内源型新型产业基地从资源的主要来源，制度、技术、市场本身的基本特征，以及基地的发展路径这三个方面来看，均强调其自我的生成能力。也就是说，内源型新型产业基地主要依赖基地内部对基地生成及运行所需要的内容的供给。

(1) 从资源的主要来源来看，内源型新型产业基地的资源要素基本上来自新

型产业基地生成区内。内源型新型产业基地所需要的各类资源，包括自然资源和人力资源，基本上是以基地的自生为主。对于自然资源，在新型产业基地形成之前，某一地区的适合某一类型的新型产业基地形成的自然资源的分布情况已经比较清晰，被认定为生成新型产业基地的必要条件之一。如石油化工新型产业基地，产业基地所需要的石油资源在新型产业基地成本最小化的范围之内。中国的大庆石油化工新型产业基地就属此类。此外，上海、大连等地的船舶制造业新型产业基地、辽宁的装备制造业新型产业基地、广西百色的新型有色产业基地等也在此列。对于人力资源而言，内源型新型产业基地内部具有强的人才自生能力，基本不需要外部的人才来帮助其实现人才的升级换代。这样的基地会配备专门的机构、专门的资金来从事人力资源的开发与培养，受外界干扰的可能很小，基本上能够实现"自给自足"。

（2）从制度、技术和市场本身的基本特征来看：①内源型新型产业基地内的制度具有明显的区域的延续性，其制度大多已经经历了较长时间的发展，为大多数基地成员所认可和接受，并且外来的制度很难在这里形成影响力。②技术方面，内源型新型产业基地基本上通过自主的研究和开发来实现技术上创新和改进。一般的，内源型新型产业基地的技术积累时间较长，其技术的基础比较雄厚，较少受到外来技术因素的影响。独立性较强，同时其技术对外界的技术有较大的影响，具有辐射性。③内源型新型产业基地的市场环境相对稳定。主要表现在其竞争较充分、供求均衡度较高、具有专门的市场培育部门等方面，具有长期优势，因而抗风险能力较强，应对市场需求变化的速度更快。因此，内源型新型产业基地的市场方面就表现出稳定性特征。

（3）从发展路径来看，主要强调市场、制度、技术及资源的动态适度下的发展过程。内源型新型产业基地的动态发展过程同样具有明显的内在驱动性。其具体动态发展过程如图2.2所示：

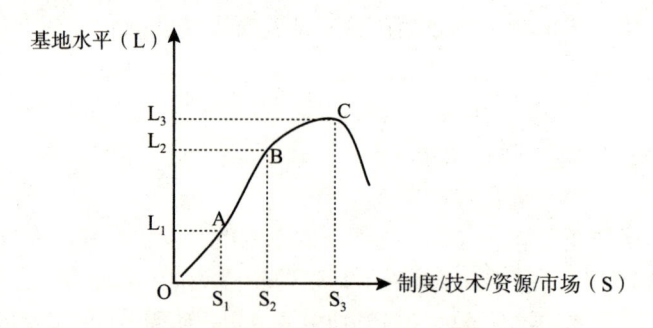

图2.2 内源型新型产业基地发展路径

图 2.2 显示了内源型新型产业基地的发展路径。横轴为制度、技术、资源及市场的适度情况，用 S 表示。纵轴为内源型新型产业基地的水平，用 L 表示。曲线 OABC 为内源型新型产业基地的发展路径。随着 S 的增长 L 也增长，两者正相关。整体上内源型新型产业基地的运行路径相对平滑，即其发展是一个渐变的过程。其路径可以分成三个阶段：生成期（OA）、发展期（AB）和稳定期（BC）。其特征：（1）生成期较长，因其制度、技术及市场的生成需要一个长期的过程；（2）发展期较快，但其发展速率相对较平衡；（3）稳定期持续时间较长，因其具有较大的基地空间，可以释放更多的制度、技术以及市场空间；（4）C 点以后为内源型新型产业基地的非有效运行状态，这一时期运行成本大于收益，随着 S 的提高 L 呈下降趋势。

二、嵌入型新型产业基地

嵌入型新型产业基地从资源的主要来源，制度、技术、市场本身的基本特征，以及基地的发展路径这三个方面来看，均强调其外生性。也就是说，嵌入型新型产业基地在制度、技术、资源或市场四者中存在着某种促使外生要素进入的因素。因此，嵌入型新型产业基地可以包括整体嵌入式和部分嵌入式。

（1）从资源的主要来源来看，嵌入型新型产业基地的生成动力是自然资源引致型的，即某一区域内自然资源相对丰富，因此会吸引外来技术资本等要素的进入，而自然资源之所以会成为引致外界要素嵌入的原因在于自然资源的开发及运输成本越来越高，其对基地运行的成本会产生较大的影响；二是人力资源引致型的，可以将人力资源分为两种：基础人力资源主要是能够从事简单的劳动且成本较低的人力资源；高级人力资源主要是从事复杂劳动且成本较高的人力资源。其中基础人力资源引致的嵌入型新型产业基地生成及运行的可能性较大。由于发达地区基础人力资源的成本相对较高，因此产业基地生成时会选择较低成本的基础人力资源进入。世界经济的发展中"亚洲四小龙"的兴起、中国大量的代工型产业基地都是基础人力资源引致的新型产业基地的代表。相比较而言，高级人力资源基本上不会成为嵌入型新型产业基地生成及运行的动因，其原因在于高级人力资源相对稀缺，其单个成本虽然较高，整体成本并不高。但随着世界经济发展的迅猛发展，人力资源的流动性越来越强。高级人力资源进入的可能性越来越大，因为自然资源及基础人力资源相对丰富的地区可能高级人力资源会相对缺乏。因此，以高级人力资源为主的嵌入型新型产业基地也可以产生。

（2）从制度、技术和市场本身的基本特征来看：①制度来自于基地外部的可能性很大，包括产业基地生成及运行的制度和基地内企业的制度两部分：对于产业基地运行的制度，会在外来制度的影响下形成与本地制度有较大差别的制度，如政府的管理制度的变动、金融制度的调整等；相对于产业基地生成和运行的制度，基地内企业的制度外来的可能性更大，如外资企业的管理制度、生产经营制度等，均具有明显的嵌入性质。②嵌入型新型产业基地中技术基本上来自外部，且一般会代表某产业的较高水平，这一技术要高于周边其他相同产业的技术，正是借助于技术的领先性，其嵌入后才会使新型产业基地具有较高水平。③市场在嵌入型新型产业基地中可能是嵌入的，也可能是非嵌入的；若在新型产业基地生成之前，某区域的市场是成熟的，且是这一产业基地生成的引致要素，那么市场在嵌入型新型产业基地的生成及运行中是非嵌入型的。若嵌入型新型产业基地生成及运行前有充分的市场，且市场并非以此新型产业基地所在区域为主，此时的市场在这一新型产业基地的形成中是嵌入的。综上所述，制度、技术和市场三者在嵌入型新型产业基地的生成及运行中技术嵌入的可能最大，市场和制度次之。也就是说，若嵌入型新型产业基地主要以技术嵌入为主。可以将其视为技术嵌入型新型产业基地。

（3）从发展路径来看，嵌入型新型产业基地同样强调市场、制度、技术及资源的动态适度过程，其发展过程同样具有明显的要素嵌入特性。具体如图2.3所示。

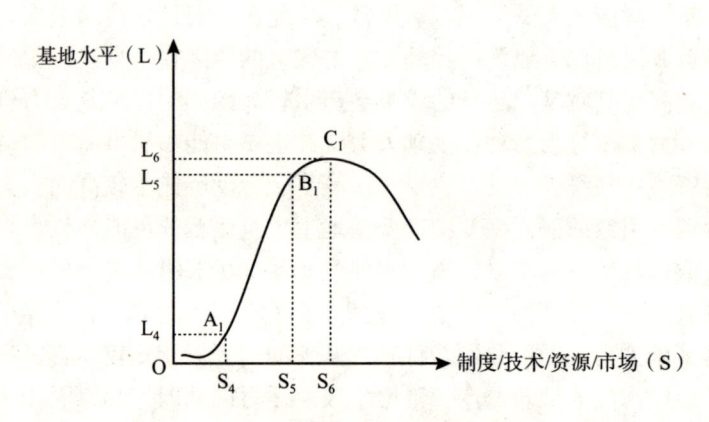

图2.3 嵌入型新型产业基地发展路径

图2.3显示了嵌入型新型产业基地发展路径。横轴为制度、技术、资源及市场的适度情况，用S表示。纵轴为嵌入型新型产业基地的水平，用L表示。曲线$OA_1B_1C_1$为内源型新型产业基地的发展路径。随着S的增长L也增长，两者正相

关。图中显示嵌入型新型产业基地的发展路径的发展速率不均，有些阶段呈现突变的特征。其路径也可以分成三个阶段：生成期（OA_1）、发展期（A_1B_1）和稳定期（B_1C_1）。其特征：①生成期较短，且基地水平较低阶段相对较长。与内源型新型产业基地相比，$OS_1>OS_4$，$L_1>L_4$。②发展期成长较快，快于内源型新型产业基地的成长。图2.3中A_1B_1部分要比图2.2中AB更陡峭。其原因可能是嵌入的各要素的水平及相互间的适度性均处于产业领先。图2.3中S_4S_5部分要比图2.2中S_1S_2长，也就是说在发展期这个阶段嵌入型新型产业基地比内源型新型产业基地花费更多的要素及更好的要素间的适度。因此，发展期嵌入型比内源型的效率要高，同样要素下其提高产业基地的水平要高。图2.3中的L_5要高于图2.2中的L_2。③稳定期持续时间较短，因其嵌入的要素要长时间保持其适度性需要各种因素的长期融合，而嵌入型新型产业基地在保证要素融合方面缺乏坚实的基础。图2.3中的L_6要低于图2.2中的L_3。且C_1点出现的时点要早于图2.2中的C点。因此可以理解到在嵌入型新型产业基地的稳定期基地对要素的开发成本增长较快，且对制度要素的潜在价值开发的不够充分。④C_1点以后为嵌入型新型产业基地的非有效运行状态，这一时期运行成本大于收益，随着S的提高而L呈下降趋势。

三、改进型新型产业基地

从以上三个方面来看，改进型新型产业基地既强调其自我生成能力，也强调外界生成要素的嵌入，进而强化对嵌入要素的消化与吸收。

（1）从资源的主要来源来看，改进型新型产业基地的自然资源和人力资源主要来自新型产业基地生成区内，同时会大量地吸收外来的资源。①自然资源方面，由于本身有着较好的自然资源的基础，改进型新型产业基地允许其从外界输入成本更低的资源。②人力资源方面，改进型新型产业基地所采取的方式是大量吸收外来的基础人力资源和高级人力资源，从而实现人力资源改进的目标，优化基地的运行效率，提高运行水平。与此同时，改进型新型产业基地对外来高级人力资源会采取融合的方式，将外来高级人力资源所拥有的高于本基地水平的部分直接"嫁接"在基地的生成及运行中，从而提高基地的运行水平。因此，改进型新型产业基地对于资源尤其是人力资源的处理基本上采用先引进、后培养或直接应用的方式，这是因为改进型新型产业基地既有前沿性的发展观念，又有着良好的运行基础。

（2）从制度、技术和市场本身的基本特征来看，改进型新型产业基地对上述三者融合的速度与幅度不同：①制度方面，改进型新型产业基地首先具有较好的制度基础，其在生成及运行过程中更多地借鉴了外界的先进制度。对这些制度的借鉴表现在两个方面：一是将外来制度中先进的部分融进其原有制度中；二是将外来制度直接应用，不过这种直接应用的制度其各个方面均要先进于其原有制度。因此从这个意义上来讲，对外来制度的借鉴第一方面应用的应该较多。另外，改进型新型产业基地在吸收外来制度的过程中会逐渐升级原有的制度，直至其达到最优。②改进型新型产业基地的改进主要体现在技术上。对于技术的改进具有明显的先引进——应用——吸收——改进的路径特征。改进型新型产业基地在引进新技术之前，其原有的技术也必须具备一定的水平，具备引进和吸收的能力。引进后，需要经过一段时间对新技术的应用，从而将其融合入自己原有的技术上，开发出更先进的技术，继而提高改进型新型产业基地的整体的技术水平，并且会进一步地研发出完全独立自主的技术，达到改进的最终目标。③对于市场，改进型新型产业基地具有稳定性与创新性相结合的特点。其稳定性体现在产业基地长期以来形成了相对稳定的供求关系，包括对产品的供求与服务的供求等。创新性主要体现在产业基地会较多地开辟新的市场，包括对已有产品的市场的开发和对新产品市场的开发，并且有随着经济的发展新市场逐渐扩大，旧市场逐渐缩小的发展趋势。不过其新旧市场的更迭会停留在一个较为稳定的均衡点上。

（3）从发展路径来看，改进型新型产业基地同样强调市场、制度、技术及资源相互间动态适度过程，其动态发展过程具有明显的要素融合升级特性，如图2.4所示。

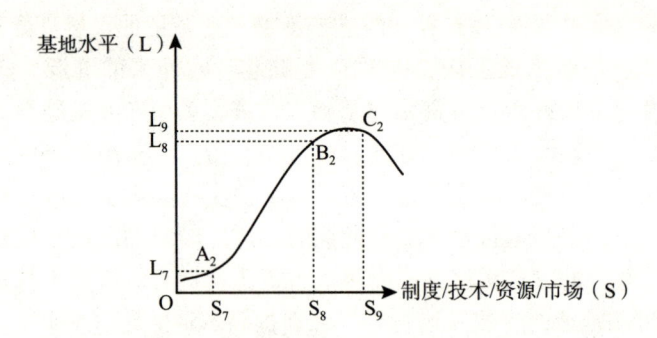

图 2.4 改进型新型产业基地发展路径

图2.4显示了改进型新型产业基地的发展路径。横轴为制度、技术、资源及市场的适度情况，用 S 表示。纵轴为改进型新型产业基地的水平，用 L 表示。曲

线 $OA_2B_2C_2$ 为改进型新型产业基地的发展路径。随着 S 的增长 L 也增长，两者正相关。图中显示嵌入型新型产业基地的发展路径的发展速率较均衡，整体呈现平滑渐变特征。其路径也可以分成三个阶段：生成期（OA_2）、发展期（A_2B_2）和稳定期（B_2C_2）。其特征：①与内源型相比，改进型新型产业基地的生成期较短，与嵌入型相比，其生成期要长，即 $OS_4 < OS_7 < OS_1$，单位要素小其对基地水平的贡献值也介于内源型和嵌入型之间，即 $L_4 < L_7 < L_1$，即达到同样的基地水平，改进型新型产业基地花费的要素要比嵌入型少，则比内源型多。②改进型新型产业基地发展期（A_2B_2）会更长，发展的速率更为缓慢，不过水平会更高。相对其他两种类型的新型产业基地而言，改进型发展期要长于嵌入型，短于内源型；其单位要素产生的效率要低于嵌入型，高于内源型，即表现为（$L_8—L_7$）与（$S_8—S_7$）的比值会高于（$L_2—L_1$）与（$S_2—S_1$）的比值，低于（$L_6—L_5$）与（$S_6—S_5$）的比值。形成这样特点的原因在于改进型基地在吸收要素的过程中有一个与基地原有要素博弈的过程，因而相对较慢，因此发展期会显示出较平稳的发展态势。但博弈的改进基地要素的运行适度性，以及提高基地运行水平的总趋势是不变的，因而发展期会显示出较长的发展过程。③改进型新型产业基地的稳定期（B_2C_2）会更长，其运行所达到基地水平会更高，即 $L_9 > L_6 > L_3$。④C_2 点以后改进型新型产业基地的运行成本高于收益，基地运行无效率。与其他两种类型相比，其从有效率到无效率的拐点出现的会更晚，即 $S_9 > S_6 > S_3$ 意味着在改进型新型产业基地中，更多的基地要素的潜在收益会被开发出来，无谓损失相对更少。

总之，不同类型的新型产业基地均可以从资源的主要来源，制度、技术、市场本身的基本特征以及发展路径三个方面加以描述，根据三个方面的表现可以较好地来判定新型产业基地的基本类型，进而实施有针对性的基地建设策略。

第三节 新型产业基地的作用

新型产业基地是现代经济快速发展的重要实现方式，其对于经济的发展、社会的就业、技术的进步以及国家安全等均具有重要的作用。

一、国家安全和竞争力的标志

从一定意义上说，现代社会的发展、国家的综合实力主要体现在经济实力上。国家安全则需要投入大量人力物力加以保证。而新型产业基地作为经济发展的主要载体，其对经济增长的作用十分明显，可以带动一国或地区经济的发展，并最终实现国家安全的目标。因此，新型产业基地的生成与运行是竞争力的体现。

新型产业基地之所以能作为国家竞争力进而作为国家安全的标志，主要原因包括：（1）国家竞争力的最终目标中包含着企业竞争力和产业竞争力，而企业是新型产业基地的主体，并且产业竞争力的体现主要依赖于企业的竞争力，因此新型产业基地担负着形成国家竞争力的职责。（2）政府能否在新型产业基地生成及运行中发挥重要作用是新型产业基地水平能否得以提高的重要保证。反之，新型产业基地的高水平运行也体现了各级政府在地区、国家间的竞争能力。而政府的竞争能力恰是国家竞争力的集中体现之一，因此新型产业基地会体现着国家竞争力的高低。（3）新型产业基地的生成及运行需要良好的市场基础，如信息的畅通、竞争的充分等。但新型产业基地不可能在市场完全成熟的条件下生成，因为当市场完全成熟之后，市场中所蕴涵的获利可能会大大减少。新型产业基地会在市场发展的过程中生成和运行，出于获利的冲动，新型产业基地对市场的完善产生有力的推动，提高市场的基础竞争力，而市场竞争力反过来又会促进国家竞争力的提高。（4）新型产业基地可以将政府、市场和企业的能力有机结合起来，其相互间的适度水平的提高会大幅度提高新型产业基地的运行水平。而政府、市场和企业作为国家竞争力的核心内容，其综合能力在新型产业基地的作用下也会得到提升，因此新型产业基地可以使国家竞争力得到综合全面的提高。

新型产业基地作为国家竞争力的标志，具体体现在：（1）新型产业基地内企业研究和发展投入不断增长，技术创新能力不断增强；（2）新型产业基地在某种产业上会表现为集聚的趋势；（3）政府管理机制逐步完善，效率不断提高，服务于市场体系的角色定位越来越清晰；（4）长期内市场的竞争更加充分，供求均衡水平逐步提高，市场失灵和政府失灵的现象逐渐减少，市场的发展更加平稳，交易成本呈下降趋势；（5）各种类型、不同区域的新型产业基地形成"基地群"的趋势越来越明显，资源配置进一步地被优化，资源的无谓损失越来越少。

二、地区经济发展先导的标志

一个国家经济的发展不可能全面而均衡，也就是说不可能所有地区的经济发展水平都一致，每个行业的发展水平都均等，需要有先发的经济区域对整体的经济发展起到带动作用。而新型产业基地具备引领地区经济发展，进而促进国家经

第二章 新型产业基地的特征、类型及其作用

济发展的作用。

新型产业基地作为地区经济发展先导标志的原因包括：(1) 经济的发展具有区域不均衡性。一个地区经济发展需要集中优势资源，地区经济的增长需要有在资源的配置、技术的创新、制度的创新等各方面均具优势的经济运行载体来加以支持，而新型产业基地的制度、技术、资源及市场的综合水平均位于经济运行载体的前列，因此当地区经济迅猛发展时，新型产业基地必然会成为其先导，引领着地区经济发展的方向。(2) 地区经济的发展一般都具有产业优势，即某一地区的经济发展过程中某一产业或某些产业会相对集中，形成规模，进而对相关产业具有吸引作用。新型产业基地所具有的制度、技术、资源和市场优势会使其具有产业前沿的位置，因此其会对地区内规模产业的形成起到引领作用。(3) 地区经济要想得以快速发展且在某个领域具有领先地位，就需要保证地区经济内在影响地区经济的各要素上保持领先，主要包括发展方式、发展技术、人力资源等各方面的领先。而新型产业基地在上述各方面的优势会对地区经济的领先性加以保障。(4) 新型产业基地是以市场为主要目标，以企业为主体，在地方政府引导下建立起来的某一类产业集聚体，其市场经济的特征明显。这样，就可以避免地区经济发展中的盲目性，使"强行布局"新型产业基地、重复建设的现象得到抑制，从而为地区经济发展节约大量的资源，加快地区经济的发展。

新型产业基地引导地区经济的具体表现有：(1) 新型产业基地内拥有大量的相关产业的专业人才以及最先进的技术。如北京中关村信息技术产业基地就拥有大量的信息技术的人才及创新技术，这些人才及技术的积累会对本地区产生强大的外溢效应，使本地区的人才建设与产业技术发展渐趋成熟，且在某一方面具有领先性。(2) 新型产业基地在生成及运行过程中，政府会制定相关的产业支持政策对其进行扶持。新型产业基地内的企业会加大资金投入，培养和吸收更多的人才来从事某一产业，资金和人才的集聚会进一步促进企业成为主导地区经济发展的主体，新型产业基地对地区经济发展的推动作用得以实现。(3) 新型产业基地所在地区的面积不断扩大，产业范围不断增长。这均得益于新型产业基地增长的实力对地区经济的带动作用。(4) 新型产业基地所在地区的产业结构日趋合理，地区经济布局更加科学。

三、技术、制度创新及市场完善的重要载体

现代经济的发展离不开制度、技术的创新以及市场的不断完善，而三者若想不断创新并且推动经济的快速发展就需要强有力的平台支持，而依赖制度、市

场、资源和技术的适度融合实现效用最大化的新型产业基地会实现现代经济的快速发展。

新型产业基地成为技术、制度和市场完善重要载体的原因包括：（1）技术、制度的创新需要一定的技术和制度环境支持。技术环境中包括技术的研发环境和应用环境。而这两类环境的营造需要企业和市场的支持。新型产业基地具备了技术创新环境的要素，有技术创新的基础。制度的优化与创新同样需要实际的经济运行机制来提示及验证。制度运行的主要目标是降低市场中各类交易的成本，交易的高低也只有在市场的具体交易中体现出来。当新型产业基地在生成及运行中存在诸多领域的各类交易，因此其对优化制度及创新制度的需求更加强烈。可见，新型产业基地技术及制度的优势与经济发展对技术和制度创新的需要相一致，因此新型产业基地可以成为技术创新和制度创新的载体。（2）新型产业基地的生成及运行要求市场相对成熟，具备一定的基础。因此新型产业基地本身能否顺利生成可以作为地区相关市场是否成熟的一个基本指标。与此同时，新型产业基地对要素的集聚作用可以使市场得以快速发展，所以新型产业基地发展的程度可以作为衡量市场完善程度的指标之一。因此，无论是从新型产业基地的生成还是从发展过程来看，均可作为市场完善的一个重要载体。（3）经济快速发展要求市场、制度、技术、资源等要素各自效率及相互间的适度性都处于较高水平上，从新型产业基地的整体运行效率来看，其不仅能够将上述要素各自的效用最大化，更重要的是其能够大大提高要素间的适度性，从而也就提高了经济运行的效率。因此新型产业基地的运行规律和特征使其具备了充分包容市场、制度和技术这三类稀缺资源的可能。

新型产业基地成为技术、制度和市场完善重要载体的具体表现包括：（1）技术创新越来越多地在新型产业基地内完成；（2）新制度的生成及运用多源于新型产业基地；（3）新型产业基地下的新市场的涌现频率越来越高，市场均衡水平也越来越高。

第三章

世界新型产业基地的发展趋势及借鉴

当今之世,经济全球化的趋势越来越明显。新型产业基地作为经济全球化的主要推动力量,其发展异常迅猛。为了加快中国新型产业基地建设,有必要充分借鉴世界新型产业基地建设的经验,认真分析新型产业基地的特征、动因和制约因素。

第一节 世界新型产业基地发展的趋势

一、世界新型产业基地发展的特征

进入新世纪以来,经济全球化发展迅速,作为全球经济引领者的新型产业基地的发展趋势也越来越清晰,集中体现在技术、资源、市场及制度等方面。新型产业基地的范围越来越宽泛,发展方式越来越多样化。无论是新型产业基地的生成和运行,还是新型产业基地构成要素的变化上,都体现出一些新特征。

新型产业基地国际化发展的具体特征包括:(1)新型产业基地建设已经不限于发达国家,发展中国家也大量出现新型产业基地,其发展趋势是由发达国家向发展中国家转移。如印度的班加罗尔的计算机软件的新型产业基地,在中国江西湖口的新型钢铁产业基地、广东高要的新型建材产业基地、西安的航天新型产业基地、辽宁的先进装备制造业新型产业基地等。此外,新型产业基地也进一步呈现出由发展中国家向周边国家进一步延伸的动态。如中国向越南、泰国等国转移一些较为成熟的产业,建立相关新型产业基地。(2)除跨国公司作为新型产业基地的生成主体外,政府组织,包括发达国家尤其是发展中国家也积极参与到新型产业基地的建设中来,并且发挥着重要的作用。如在上海浦东新区、天津滨海新区、武汉地区、东北地区等的新型产业基地建设中,各级地方政府都发挥了重要作用。(3) 新型产业基地在各个生产领域遍地开花。20 世纪中期以来，发达国家的跨国公司开始在发展中国家建立产业基地，其主要是劳动密集型基地或资本密集型基地，如日本的东京机械产业基地、台湾的集成电路产业基地等。进入 80 年代后期，发达国家在中国直接投资建设了一系列产业基地，主要是利用中国廉价的劳动力，形成劳动密集型的产业基地。而进入 21 世纪以后，随着发展中国家经济的不断发展，许多发达国家开始将技术密集型产品的新型产业基地设立在发展中国家。如世界知名的汽车生产商中许多均在中国设立了代表其最新研发成果的产业基地，这与中国的市场潜力巨大有着密切的关系。与此同时，中国企业到外国同步进行技术或资本、劳动密集型的新型产业基地的建设。从产品的发展角度来看，新型产业基地的建设呈现多层次、多地区同时国际化的发展趋势。(4) 随着产业价值链可分解度的加深和生产全球化时代的来临，新型产业基地已经由产业的整体化进一步地表现出各个阶段分散化的趋势。经济的迅速发展使得世界各地经济发展呈现出多极化趋势，各个地区均存在经济发展的极点与末点，这就为世界范围内配置资源提供了可能。产业链的各个组成部分可以在不同地区的不同新型产业基地内完成。如计算机的生产与制造，其各个组成部分可以来自中国、日本、印度等不同国家和地区的不同新型产业基地，最后在美国的新型产业基地组装完成。这种分散化的新型产业基地可以最大程度地提高资源的效用，同时使得整体资源并无优势但局部资源有优势的国家和地区实现经济的发展。(5) 新型产业基地的生成及运行表现出由多个跨国公司、多个国家合作完成的特点。20 世纪末以来，新型产业基地的生成及运行更注重合作性，具体体现在公司与公司、政府与政府以及公司与政府间的合作。各国政府均努力促进本国企业参与外国新型产业基地的建设。一般是以国家间高级互访为契机，建立新型产业基地建设的良好环境，然后外资大量进入，这样就大大节省了建立新型产业基地的时间成本及运行成本。(6) 新型产业基地的建设表现出全球范围内整合优化资源的特点。新型产业基地无论是内源型、嵌入型还是改进型，都建立在较高的起点上，基本上都代表本产业最高的水平。这种领先初表现在某个要素上的领先，随着经济全球化的加快进一步表现为整体的领先。这得益于新型产业基地对全球资源的整合能力及吸收能力。如中国江西新余的光伏新型产业基地就是选取最具发展前景的太阳能相关产业，将世界上最先进的硅料生产技术引入基地，虽然是起步阶段，但其整合优化全球资源的趋势初现端倪。又如，现在大量的新型产业基地内部人力资源使用方面已经实现了整合全球人力资源的目标。(7) 新型产业基地的建设更加注重生态性。近年来，随着全球气候的变化，促使各国尤其是发展中国家重新考虑经济发展的方式，以前用高能耗、低产出来带动经济发展的模式正悄然变化，更多地将低碳、环保因素当作重要内容来考虑。从新型产业基地内企业本身的发展来看，其在生成过程中会选择生态性好的产业基地，如太阳能、新型生态农业产业基地等。(8) 新型产业基地内部资本的流动性、人力资源流动性和制度融合性不断增强。新型产业基地内资本受世界经济多极化、全球化的影响，其在发达国家与发展中国家间的流动更加频繁，从而使得新型产业基地的生成与发展速率与国际的经济发展的速率更接近。与此同时，新型产业基地作为产业链的组成部分，其分散化的特点也影响到了新型产业基地人才流动的增强。更为重要的是，世界各国各地区的经济制度、文化制度在新型产业基地的建设中得以融合，去粗取精，这一过程也促使新型产业基地国际化过程中制度的融合性不断提高。

二、世界新型产业基地发展的动因

新型产业基地的构成要素与经济运行的基本规律可以作为研究了解新型产业基地发展的动因的研究介质。因为受上述内部与外部环境的影响，新型产业基地发展动因的研究可以从内部与外部两方面切入。

（一）世界新型产业基地国际化的内驱力分析

新型产业基地发展内驱力的分析要从新型产业基地的内部特征着眼，通过分析其内部特征的发展规律来了解其发展过程中所需要的环境及其未来的发展趋势。

1. 新型产业基地内企业特征决定了新型产业基地的发展

新型产业基地内部企业具有同质性、合市场规律及制度的规律性的特征，这些特征决定了企业发展与经济发展的基本规律相一致，否则企业就会被淘汰，游离于经济运行轨迹之外。在这一企业大的生存环境下，企业生存的基本保证是获益，因此其需要努力降低成本。

企业各类产品的生命周期分为新产品、成熟产品和标准化产品三个时期，不同时期的产品在成本上存在着很大的差别。弗农（1996）认为，随着产品由新产品时期向成熟产品时期和标准化时期的转换，产品的特性将由知识或技术密集型向资本或劳动密集型转换。相应的，在某产品生产的不同阶段，对不同生产要素的重视程度也会发生变化，从而引起该产品的生产在要素丰裕程度不一的国家之间转移。①

---

① [美] 弗农：《产品周期中的国际投资和国际贸易》，《经济学季刊》1996 年第 50 卷。

而第二次世界大战以后，发达国家的人口增长几乎为零，这使得劳动密集型产业的成本迅速增长。因此，以同质企业为主体的新型产业基地基于企业成本要低于收益这一基本规律，会向可以获得较低成本的劳动密集的发展中国家转移。

企业在短期与长期内只有实现供求的均衡，才能保证其成本最小化，进而实现其获得收益的目标。但同类产业的分布存在着区域分布不均衡的特点，这种不均衡包含着两层含义：一是在全球范围内产业发展水平存在着不均衡；二是在某一区域内存在着过度密集的情形。并且随着经济的快速增长，区域的范围也由国内某一区域上升为全国，进而上升为更大范围的几个国家甚至大洲。这就意味着在一定时期和特定的区域内，企业数量的过度增长会使企业效率降低，成本增长，进而降低收益。换个角度，企业需要寻找新的可发展的空间，获得更多的收益。因此当某项产品在世界范围内还未出现饱和，而部分地区已经出现过度密集，超过了区域市场的承受力时，这一产业向世界范围内转移，建立新型产业基地的可能就增大。

科斯（1937）指出：新古典企业理论存在明显缺陷：（1）它在关注价格体系的时候忽略了制约交换过程的制度安排，忽略了与交易相关的、对贸易条件讨价还价的费用；（2）它在强调企业功能的同时，忽略了企业的制度结构，所以不能解释生产活动为什么和如何被组织在企业内进行；（3）这一理论并未令人满意地解决企业的边界及其决定问题。[①] 这表明企业运行中存在交易成本，制度可以解决交易成本问题。对于企业而言，其运行时随着其参与经济活动的时间与区域的不同，交易成本会发生改变，其总成本会降低或增长，若交易成本增长，企业会自然转向交易成本低的地区寻求新的发展。世界上不同国家不同地区进行交易时的成本存在着较大的差异，进而制度具有降低交易成本的功能。由于全球范围内不同国家、不同地区的制度不同，其降低交易成本的多少也不同。因此，企业主体的新型产业基地向着交易成本低的国家和地区以及有着更好降低交易成本制度的国家和地区转移就成为可能。另外，由于经济全球化，新型产业基地内企业参与各种交易中成本的差异的空间越来越小，即无交易成本差异的区域不断扩大，因此新型产业基地向其他国家或地区发展，形成国际化发展趋势的速度会越来越快，越来越明显。

2. 新型产业基地内优质资源的密集特性决定了其发展

新型产业基地的基本特点之一是集中了大量的优质资源，包括制度资源、自然资源、人力资源、市场资源、企业资源等。资源的分布具有区域性及分散

---

① R. H. Coase. The Nature of the Firm. Ecomomics. 1937, (11).

性的特征，而所有优质资源处于同一区域的可能性并不是很大，因此优质资源的区域性与分散性包含着两层意思：一是某一区域会分布有某一类或某些优质资源；二是优质资源不可能在某一区域具有天然的集聚性。与之相对应，新型产业基地运行水平不断提高的过程就是优质资源集聚程度不断提高且不断优化的过程。从这个意义上来讲，优质资源分布的区域性、分散性与新型产业基地优质资源的密集性是互相矛盾的。但恰恰是这样的矛盾使新型产业基地得以生成和发展。

从资源配置角度理解新型产业基地发展的必然性在于：虽然资源具有分布的区域性和分散性的特征，但同时其具有流动性特征。只要资源具备了流动的条件，其就可能由分散变成集聚。而经济的全球化趋势使得这些资源有了集聚的可能，且这种可能越来越大。在技术、资本、制度等经济运行要素的转移更便捷的前提下，优质资源的密集使发挥其效用的成本要低于在原区域使用这一资源的成本。从这个意义上讲，即从经济发展成本最低化的角度来讲，资源的流动就是必然的。与此同时，新型产业基地内优质资源的集聚会产生"1+1>2"的效果，即新型产业基地所集聚的资源的相互适度性会大大提高资源的使用效率。当某一地区大量集聚同一产业的优质资源后，新型产业基地就会生成与运行。从本质上讲，新型产业基地对优质资源集聚的需求促生了新型产业基地的供给。从供求均衡的角度来看，新型产业基地的发展趋势会一直进行下去，直至产生竞争性均衡。

需要说明的是，从资源集聚的角度来理解新型产业基地的发展趋势时，方式是以某种优势资源为主，其他资源集聚。这种方式会降低新型产业基地的成本，这是新型产业基地集聚优质资源的最优选择。但实际的新型产业基地生成中，优质资源的集聚并不是以最优的方式来完成的，主要原因是一些国家在建设新型产业基地时，需要服从本国的资源特点，往往是某一地区具备了相对的资源优势后，便会集聚国际上其他优质资源，这是新型产业基地生成发展的重要动因。

3. 新型产业基地引领经济发展趋势的特征决定了其发展

新型产业基地具有引领经济发展趋势的基本特性。其对经济发展趋势的引导具体体现在：对传统产业新发展趋势的引领；对新兴产业的发展方向的引领；对人力资源密集型服务产业的发展方式的引领；对经济市场化向纵深发展的引领。这些引领包含宏观与微观经济各个方面及各个层面：从宏观方面看，主要是引领产业发展方向、发展方式及决定管理体制；从微观方面看，主要是对企业生产技术及企业运行制度方面的引领。近年来，经济发展的方向有了较大的变化：（1）世界各国更注重产业发展的生态化，更强调向低能耗、高效率的发展方向。新型产业基地作为经济发展方向的引导者，在其建设中必然会吸收其他国家的先进的生态环保标准。无论是发达国家还是发展中国家，在新型产业基地建设中对环境保护均体现了这一点，各国间在产业生态化方面的国际合作也越来越多。与此同时，三次产业结构由原来的"一、二、三"逐渐调整为"二、三、一"，这种发展方向已经由发达国家向发展中国家传递。新型产业基地的生成必然会体现这种产业结构的调整方向。（2）就发展方式而言，以能源重工业为主、劳动密集型为主的发展方式正在发生着变化，世界范围内兴起的信息技术、互联网技术、生物技术等促进经济发展的新机遇使得以知识、技术及人力资本的应用为主的经济发展方式，正开始成为当今经济发展的主流方式。这也与生态化的经济发展趋势保持了一致。而知识、技术及人力资源在全世界范围内随着网络技术的迅速发展，也为新型产业基地发展奠定了良好的基础。从市场供求内外部因素角度来理解，内需驱动与外需拉动相结合的经济发展方式正在全球范围内被更多的国家所认可，尤其对内需的强化被一些大国所重视。而投资拉动型、消费推动型、出口带动型的经济发展方式同样与追求一种均衡。中国经济发展中以前过度依赖出口带动的方式，过度依赖外需的方式也正在转变。这些经济发展方式的转变趋势必然促进新型产业基地的发展。（3）作为新型产业基地核心的企业，技术是直接构成生产力的重要组成部分，其内在驱动力的创新，技术领先是其生存的关键。而现代经济条件下，技术的领先可以通过技术原始创新、集成创新和引进吸收再创新等组合创新来完成，因此新型产业基地中企业若要引领技术创新就必然选择国际化的路径。（4）从引领制度建设的角度来看，随着资本国际化的加速，经济全球化已成必然。各国政府努力地使相关制度的建设与运行和经济发展的全球化趋势保持一致。从宏观视角来看，国家的对外贸易制度、汇率制度、产业制度、融投资制度等均表现出国际化的趋势。中国的汇率制度在就是在世界经济发展的大背景下不断调整与完善，国际化的步伐不断加快。从微观视角看，企业制度中的运行机制、创新保护制度等均具有跨国性，国际上的先进的企业管理制度已经触及世界各个角落。与此同时，文化制度方面也表现出来世界范围内的融合趋势。以企业技术创新为例，各国均努力建立起能够保护和促进技术发明和创新的有效机制。中国技术创新不足就与缺乏完善的知识产权保护制度与技术利用环境有着直接的联系。尽管有关知识产权保护、技术发明奖励、国家专利申请等法律制度都已经建立，但是对实际使用及对侵犯知识产权、技术专利的行为依然缺乏制度上和行动上的有效约束。由上可知，制度国际化已经遍及产业的各个方面、各个层面。因此作为引导制度国际化的主要载体，新型产业基地的国际化也就成为必然了。

（二）世界新型产业基地发展的外驱力分析

世界新型产业基地发展的外驱力强调影响新型产业基地发展的外在原因。主要包括经济发展的趋势、基本规律、经济发展阶段的区域分布特点、经济环境的可容性、政府角色的变化、产业融合性增强、市场精细化程度加深、产业链各环节分布跨区域性分散性增强等。

1. 经济全球化趋势推动新型产业基地发展

新科技革命、生产的高度社会化、国际贸易的不断扩大、国际金融的迅速发展、国际间相互投资的发展形成了现今经济全球化的趋势。经济全球化具体表现为：(1) 生产国际化。这种国际化更注重部门层次和企业层次的专业化分工，形成了国际生产网络体系，其中最典型是企业生产零部件工艺流程和专业化分工，例如波音747飞机有400万个零部件，由分布在65个国家1500个大企业和1.5万家中、小企业参加协作生产。(2) 产品国际化。主要体现为国际贸易的迅速增长，世界上几乎所有的国家和地区以及众多的企业都以这种或那种方式卷入了国际商品交换，现在的国际贸易已占到世界总生产额的1/3以上，并且还在稳步增长。(3) 投资金融国际化。生产和产品的国际化使得国际间资金流动频繁，大大促进了投资金融的国际化。(4) 技术开发与利用的国际化。由于现代科技发展以高科技开发为中心，而很多企业不能独立完成，所以形成了越来越多的国际联合开发。例如国际商业机器公司（IBM）和西门子公司、日本东芝电气公司结成了共同研究开发新产品的战略联盟，三家联手开发256兆位超微芯片。(5) 世界经济区域集团化。为了适应新形势的发展，以区域为基础，形成了国家间的经济联盟，如欧盟、北美自由贸易区、东盟等。经济区域化会使一国经济在目前条件下最大限度地摆脱资源和市场的束缚，可以促进国际分工的发展和国际竞争力的提高，促进经济结构的合理优化和生产力的较大提高。由于上述目标可以通过新型产业基地这一经济运行的载体来最大限度地实现。因此，新型产业基地必然会在经济全球化的背景下不断发展。

2. 经济发展的基本规律推动世界新型产业基地发展

供求、资源、信息和竞争等因素一直困扰着经济的发展，但同时也是新型产业基地发展的基本动力来源：(1) 随着经济的迅速发展，要求在更大区域内实现供求的均衡，同时还要进一步提高供求的均衡水平；(2) 要求在更高水平更大范围内进行资源的优化配置，如人力资源在全球范围内的优化配置，不同国家不同地区的优质人力资源可以跨国度跨地区的配置，大的跨国公司中一般都会集中大量的来自不同地区的科研与管理人员；(3) 随着信息技术的不断进步，需要企业及国家在更大范围内利用信息的不完备来获得利益，实现经济发展；（4）竞争水平的不断提高，使企业的获利越来越稳定，但同时会限制新企业的进入，对在位企业产生更大的压力，致使企业需要在更大空间内考虑其所处的竞争环境，使自己处在市场的可竞争范围之内。上述情况说明了新型产业基地作为经济发展中最具活力的载体之一，必然在更大范围更高水平上得到发展。

3. 经济阶段性区域分布推动世界新型产业基地发展

经济发展具有阶段性。主要体现在：在三次产业结构上会体现为由"一、二、三"产业模式向"二、三、一"或"三、二、一"产业模式转变；经济发展推动力由劳动密集型向资本密集型、知识密集型转变；发展方式会经历由粗放型到集约型的转变。上述产业模式、发展推动力和发展方式的阶段性还存在着不一致性，但正是这种经济发展的阶段性和发展阶段的不一致性促使经济发展中出现了区域间转移的可能。另外，经济发展的区域性特征十分明显。不同区域不同的资源环境、政治环境和市场环境使得经济发展区域不均衡成为必然。但随着经济的不断发展，这种区域不均衡性会发生改变，发达地区和国家经济发展会放缓，欠发达地区和国家经济发展会加快。世界经济的增长速度较快的地区和国家由欧洲到美国再到日本，"金砖四国"发展历程也表明了这一点。上述因素在客观上加快了世界新型产业基地发展的步伐。

4. 经济环境可容性推动世界新型产业基地的发展

世界新型产业基地的生成与运行也会受制于其所处的经济环境。各种环境均存在着一定的容量，经济发展会促进环境容量的开发，但同时又会受制于一定的经济环境。经济的发展首先使得发达国家的经济得到充分的发展，达到一定的限度后再次寻找新的可开发的环境来开展经济活动，新型产业基地就会向外迁移。不同国家或地区的资源环境、市场环境以及政治环境的容量开发水平并不一致，新型产业基地会选择最适合其自身技术、产业发展方式的某个经济环境。也正是这种不一致性使得经济环境存在着动态的变化，也就是说，新型产业基地可以由经济发达地区向发展中地区转移，也可能由发展中地区向发达地区转移，由此推动新型产业基地发展。

5. 政府适经济性角色推动世界新型产业基地的发展

经济的全球化使各国政府重新定位自己的角色，向着适经济性角色转变，这种转变为世界新型产业基地的生成与运行提供了必要的动力支持，主要表现在：（1）在国际规则的影响下，各国政府在实际影响本国经济方式上发生了较大转变。许多国家政府从单纯支持本国的战略产业转而支持国际竞争的策略，这不仅体现在发展中国家，也体现在发达国家，如全球金融危机后，美国从分业监管过渡到了

第三章　世界新型产业基地的发展趋势及借鉴

"伞形"监管体制,英国为代表的欧洲国家则纷纷建立统一的金融监管机构,各国金融监管当局也更加注重国际间的合作,共同携手防范金融危机。(2)政府在政策制定过程中从以往唯一的规则制定者变为政策制定的合作者,行业组织等准政府机构、市场主体在政策制定中的作用日益增强,政府与跨国公司合作制定技术标准越来越多。(3)各国政府政策由针对国内市场扩展到区域甚至世界,如欧盟制定了竞争政策,要求各国按照欧盟的竞争政策修订本国的竞争政策,在界定垄断行为时,不再以某个企业在一国市场的份额为标准,而是扩大到整个欧盟市场。(4)政府的一部分权力向区域组织或国际组织让渡,随着经济全球化与区域一体化趋势的不断加深,一些传统意义上的国家经济主权向区域组织或国际组织让渡。(5)各国政府在政策制定过程中更注重利用国际资源解决国内问题,其所制定的政策使各种要素、服务与商品的跨国流动更加容易,从而为各国吸引外部资源解决本国问题提供了更多的选择。(6)在经济政策执行中更加重视国际合作,区域组织与国际组织的大量涌现以及国际组织功能越来越强大、职能越来越复杂为国际合作提供了可能的同时,也突出了国际合作的必要性。① 上述政府的适经济性较多地体现了各国经济发展中政府对经济发展要融入世界经济发展轨迹的支持,各国政府采取了更开放的态度,采取更适合经济发展的策略,其适经济性的角色功能得以强化,在这样的背景下,新型产业基地生成与运行所需要的要素在全球范围内得以更高效的、更快的集聚。

6. 产业融合度提高推动世界新型产业基地发展

不同产业或同一产业不同行业相互渗透、相互交叉,最终融合为一体,逐步形成产业融合已是产业发展的现实选择。随着经济全球化,产业融合的领域逐渐扩大,融合的程度逐渐加深。这种产业融合的国际化势必会对产业发展的主要载体新型产业基地的国际化产生强劲的推动:(1)产业的融合本身就是高新技术、管理方式、市场等的渗透与相互吸收的过程,而产业融合的基本内容恰是新型产业基地生成与运行所必需的要素。高新技术、管理方式与市场等的融合现在不局限于某一地区或某一国家,而具有全球性质。同时,其融合的水平也在不断提高。因此产业融合带动新型产业基地这一产业融合的载体就是必然的了。(2)产业的融合促使市场结构在企业竞争合作关系的变动中不断趋于合理化,形成更大范围的竞争,而新型产业基地的发展推动的产业竞争水平在更大范围内得以提高。(3)产业融合推动区域经济一体化,这是产业融合度提高的体现。表现在:提高区域之间的贸易效应和竞争效应、加速区域之间资源的流动与重组;打破传

---

① 隆国强:《经济全球化背景下的政府职能转变:国际经验及对中国的启示》,国研网,2002－05－17。

统企业之间和行业之间、地区之间的界限；加速区域之间资源的流动和重组；促进企业网络的发展，提高区域之间的联系水平；扩大了区域中心的扩散效应，有助于改善区域的空间二元结构。区域经济的上述一体化的表现充分体现了产业融合过程中要素的流动性，新型产业基地利用这些要素得到更快的发展。(4) 从产业融合的动因来看，技术创新是产业融合的内在驱动力，竞争合作的压力和对范围经济的追求是产业融合的企业动因，跨国公司的发展成为产业融合的巨大推动力，政府放松管制为产业融合提供了外部条件。而上述产业融合的四个动因主体恰好是世界新型产业基地发展的基本构成要素。

7. 国家和地区的比较优势推动世界新型产业基地的发展

比较优势理论强调如果一个国家在本国生产一种产品的机会成本（用其他产品来衡量）低于在其他国家生产该产品的机会成本，该国在生产该种产品上就拥有比较优势。一个国家或地区的新型产业基地若拥有比较优势，就会向其他国家和地区转移或扩散。对于输入比较优势的国家和地区而言，其利用输入的比较优势降低了其生产成本，提高了经济运行的效率。从一定意义上，可以将所有要素都具有比较优势的新型产业基地称为强比较优势新型产业基地，将具有某一要素或某些要素比较优势的新型产业基地称为较强比较优势新型产业基地。实际上，前者只是一种理论模式，后者则是常见的情况。

综上所述，世界新型产业基地发展存在内在和外在的动因，各个国家和地区需要根据自己的实际情况，充分考虑本国本地区新型产业基地的生成与运行可能，发现新型产业基地生成与运行的主要制约因素，从而建设符合本国本地区实际情况的新型产业基地，实现经济的发展。

三、世界新型产业基地发展的制约因素

（一）新型产业基地的重市场化与政府政策的矛盾

新型产业基地的基本特征是市场内以企业为载体资源优化配置，这种基本特性决定了遵从于市场发展的基本规律。在世界新型产业基地的发展中，需要将全球的资源重新整合以实现配置最优化，效用最大化。但在这一过程中，各国政府实行的经济政策往往影响这一进程。一般来说，政府具有贸易保护主义的倾向，许多国家包括发达国家同样采取贸易保护政策。包括关税壁垒或非关税壁垒。非关税壁垒包括进口限制、反倾销和反补贴措施、自动出口限制、广告限制、报关手续干扰、技术等级和卫生标准等一系列措施。各国政府的贸易

政策与其产业政策、政治政策有时存在矛盾,对新型产业基地是一把"双刃剑",因此在促进新型产业基地发展的同时也会影响其在更大范围、更大空间内的发展。

(二) 经济发展不均衡影响新型产业基地的发展

不同国家和地区的经济发展程度不同,既为新型产业基地的发展提供了可能,同时若经济发展水平太低也会严重制约新型产业基地的发展:第一,经济发展不均衡表现在市场化水平上。若一个国家市场化水平不高,新技术的移入就会大大增加成本,甚至使得新型产业基地建设的成本高于其收益,新型产业基地就难以生成;第二,经济发展不均衡还表现在需求上。如果某国对新型产业基地所生产的产品需求不足,新型产业基地的生成动力就不足,客观上阻碍了新型产业基地的发展;第三,经济发展的不均衡表现在经济体制上。如果一国的经济体制不健全,就会使新型产业基地运行面临着更大的风险。在某些领域,尤其是金融领域,如果造成金融开放早熟,而国内的银行、政府、企业的问题又没有解决,开放就可能成为掩盖国内矛盾的一种方式,如泰国和韩国在亚洲金融危机的爆发前的情况。同时在经济全球化进程中,国内经济体制健全是开放的关键,而体制改革不是一朝一夕所能完成的,因此,经济体制是否与世界经济发展相容及相容的程度是衡量新型产业基地发展水平的重要标准;第四,经济发展的不均衡还体现在各国的经济地位的差异上。发展中国家在参与世界经济活动时,其较低的经济地位决定其缺乏话语权,因此其往往在与发达国家的博弈中处于劣势,一些发展中国家不得不通过牺牲本国资源或通过退出博弈的方式来处理经济活动加上出现的矛盾。而两种方式中的任何一种都会使发展中国家的利益受损,使发达国家获得"垄断"利益,从而影响新型产业基地的发展。

(三) 政治、文化差异制约世界新型产业基地的发展

世界各国政治体制、文化传统的不同,客观上为新型产业基地发展提供了可能。但不同的意识形态、文化背景也会成为新型产业基地发展的障碍。当今世界中美贸易额逐年递增,彼此的依赖程度不断增强,但同时又是两个不同意识形态的国家。美国在与中国进行经济交往时,往往附带许多政治条件,这势必会对新型产业基地生成产生阻滞作用。中国有着悠久文化传统,国外跨国公司进驻中国需要了解融入中国文化,否则其发展就会受到影响。由于外来文化融入当地政治体制、文化传统结果是一个长期的过程,因此其对新型产业基地发展的影响也是长期的。

（四）区域经济集团化制约世界新型产业基地的发展

当今世界，经济一体化和集团化的形成把世界经济推向了一个新的发展阶段，经济发展的一个重要特征是区域经济集团化。其对新型产业基地国际化的阻碍来自于区域经济集团化所形成的贸易保护的区域化。经济集团化的一个基本目标是形成区域经济的共同市场，在内部实行自由贸易，对外则采取贸易保护措施，这恰恰与新型产业基地生成所需要的更开放的经济环境相悖。从世界经济贸易演进的过程来看，欧盟与美国、日本之间存在的贸易摩擦以及各集团所采取的各种排他性的贸易壁垒足以证明这一点。

第二节 国外新型产业基地的比较

国外新型产业基地包括发达国家及部分发展中国家新型产业基地的建设，由于其建设背景及发展水平和发展路径与中国有较多的不同，一些方面值得我国分析与借鉴。

一、国外新型产业基地的发展

研究国外新型产业基地的发展需要从基地生成及运行的技术、市场、资源和政府制度选择等方面进行分析，其中重点是市场化各国政府在新型产业基地建设中的作用。而制度与技术应该是新型产业基地中的核心要素。

（一）美国新型产业基地的发展

第二次世界大战后，美国的地位在产业发展及新型产业基地建设方面得到了明显增强。太空产业（卫星、飞船、全球定位系统）、航空产业、船舶制造、生物科技、现代农业、汽车工业、机械制造、核工业、电子工业、计算机产业、网络产业、金融业、文化产业等均处在领先位置。除了产业上领先以外，美国还拥有世界上最密集和最优秀的人力资源。如美国的高新技术公司普遍采取多种形式、手段，大量吸引外国特别是发展中国家的优秀拔尖人才到美国工作，或者在本国为其公司服务。如硅谷背靠斯坦福大学和加州伯克利分校，许多在校学习的各国留学生往往尚未毕业就被许多公司抢聘一空，其中不少是中国人及亚洲其他国家人。目前，硅谷高新技术公司的员工中，70%是中国（含台湾）人和印度

第三章 世界新型产业基地的发展趋势及借鉴

人。现任贝尔实验室总裁就是一位印度人。美国政府为吸引高新技术人才制定了一系列相应的法律,只要被高新技术公司聘用满规定年限,就可以取得"绿卡",再过几年并经考试合格就可以加入美国国籍,从而为美国高新技术产业的迅猛发展提供了可靠的人才来源。良好的产业基础和充足的人力资源为美国新型产业基地发展打下了良好的基础。

美国政府在新型产业基地建设过程中起到了至关重要的作用,其发挥作用往往是以制度、政策的方式来进行,且大都具有间接性,不直接干预新型产业基地的发展:(1)美国政府大量采用技术性采购的制度推进新型产业基地发展。如美国政府技术采购在半导体产业领域的运作,使美国在20世纪90年代牢牢地把握了主要行业的话语权,在攫取了大量的经济利益的同时,也使其在全世界的霸主地位得到提升。(2)政府确立了以高新产业技术政策为核心,立足全球配置资源由国家最高领导挂帅的科技领导体制,同时建立具有广泛代表性的科技顾问机构,高度重视决策智囊的作用,把民主机制引入科技决策过程,为美国重新占领高新技术产业的制高点和成为世界瞩目的新经济中心起了决定性的作用。1993年美国成立了科学技术顾问委员会(PCAST),当年还正式颁布"国家信息基础设施"行动计划,组成全球信息高速公路,实现全世界信息共享。这一系列的举措无疑极大地推动了美国高科技新型产业基地的发展。奥巴马政府计划更新美国"信息高速公路",让美国在宽带普及率和互联网接入方面重登世界领先宝座。(3)强化新型产业基地制度的可操作性和有效性,借此推动新型产业基地的国际化。除了产业发展资助外,联邦政府和地方政府更多地采用税收、信贷、政府采购、固定资产折旧等制度性政策,支持新型产业基地建设。奥巴马政府在第一个预算方案中,将国家科学基金会、能源部科技办公室等重要机构的研究费用翻了一番,并向企业技术研发提供税收减免740亿美元。政府计划未来10年将基础研究资助翻一番,推进绿色产业等高新技术产业发展。在2009年初的经济刺激计划中,大约800亿美元投资于清洁能源方面,其中用于提高能源使用效率以及用于智能电网、碳捕获和封存、电动汽车等先进技术研究的总金额达367亿美元。除了新能源外,生物、信息、航空航天等产业也是政府支持的重点领域。政府通过加大对生命科学研发的投入、放宽对胚胎干细胞研究的限制,促进美国在生命科学方面的发展。这一系列的政府行为美国新型产业基地的发展提供了极大的支持。(4)美国政府还特别注重制定鼓励消费,包括政府消费,以及扩大市场需求的制度,从而间接地促进新型产业基地发展的目标。例如为了加强环保,鼓励清洁项目和节约能源,对购买和安装节能设备享受抵减优惠。在商用及民用建筑中安装改进能效设备可抵减20%;购买配备节能设备的新房可抵减1000~

2000 美元。各地方政府更是出台了各具特色的财政激励和鼓励消费的政策，例如 16 个州规定企业投资风能、太阳能发电设备生产或在新建筑物中使用绿色能源发生的费用可以从公司收入税中免除。26 个州采用了从财产税中完全扣除绿色能源费用的方法鼓励个人、企业使用绿色电力。14 个州采用个人税款减免的方式鼓励个人购买、安装绿色电力设备系统。据测算，到 2025 年，美国绿色电力的比例将达到 15%，可再生能源提供的电能是 2002 年全部电力能源的 5 倍。与此同时，政府购买对新型产业基地的发展也极具影响。(5) 美国政府近年来还特别注重利用货币金融制度来加快其新型产业基地发展。2009 年 6 月，奥巴马政府提出金融改革方案，内容包括提高金融机构的资本准备金比例，对资产支持证券实行更为严格的监管，加强对消费者和投资人的保护，授权美联储负责大型金融机构的监督与管理，推动全球金融监管的协调工作。2010 年初，奥巴马推出一些新的金融改革措施，包括限制华尔街高管薪金、向大型金融机构收取金融危机责任费、限制金融机构经营范围和规模，以及两次定量宽松政策等，在反危机的同时对促进新型产业基地建设发挥了重要作用。(6) 美国各级政府近年来大力提倡与世界各国的文化往来，尤其是与中国、印度等发展速度很快的发展中国家的高层友好交往，在政府行为下，各跨国公司纷纷加大对其他国家文化的了解，迅速地融入进入国的市场，大批的新型产业基地在发展中国家形成。

（二）日本新型产业基地的发展

日本在新型产业基地建设中，充分利用一些产业领域原有的基础。比如制造业、尖端科技方面，具体包括：超导技术、材料技术、纳米技术、MEMS、钢铁、化学等。另外，日本具有一批有能力国际化新型产业基地的公司，包括日立、东芝、日本车辆、三菱重工、NEC、神户制铁所、住友电工、东京电力、SONY、东芝、日立、双叶电子、尼康、三菱电机、夏普、川崎重工等。经过几十年的新型产业基地和市场培育，日本在世界范围内拥有着众多成熟的相关产业基地和市场体系。

日本政府在新型产业基地建设中所担当的角色同样至关重要。主要特点是利用了颇具特色的产业政策，极大地推动了新型产业基地的建设和发展。产业政策的侧重点在于供给方面的制度管理，进而实现总量的供求均衡。与此同时，运用产业政策指导企业形成新型产业基地，是日本处理政府与市场关系的特有方法。日本先后颁布了与产业结构和产业组织有关的制度来促进保证重点产业的发展。如《禁止私人垄断及确保公平交易法》（1947）、《中小企业基本法》（1963）、《不当竞争防止法》（1934）、《不公正交易法》（1982）等。这些法律制度的实施可将资源转向有发展前途的重要产业，以保证经济的不断增长，使资源流向利润更高的企业中，从而提高日本产品的国际竞争力，利于新型产业基地的形成。从20世纪60年代开始，日本政府以追赶欧美发达国家为指导思想，确立了"贸易立国"战略，对工业部门实施重工业化和化学工业化，致力于提高劳动生产率，培养产业的国际竞争能力。1980年，日本科学技术厅发表《科学技术白皮书》，提出"科学技术立国"，强调产业政策的重点是加强自主的技术开发。90年代之后日本提出了"创造性知识密集型"的产业政策，但由于泡沫经济崩溃以后，日本经济陷入了长期萧条的局面，使整个产业结构高度化的进程被大大推迟。1995年10月，日本产业结构审议会基本问题分委会提出了《面向21世纪的日本经济结构改革思路》的报告，指出以制造业为中心开展国际分工不可避免，日本应开发新的产业领域，现有产业应向高附加值产业转移。全球金融危机后，为了进一步促进新型产业基地的发展，日本大力发展新能源健康产业，计划到2020年创造出100万亿日元的新资产。

（三）印度新型产业基地的发展

作为发展中的大国，印度的产业基础并不是很好，但由于其充分利用本国的优势资源及制度扶持，在信息产业，尤其是软件产业方面建立新型产业基地。同时，印度的外包服务业发展十分迅速且已经非常成熟，也充分国际化。这两者均领先世界，超过了日本和欧洲国家。据统计，印度凭借着优秀的、成本相对低廉的软件人才优势，加之政府全方位的政策扶持，积极开拓国际软件开发及服务市场，形成了以软件承包和服务出口为主的软件产业发展模式。1980年其软件出口额仅为400万美元，而到2001年，其软件产值已达70亿美元，其中出口额占80%。截至2006年底，软件产业产值达到245亿美元，占据了其国内整个信息产业总产值的76.5%，软件出口占据了整个印度出口总额的20.4%。[①] 印度服务外包的发展又进一步吸引跨国公司在印度的直接投资。据统计，全球企业500强中已经有一半公司把自己的"客服办公室"转移到了印度。印度服务业在吸收外商直接投资中所占比例都很高，由于服务业统计标准不一样，印度服务业并没有把电子信息、运输业等统计在内，如果考虑这些因素，印度服务业吸收外商直接投资的比例高达50%以上。印度软件业发展如此迅速，其资源方面的原因是：首先，印度自建国以来就很重视高等教育，培养了大量的高技术人才，同时由于劳动力价格低廉，从而形成了高级劳动力的数量和价格优势；其次，由于印度良

---

① 李获：《美国信息产业发展对中国的启示》，载于《科技进步与对策》2000年第1期。

好的英语语言教育基础，软件开发系统大多是英语环境，初期的客户也大多是西方发达的英语国家，所以，有一定的语言优势；最后，印度的地理位置也是其提供全球信息服务的一个优势。① 因此，印度具备了较好的发展新型软件产业基地的软环境。

印度政府在新型产业基地建设中起到了十分重要的推动作用，印度从进口替代型发展方式逐渐转为出口导向型发展方式来促进经济发展，政府的这一发展新型产业基地战略极大地推动了印度相关产业的发展：（1）拉吉夫·甘地及以后的历届政府都把发展信息产业，尤其是发展软件产业置于第一位，20世纪90年代后期，进一步制定了一系列促进国家信息化的战略与政策，并相继成立了"国家信息技术特别工作小组"和信息技术部，制定了《印度信息技术行动计划》，主张通过实施优惠的金融政策、鼓励出口软件政策、大力兴建软件园。（2）建立严格完善的质量保障体系，把产品与服务的质量看做软件产业发展的基础。为了鼓励企业按照国际标准制造产品，印度政府建立了权威的质量认证机构，采取了严格的质量控制措施，并设立了软件试验基地，为发展出口创造了领先优势。（3）建立完善多层次的人才培养体系。早在20世纪50年代，就按照美国麻省理工学院（MIT）模式建立了6所印度的"MIT"。除了扩大软件人才的数量外，印度还十分重视人才培养的质量和层次，既有软件的高级程序员，也有一般的软件开发人员，还有既懂得科技又懂经营的软件创业人才。在注意培养人才的同时，印度开始注意留住和吸引人才，通过各种优惠措施吸引流出国外的人才回国创业。②（4）印度政府充分利用税收政策来推动软件新型产业基地发展。为鼓励软件的出口，印度政府在税收上给予了一系列的优惠政策。印度发展软件业的第一阶段主要是政府投资，由于政府执行了一系列积极引进外资和鼓励国内软件企业发展的政策，使投资主体不断增多，投资力度不断加大。印度政府成功实施"软件技术园区计划"。③

作为新型产业基地主体的企业，印度软件企业包括企业经营战略在内的服务创新发挥了关键和决定性作用：（1）实行企业规模化经营战略。在印度IT产业成长模式形成过程中，企业的规模化经营为印度IT产业发展奠定了微观基础。2003年包括软、硬件在内的整个印度IT产业的销售额达156亿美元。其中IT服务业（软件业）前10位大企业的销售额就占38.9%。在IT服务业内部，泰赫咨询服务公司、印度信息技术公司和西印度植物油生产公司的销售额占印度整个IT

---

①② 邱询旻、程楠：《美国、日本、印度提升信息产业竞争力的有效机制》，载于《贵州财经学院学报》2009年第5期。
③ 于军、邱莞华：《高科技产业发展与政府的作用》，载于《江西社会科学》2006年第2期。

产业全部销售额的 14.8%。(2) 实行技术创新战略。印度 IT 服务业企业为满足用户不断提升的需求，非常重视企业的研发投入和技术创新。作为印度和亚洲最大的软件生产企业的泰赫咨询公司的研发投入占其销售额的 4.5%。印度还通过积极引进外国研发投资方式，促进 IT 服务业的技术创新。目前包括微软、通用电子、摩托罗拉、西门子、菲利普和三星在内的 IT 产业前 10 大跨国公司都在印度建立了研发中心。印度是美国通用电子公司 IT 产品外包的最大承接国，该公司现已在班加罗尔建立了全球研发中心，主要进行机械设计、运输工程、技术、计算机问题解决对策方面项目的研发工作。(3) 实行全球经营战略。印度 IT 服务业主要依存对外出口，是典型的出口指向型产业。因此，企业非常重视全球经营战略。印度 IT 服务业企业的全球经营战略主要体现在企业的对外投资、跨国并购和产品创新等方面。目前，印度泰赫咨询公司在美国、欧洲、南美和中国等世界 11 个国家投资建立了 41 个海外投资生产企业，还利用全球交货方式，从印度国内向全球提供 IT 服务产品。为实现其全球经营战略的需要，还通过跨国并购的方式，将英国、澳大利亚、智力、瑞士的一些 IT 企业并购旗下。从 2001 年前后，印度 IT 服务业企业利用通讯线路从国内向海外用户提供离岸服务的方式逐步占据主导地位。①

二、国外新型产业基地的发展模式

国外新型产业基地因经济发展水平、政治制度等不同，其发展模式也不尽相同，大致可以分为三种模式：一是以美国为代表的在产业发展的各个要素上均处于国际领先地位的国家，称之为美国模式；二是以日本为代表的集中财力物力集中重点发展某些产业，形成产业特色的新型产业基地，称之为日本模式；三是以印度为代表的发展中国家在经历了某些产业首先取得突破的国家，称之为印度模式。

(一) 美国模式

美国式的新型产业基地包括美国及其他一些欧洲国家，如英国、德国、法国等发达的、具有良好的产业基础的国家。目前，这些国家第三产业增加值占 GDP 的比重均超过了 50%。也就是说，这些国家的产业发展历程基本上一致，其所有经历的时间长短也大致相同，因此可以列为同一类型。美国模式的新型产业基地的发展过程如图 3.1 所示。

---

① 刘家磊：《印度 IT 产业成长模式探析》，载于《学术交流》2007 年第 11 期。

东北老工业基地新型产业基地建设研究

```
               基地企业要素国际化
        ┌──────────┼──────────┐
   资源国际化 ↔ 技术国际化 ↔ 制度国际化 ↔ 市场国际化
                    │
            国内劳动密集型国际化新型产业基地
            │                    │
   国外劳动密集型国际化新型产业基地  国内知识密集型国际化新型产业基地
                    │
            国外知识密集型国际化新型产业基地
```
（政府制度与政策引导）

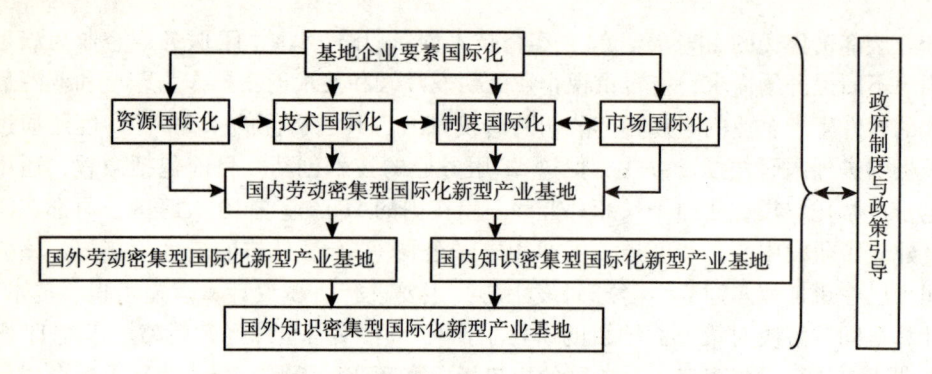

图 3.1　美国式国际化新型产业基地发展过程

图 3.1 显示了美国式新型产业基地的发展过程。特点是以市场为主，国家制度政策指导为辅。其动力主要来自企业及基地自身的内驱力。之后的发展阶段是先在国内建立劳动密集型的新型产业基地。在此基础上，一部分基地再向其他国家，尤其是向发展中国家发展。与此同时，一部分国内劳动密集型企业和原来发展起来的知识密集型基地会从国外扩展。从长远来看，国内会出现尖端科技产业基地，此类型的基地具有很高的国际化的水平。在这个发展过程中，政府基本上以参与指导的角色来介入新型产业基地的建设的。主要从制度与政策两个方面支持新型产业基地发展。另外，政府与企业间存在着互动的关系，即政府会随时根据市场的变化来调整策略，减少时滞，企业也会随时与政府的制度与政策调整保持一致。

美国模式的基本特点包括：（1）新型产业基地的发展遵循以市场的发展规律，以企业的自主发展为主、政府支持为辅，跨国公司从中发挥主导作用。（2）从技术创新角度来看，以自主创新为主、引进创新为辅，吸引最优秀的人力资源从事自主研发。（3）逐步从劳动密集型新型产业基地国际化转向了资本与技术密集型新型产业基地的发展，且逐渐形成由国内向国外转移的趋势。（4）新型产业基地逐渐从规模化向国际化的方向发展，并且逐渐向产业链高端部分延伸。与此同时，新型产业基地国际化的方式越来越多样化。以向中国的转移为例，20 世纪 90 年代中期以来，欧美等发达国家开始在中国设立研发中心，主要集中在信息通信、生物制药、精细化工、运输设备制造等产业，并逐渐在中国建设新型产业基地的配套体系，以形成整个产业链的国际化。

美国模式的不足主要在于：（1）由于新型产业基地建设主要依赖企业的行为，有时导致"政府失灵"，表现在政府利用政策影响新型产业基地的时滞加长，效果不明显。（2）新型产业基地发展中对人才及技术的占有，促使大的跨国公司

第三章 世界新型产业基地的发展趋势及借鉴

形成垄断势力，从而影响市场竞争。

（二）日本模式

日本式的新型产业基地包括日本及其他的一些后发国家和地区，如韩国、新加坡、中国香港、中国台湾等，这些国家和地区均在某些产业上具有比较优势。日本模式的新型产业基地发展过程如图3.2所示。

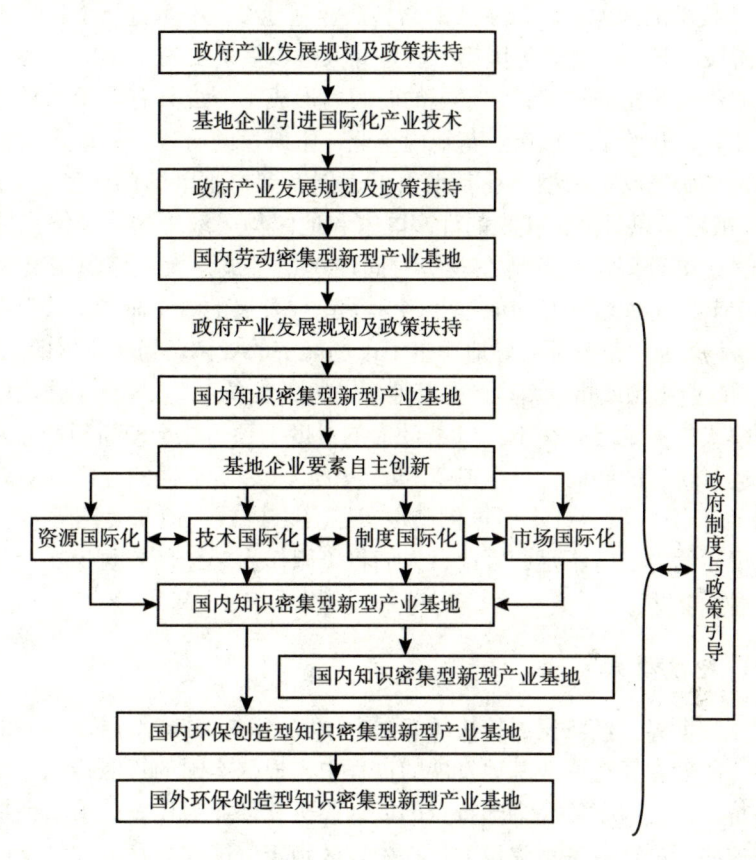

```
        政府产业发展规划及政策扶持
                  ↓
        基地企业引进国际化产业技术
                  ↓
        政府产业发展规划及政策扶持
                  ↓
        国内劳动密集型新型产业基地
                  ↓
        政府产业发展规划及政策扶持
                  ↓
        国内知识密集型新型产业基地
                  ↓
          基地企业要素自主创新
           ↓    ↓    ↓    ↓
     资源国际化↔技术国际化↔制度国际化↔市场国际化      政
           ↓    ↓    ↓    ↓                      府
        国内知识密集型新型产业基地                    制
                  ↓                              度
        国内知识密集型新型产业基地                    与
                  ↓                              政
     国内环保创造型知识密集型新型产业基地             策
                  ↓                              引
     国外环保创造型知识密集型新型产业基地             导
```

图3.2 日本式新型产业基地发展过程

第二次世界大战以后，日本等国在发展新型产业基地过程中，政府发挥了极其重要的作用。政府首先制定了产业发展规划，根据这一规划来重点发展某些产业。据此从欧美等发达国家引进了大量的先进技术，政府实施倾斜式的产业政策予以大力支持，在较短时间内形成了劳动密集型的新型产业基地。在此基础上，政府的角色发生了一些变化，由原来的直接引领产业发展趋势转而对新型产业基地进行符合市场发展规律下的指导。这一时期，新型产业基地的相关要素如资源、技术、制度及市场的发展水平不断提高，具备了较强的国际竞争力，在相关产业具备了领先该产业发展的创新能力，进而将其转移到国外。

日本模式新型产业基地的基本特点是：(1) 从政府参与的角度来看，一般会经历两个发展阶段，一是政府直接引导阶段，二是市场导向阶段。在第一阶段中政府是新型产业基地生成的主要推动力，在第二阶段中政府的角色转变为导航者。(2) 从技术的来源看，日本式的新型产业基地发展一般经历引进技术和自主创新两个阶段。日本、韩国等国第二次世界大战以后的二三十年间，集中大量引美国及欧洲各国的先进技术，在很短的时间内形成了一批具有国际水平的新型产业基地。此后，开始了新型产业基地内企业自主研发的历程，从输入技术转变为输出技术，从而完成了新型产业基地由引进创新到自主创新的转型。(3) 实行"赶超式"战略。以日本为代表的许多国家和地区均采取了这一经济发展战略和产业政策，使得新型产业基地在较短时间内迅速生成，大大缩短了其生成的时间，无形中节约了大量的时间成本。(4) 无论在发展的哪个阶段，政府在制定经济发展战略和产业政策时都较好地尊重了市场经济的规律及经济发展的总体趋势，从而保证了政府干预或指导新型产业基地建设的高效率，大大降低了建设成本。

日本模式的不足之处在于：(1) 政府的过度干预可能会使新型产业基地出现偏离经济运行轨迹的倾向，日本在20世纪70年代后所遭遇的经济放缓就是一个很好的例子。(2) 虽然日本引进创新取得了显著成效，但与美国等自主创新相比，其发展后续力显得不足，因此，人们将美国作为"创新"国家，而将日本归结为"模仿"国家。

（三）印度模式

印度作为世界上经济发展较快的发展中国家之一，其新型产业基地的模式具有独特性。印度在新型产业基地发展的过程中，根据本国的资源特点，尤其是人力资源的特征，兴起了符合本国特点的以计算机软件业为代表的一系列新型产业基地。在这些新型产业基地建设的过程中，区别于美国式与日本式的全面发展的特点，主要是以某一产业基地的发展为代表。其具体的发展过程如图3.3所示。

图3.3显示了印度式新型产业基地的发展过程。在整个过程中，政府直接干预的成分较大。政府首先根据本国的资源禀赋，主要是人力资源低廉、丰富的特点，以及世界经济发展的基本趋势，制定了本国的产业发展目标。然后通过引进外资支持产业基地发展。在此基础上形成了一批劳动密集型的新型产业基地，并进一步促进了知识密集型新型产业基地发展和创新能力的提高。

第三章 世界新型产业基地的发展趋势及借鉴

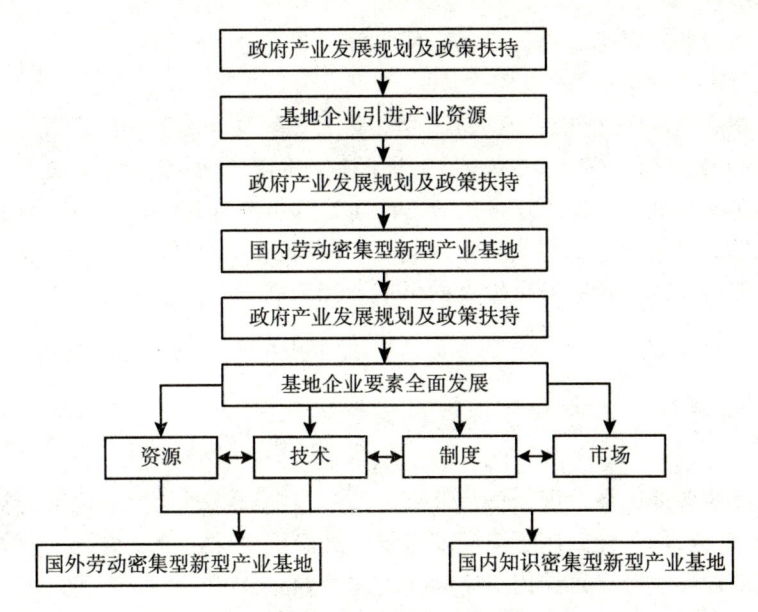

```
┌─────────────────────────┐
│  政府产业发展规划及政策扶持  │
└───────────┬─────────────┘
            ↓
┌─────────────────────────┐
│    基地企业引进产业资源     │
└───────────┬─────────────┘
            ↓
┌─────────────────────────┐
│  政府产业发展规划及政策扶持  │
└───────────┬─────────────┘
            ↓
┌─────────────────────────┐
│   国内劳动密集型新型产业基地  │
└───────────┬─────────────┘
            ↓
┌─────────────────────────┐
│  政府产业发展规划及政策扶持  │
└───────────┬─────────────┘
            ↓
┌─────────────────────────┐
│    基地企业要素全面发展     │
└──┬────┬──────┬──────┬───┘
   ↓    ↓      ↓      ↓
 资源  技术   制度   市场
   │                  │
   ↓                  ↓
国外劳动密集型新型产业基地   国内知识密集型新型产业基地
```

图 3.3 印度式国际化新型产业基地发展过程

  印度模式的特点包括：（1）充分利用新雁行模式[①]来推进其软件业新型产业基地的发展。20世纪90年代前，印度一直实施进口替代政策，但效果不佳。90年代后，在贸易、投资和金融等领域实行了一系列开放政策。在生产和出口扩大基础上，把服务业作为带动经济增长的主导产业，特别是把产业关联效应大的IT产业作为优先重点发展的主导产业。在发展硬件的同时，重点推进向外向型IT服务产业（软件业）倾斜，由此带动IT产业的整体发展乃至印度产业结构的提升。在印度服务创新带动IT产业外向发展中，印度政府实施的产业政策特别是优先重点发展IT服务业的产业结构政策发挥了重要推动作用；包括IT技术人力资源、服务外包、企业经营战略等在内的服务创新发挥了关键作用。[②]（2）以服务业为切入点，加快了新型产业基地发展的步伐。在这一新的产业升级模式下，产业结构调整不再延续传统的"农业→工业→服务业"的线性升级路线，而是以承接外包为依托，由软件等现代服务业向其他领域扩展渗透，并在现代服务业与其他产业中互动发展。1990~2006年，包括IT业在内的印度服务业对GDP增长所贡献的比重达到61%。在被公认为尚未完成工业化的情况下，服务外包的拉

[①] 新雁行模式认为：在类似IT产业这样对产业技术基础和劳动者技术熟练程度依赖较弱的产业，后进国家可以通过跳跃式增长加快工业化进程，超过先进国家。

[②] 刘家磊：《印度IT产业成长模式探析》，载于《学术交流》2007年第11期。

动使印度服务业获得了超前发展，也使印度产业升级走出了一条有别于多数工业化国家和发展中国家的道路。[①]

印度模式的不足之处在于：（1）由于主要依赖某一服务业的发展，因此可能会形成其国内经济的"产业依赖症"，即国家在制定发展规划及企业在选择产业发展方向时会自然地倾向于这一产业。同时，这也有可能在长期内造成其他产业人力资源短缺甚至匮乏的情况。如果这一产业的发展的国际经济环境发生较大的变化，可能会对这些国家产生较大的影响。（2）第三产业发展较快，但第二产业相对较弱，这不利于长期经济持续发展和综合国力的提升。

三、国外新型产业基地发展的借鉴

世界各国各地区在发展新型产业基地的过程中，根据本国本地区的资源、制度、技术以及市场条件采用了不同的方式。从经济全球化角度看，从国外新型产业基地建设过程中可以总结出一些共同的发展经验：

（1）政府在新型产业基地建设过程中要扮演重要角色，政府的作用要有重点且层次性强，长期与短期相结合。政府的角色可以分为干预和引导两种。不同国家新型产业基地发展过程中政府所担任的角色可以是单一的，也可以双重的，主要根据本国本地区的经济发展水平、资源禀赋等实际情况来决定。比如，美国式中政府的角色基本上以引导为主，在各个时期均强调市场本身的作用。而日本和印度模式中则是前期以干预为主，后期以引导为主。对于政府的产业基地扶持政策的时效性，各国政府采用了长期与短期、重点与全面相结合的方式。美国由于产业基地的基础较好，因此其主要采用了全面发展的方式，日本则是在较多领域重点发展，印度重在软件产业方面给予支持。美国和日本式的政策更侧重于新能源、环保、高科技产业的国际化的政府支持，更重视知识密集型。印度则还处在劳动密集型发展阶段，开始出现了向知识密集型新型产业基地转变的趋势。正是因为政府在新型产业基地建设中的角色、制度政策的动态变化，才使得新型产业基地得以发展，且不断提高新型产业基地的国际化水平。

（2）新型产业基地发展有不同的阶段，每个阶段包含着具有不同特征的产业，技术创新是新型产业基地保持持久活力的不竭动力。从不同模式的新型产业基地发展的路径来看，一般均会在空间上表现为由国内到国外的过程，新型产业基地会由劳动密集型转向知识密集型。从产业发展动力来看，会经历由资源的积

[①] 杨丹辉：《全球化、服务外包与后起国家产业升级路径的变化：印度的经验及其启示》，载于《经济社会体制比较》2010年第4期。

累或引进创新然后到自主创新的过程。美国模式属于自主创新，而日本模式和印度模式则属于引进创新。同时还会表现为由政府主导到政府引导的发展变化。与此同步的是，新型产业基地所面对的市场会由非竞争性向竞争性转换。上述表明新型产业基地会在区域、产业类型、技术来源、政府角色及市场等五个方面存在着各自不同的特点，具体如图3.4所示。

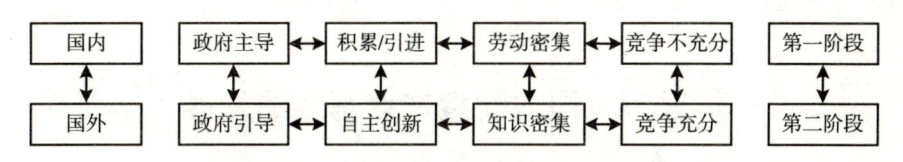

```
国内 ↔ 政府主导 ↔ 积累/引进 ↔ 劳动密集 ↔ 竞争不充分 ↔ 第一阶段
 ↕         ↕          ↕          ↕          ↕          ↕
国外 ↔ 政府引导 ↔ 自主创新 ↔ 知识密集 ↔ 竞争充分  ↔ 第二阶段
```

图3.4 国际化新型产业基地发展路径

（3）新型产业基地建设必须高度重视人才的培养与引进，使大量的人才集聚于一地，从而释放"集团效应"。人力资源是创新的动力之源，新型产业基地建设对人才的需求是必然的，各国政府在新型产业基地建设中注重了这一点。如美国生物技术新型产业基地就充分利用了人才，美国九大BT成功聚集生物科技的必要条件是距世界一流学术研究机构很近。如哈佛、麻省理工学院、波士顿大学、麻省综合医院、柏斯以色列狄肯尼斯医学中心、新英格兰医学中心等，分布在波士顿环剑桥地区，从而使这一地区成为美国获取NIH资助和建立R&D联盟最多的地方。硅谷附近集聚着斯坦福大学和加州伯克利分校。圣地亚哥的BT企业都聚集在加州大学圣地亚哥分校、索尔克生物研究院和斯克利普斯研究学院周围。西雅图拥有最好的研究中心，包括弗雷德·哈钦森癌症研究院和华盛顿大学。华盛顿—巴尔的摩之所以成为"世界基因之都"，主要归因于美国国立卫生研究院和约翰霍普金斯大学。北卡州的BT公司排列在三角研究地带、北卡罗莱纳大学、杜克大学周围。

（4）新型产业基地均不同程度地推进其全球化战略。这种战略包括空间布局技术布局。将新型产业基地的视野定位在全球无疑会更好地降低其生产成本，凝聚产业资源，尤其是人力资源，同时还可以开拓新的市场，提高新型产业基地的竞争力，扩展其影响力，延长其生命周期。例如美国成功的高新技术公司都把自己的战略发展目标定位于某一专业领域的世界第一，并紧紧围绕这一目标开展研发经营活动：一方面，以技术垄断、智力垄断取代传统的资本垄断，确保核心技术优势。各公司对核心技术的开发研究都是在本土进行的，其竞争力的强弱主要已不是体现在拥有多少有形资产上，而是取决于技术和智慧实力。SGI公司最近发展的CPU内存已达其竞争对手的4倍。贝尔实验室的陈列馆里有一台和美国联邦专利局联网的专利计数器，共获得 28484 项专利，并以平均每天 3.5 项的速度连续递增。另一方面，建立全球性公司运营网络。硅谷高新技术公司的鼻祖惠普公司在全球 120 个国家设有分支机构，拥有 8.8 万多名员工。US 公司在复杂机械产品的辅助设计和加工领域的用户超过 15000 家，建立了全球性的研发中心和网络，实行 24 小时不间断的并行式企业运作。全球化发展战略保证了美国高新型产业基地的绝对优势地位。

第三节 国内新型产业基地的发展

改革开放以来，我国的产业化进程明显加快，进入 21 世纪产业集聚趋势更加明显，新型产业基地发展的步伐进一步加快，形成了中国特色的新型产业基地。

一、国内新型产业基地发展的背景

从资源条件来看，中国具有较充分的自然资源和较充足的低成本的人力资本，为新型产业基地提供了较好的基础。随着经济的快速发展，市场不断扩大，投资环境越来越好，为新型产业基地发展提供了足够的市场空间。

为了促进新型产业基地的发展，中国政府制定并实施了诸多产业政策。

首先，通过产业规划支持新型产业基地的发展。从 1983 年开始的"七五"到 2010 年的"十一五"规划均包括了产业发展的相关内容：（1）1983 年的"七五"计划强调坚持适应社会需求结构的变化和国民经济现代化的要求，进一步合理调整产业结构；坚持恰当地确定固定资产投资规模，合理调整投资结构，加快能源、交通、通信和原材料工业的建设；坚持把建设重点转移到现有企业的技术改造和改建扩建上来，走内涵型扩大再生产的路子；坚持进一步对外开放，更好地把国内经济建设同扩大对外经济技术交流结合起来。这些内容为中国产业发展及后来的新型产业基地建设和发展指明了方向，具有长期的宏观指导意义。（2）"八五"时期全国固定资产投资加快，产业结构日趋合理。经济体制改革取得突破性进展，新的宏观经济调控框架初步建立，市场在资源配置中的作用明显增强，对外开放总体格局基本形成，为新型产业基地的形成创造了良好的外部环境与内部环境。（3）"九五"时期，由于强调加快现代企业制度建设，初步建立社会主义市场经济体制；2010 年国民经济和社会发展的主要奋斗目标是，为新型产业基地发展建立了良好的市场环境，使企业具备了较高的竞争能力。（4）"十五"时期随着产业结构优化升级，国际竞争力增强，国民经济和社会信息化水平显著提高，基础设施进一步完善。(5)"十一五"时期，为了加强新型产业基地发展步伐，在强调经济体制改革不断深化，对外贸易产业结构优化升级的同时，提出加快转变经济增长方式，提高自主创新能力，努力推进产业结构优化升级，重点加快发展先进制造业，特别是在高效清洁发电和输变电、大型石油化工、先进适用运输装备、高档数控机床、自动化控制、集成电路设备和先进动力装置等领域实现突破，同时按照产业集聚、规模发展和扩大国际合作的要求，大力发展信息、生物、新材料、新能源、航空航天等新型产业基地。(6)"十二五"规划在改造提升重点产业的同时，提出重点培育发展节能环保、新一代信息技术、高端制造业、生物、新能源、新材料、新能源汽车等七大战略性新兴产业及新型产业基地，力争到2015年使战略性新兴产业增加值占GDP的比值达到8%左右，2020年达到15%。

其次，在经济特区、经济技术开发区、高新技术开发区和国家综合配套改革试验区率先建立新型产业基地。1979年7月，中共中央、国务院同意在广东省的深圳、珠海、汕头三市和福建省的厦门市试办出口特区；1980年5月，将深圳、珠海、汕头和厦门这四个出口特区改称为经济特区；1988年4月，批准海南岛为海南经济特区。1990年，中央决定开发浦东。同时，又进一步扩大到沿江岳阳等5个城市。确定上海、天津、北海、湛江、广州、福州、宁波、南通、连云港、青岛、威海、烟台、大连、秦皇岛等14个城市，为沿海开放城市开辟了长江三角洲、珠江三角洲、闽南三角地区、辽东半岛、山东半岛、环渤海地区等沿海经济开放区，另实行西部地区率先发展，西部大发展、东北老工业基地振兴、中部崛起等区域发展总体战略。从2008年起，又先后在上海浦东新区、天津滨海新区、深圳特区、成渝、武汉和长株潭、沈阳、山西省等9个省（市）设立全国综合配套改革试验区，对这些地区的新型产业基地建设和发展无疑起到了重要的推动作用。

最后，为使新型产业基地建设主体企业取得较快的发展，制定了一系列相关政策：一是促进类政策。如调整进口设备税收、发布重点鼓励发展的产业、产品和技术目录、外商投资产业指导目录、中西部地区外商投资优势产业目录、国家重点鼓励发展的产业、产品和技术目录、外商投资产业指导目录等，对新型产业基地形成发展壮大指明了方向；二是限制淘汰政策，包括工商投资领域制止重复建设目录、淘汰落后生产能力、工艺和产品的目录、淘汰落后生产能力、工艺和产品的目录等，为重点发展新型产业基地扫清了障碍；三是行业类政策，先后出台了汽车、钢铁、水泥、电解铝、焦炭、电石、铁合金、煤炭、铜冶炼、钨锡锑等行业产业政策，出台了电石、铁合金、焦化、电解金属锰、铜冶炼等行业的准入条件。全球金融危机爆发后，为了反危机，提出实施汽车、钢铁、船舶、石化、轻工、纺织、有色金属、装备制造、电子信息以及物流业等十大产业振兴计划，使新型产业基地建设进入加快发展期。

在产业政策和政府实现目标政策的引导下，我国新型产业基地规模越来越大，分布越来越广泛，从第一产业到第三产业都有分布，且呈现由沿海向内地发展的趋势。比如，辽宁的先进装备制造业基地、大连的计算机软件产业基地、西安的航天产业基地、广西百色的有色产业基地、青岛的纺织产业基地、江苏的风电产业基地等。从技术创新情况来看，新型产业基地内企业的技术水平不断提高，高新技术产业规模化、集聚化发展成效更加显著，"珠三角"、"长三角"、"环渤海"三大区域的集中度超过80%，高新技术产业逐步壮大，带动传统产业加快优化升级。目前，许多新型产业基地已经度过了生存期，进入了成长期，一些新型产业基地开始进入成熟期。

二、国内新型产业基地的发展路径和发展特色

经过改革开放30多年来的发展，已逐渐形成了一大批具有中国特色的新型产业基地模式，如图3.5所示。

中国新型产业基地发展的基本路径是：（1）政府制定宏观的经济发展规划，主要是中长期发展规划的产业规划；（2）相应的产业分布规划以及区域发展总体战略，引导新型产业基地分布；（3）通过制定对外经济政策，引进国外的资金与技术，大力发展对外贸易；（4）从沿海地区到内地逐渐形成劳动密集型的新型产业基地；（5）实施重点产业的发展规划及政策，通过发展高新技术产业、新兴产业及产业基地，带动了原有产业和整个工业结构的优化升级，进而带动三次产业优化，通过结构优化促进新型产业基地整体实力提升和国家竞争力的提高。

从中国新型产业基地国际化的路径来看，大致经历四个阶段：一是走政府扶持下发展资源型、劳动密集型新型产业基地阶段；二是政府扶持吸收国内外的新型产业基地的发展；三是政府指导下的企业自主创新型新型产业基地发展；四是政府指导下的自主创新型的环保型新型产业基地。这四个发展阶段充分利用了中国的市场和劳动力，适合中国经济的发展阶段和发展水平。

中国新型产业基地发展的基本特点包括：（1）政府主导和引导新型产业基地的建设。在政策扶持和有力支持下，使新型产业基地具备了良好的外部条件和内部环境。在新型产业基地发展的不同阶段，适时调整政策，转换政府在新型产业

第三章 世界新型产业基地的发展趋势及借鉴

```
政府制定中长期发展规划
        ↓
设置经济特区、经济技术开发区和国家"综改区"
        ↓
政府制定政策引进国际资本技术
        ↓
国内劳动密集型新型产业基地建设
        ↓
政府重点产业发展规划及政策扶持
        ↓
基地企业要素引进吸收
   ↓      ↓      ↓      ↓
 资源 ↔ 技术 ↔ 制度 ↔ 市场
        ↓
国内知识密集型新型产业基地建设
        ↓
国内劳动密集型新型产业基地建设
        ↓
国外劳动密集型新型产业基地建设
        ↓
基地企业要素自主创新
   ↓      ↓      ↓      ↓
 资源 ↔ 技术 ↔ 制度 ↔ 市场
        ↓
国内知识密集型新型产业基地建设
        ↓
国内国外劳动密集型新型产业基地建设
        ↓
国外知识密集型新型产业基地建设
        ↓
国内环保创造型知识密集型新型产业基地建设
        ↓
国外环保创造型知识密集型新型产业基地建设
```

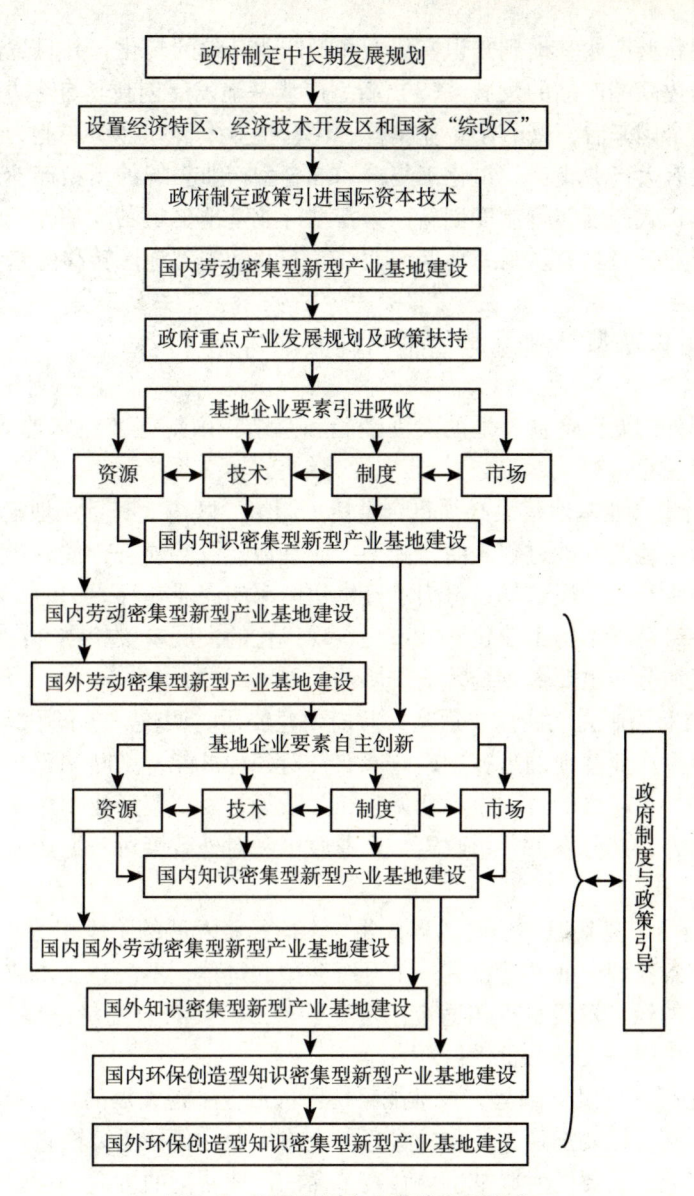

↔ 政府制度与政策引导

图 3.5 中国新型产业基地发展模式

基地发展中所扮演的角色。在基地发展初期，政府先以直接干预的方式参与新型产业基地建设，在产业基地具有一定的竞争优势以后，主要以引导或协调的方式支持新型产业基地的发展。（2）新型产业基地的技术创新是渐进式的由量变到质变的过程。主要是从引进技术到消化吸收，进而到自主创新的过程中逐渐完成由劳动密集型新型产业基地到知识密集型新型产业基地的转化，并且逐渐由产业链的低端向两边高端产品的发展。(3) 新型产业基地发展创新具有全方位、多层次的特征。从全国来看，既有小企业集群、民营企业集群和轻纺产业为主的新型产业基地，又有大产业集群、重化工集群和混合型产业集群的新型产业基地，从正式制度到非正式制度实行制度创新，为新型产业基地奠定制度基础。(4) 新型产业基地的产业分布具有从沿海地区向西部、东北和中部地区转移的趋势。

三、国内新型产业基地发展的几点思考

比较国外的新型产业基地的发展经验和总结我国新型产业基地的发展历程，有几点值得注意：

(1) 新型产业基地建设必须符合世情、国情、区情，有重点地渐次推进。中国新型产业基地的发展过程表明，新型产业基地建设必须符合世界产业结构转移格局和新技术革命发展趋势，努力承接发达国家的产业转移。同时，新型产业基地在建设中必须与本国工业化、城市化、现代化的发展阶段相吻合。对于新型产业基地的区域分布也要做到统筹安排协调发展。

(2) 政府强制力的实施要适度，政府角色要适时调整。在利用其第三方强制力量影响新型产业基地的过程中，政府要针对各种可能，不断调整自身角色，在政府职能和角色转变的过程中不断调整相关政策，为新型产业基地提供更好的政策环境。另外，充分发挥货币政策、产业政策和对外政策对新型产业基地发展的支持作用。

(3) 新型产业基地转型要适当，要与本国经济发展的阶段相适应。同产业结构升级一样，新型产业基地也有一个升级转型的过程，不能急于求成，而必须与国家和地区的经济发展水平相适应。这一转型方式要符合经济发展的基本规律，要有利于促进经济发展的良性循环。

(4) 把握经济发展趋势，找准战略性新兴产业基地发展的切入点。我国正处于工业化中期，需要加快工业化的进程。完成工业化目标需要改选传统产业、发展新技术产业，又要同时瞄准世界科技革命的产业转型的方向，加快建立战略性新兴产业基地，以便使我国新型产业基地建设不断迈上新台阶。

(5) 加快制度创新和技术创新步伐，促进新型产业基地发展。制度创新和技术创新共同推动新型产业基地建设。技术创新是新型产业基地建设的关键，缺少技术创新就没有新型产业基地的发展。制度创新是新型产业基地发展完善的保证，必须以制度创新支撑技术创新。

第四章

东北新型产业基地的建设

第一节 东北新型产业基地的发展历程

东北作为新中国成立以来最早的和最重要的工业基地，其产业的发展具有较好的基础。东北地区产业基地的发展先后经历了建立初期的建设与发展和改革开放后的调整改造与振兴两个阶段。东北产业基地发展具有自己独特的轨迹，对此可从影响产业及产业基地形成的制度、资源、技术和市场等角度进行研究。

一、东北老工业基地的形成

新中国成立以后，东北老工业基地经历了"一五"、"二五"的建设及以后的发展阶段。

从资源及工业基础的角度来讲，东北地区具有工业化的优越条件。1931年日本侵占东北后，为了掠夺东北丰厚的工业资源，强化军事统治，实行经济军事化，使东北地区成为重工业比重最高的地区。到1943年，东北煤炭产量占全国的49.5%，发电能力占全国的78.2%，生铁产量占87.7%，钢材产量占93%，水泥占66%，铁路运输线占全国的50%以上。1943年，工矿业与农业产值的比重为59∶41。1941年，虽然万人以上大工厂只占工厂总数4.7%，但工人数则占总数的53.8%，生产值则占61%，现代工矿业的特色十分鲜明。[①] 新中国成立初期，东北地区和铁、锰的储量分别占全国的1/4和1/10，钢铁工业所需要的铬、钒、钛等的储量颇丰；有色金属、贵金属和稀有金属，以及非金属的储量也很

---

① 李振泉等：《东北经济区经济地理总论》，东北师范大学出版社1988年版。

大，如钾长石、硼、石墨等。能源储量丰富，石油储量占全国的一半以上，油页岩储量占全国的70%，煤炭占全国的9%，天然气占全国的1/6，林地面积和森林覆盖率均占全国的30%以上，草原面积占全国的1/10，耕地面积占全国总耕地面积近1/5。另外，从人力资源的角度来看，当时全国几乎所有的经济建设优势资源都集中于东北地区。由于东北具有离苏联较近的区位优势，便于向苏联学习，因而培养了大量的人才。从以上自然资源、工业发展基础以及人力资源三方面来看，东北当时具备建设产业基地，尤其是重化工业基地的基础。

从制度角度来讲，新中国成立以后，经过三年调整，国家开始制定经济发展的"五年"计划，这一时期的计划具有明显的指令性。东北老工业基地就是在这样的背景下发展起来的。在国民经济建设恢复时期（1949年10月至1952年末），苏联向我国援建的42个项目中，30个被安排在东北地区。[①]"一五"时期，国家将东北地区作为国家经济发展的重点建设地区，国家所有投资中，东北地区所占份额最大：156个重点建设项目中有58个在东北，占到了1/3以上，围绕这58个重点项目又建设了上千个配套项目，[②] 另外还有几十家企业由南方迁至东北，如黑龙江牡丹江的桦林橡胶厂、吉林省的佳美制罐厂都是从上海迁过来的。此时期苏联援建的57项重大工程，在辽宁和黑龙江的就有46项。这些项目以重型加工工业（重型装备制造业）为主，同时加大了能源（煤炭）和钢铁原材料大型项目的建设。在地域分布上，以沈阳为中心，包括了辽宁省的大连、鞍山、本溪、抚顺、阜新；吉林省的长春、吉林、辽源、通化矿区；黑龙江省的哈尔滨、齐齐哈尔、富拉尔基、鹤岗、双鸭山等，基本形成了沿哈大线与滨洲线几个主要城市为中心摆布重工业的地域格局。[③] 尤其是20世纪60年代东北发现了大庆油田以后，原材料工业发展更为迅速，与之相适的机械制造业也迅速发展起来。[④] 上述一系列的国家集中财力、物力和人力对工业和基础设施的大规模投入，使东北经济快速发展，改变了以军事工业为主的经济结构，侧重于原材料工业和机器制造业，使得东北逐渐形成了全国重工业基地的基础地位。

从技术与市场的角度来看，这一时期苏联对东北老工业基地建设给予大力支持。"一五"期间，苏联对东北援建的57项工程，其技术水平在苏联是一流的，在世界上也是先进和较为先进的。如苏联援建的长春第一汽车制造厂的解放牌卡车的技术水平，哈尔滨三大动力厂生产的成套电站的技术水平，均是先进和较为

[①][③] 陈才、佟宝全：《东北老工业基地的基本建成及其历史经验》，载于《东北师范大学学报》（哲学社会科学版）2007年第5期。
[②] 董志凯：《新中国工业的奠基石——156项建设研究》，经济科学出版社2004年版。
[④] 陈耀：《我国东北工业发展60年：回顾与展望》，载于《学习与探索》2009年第5期。

先进的，使我国许多工业领域从无到有，实现了技术跨越。① 从市场方面来看，东北老工业基地所生产的产品在国家的直接调配下，几乎不需要进行市场开发，便销售一空，从而保证了东北产业发展的持续动力。换个角度，此阶段东北老工业基地的市场并不健全，这也为以后出现"东北现象"埋下了伏笔。

经过20世纪50～70年代20多年的建设，东北的工业结构发生了较大的变化，重工业地位进一步提升，轻工业地位逐渐下降。机械工业居首，石油居第3位，化学工业居第4位，而纺织、森工等产业地位却呈下降趋势，② 到第二个五年计划末期，形成了以重工业为主体的产业结构。由于东北地区重工业产品生产能力获得迅速提高，在全国所占比重增长很快，对全国的支援力度大大加强。如辽宁在此间阜新平安立井、阜新新邱一号立井、阜新海州露天矿、抚顺西露天矿、抚顺龙凤矿竖井、抚顺老虎台矿、石油抚顺第二制油厂、阜新热电站、鞍山联合钢铁厂新型大型轧钢厂、无缝钢管厂、大连造船厂等一系列重点项目的改扩建工程完成并投入使用。长春新建了第一汽车厂、铁路客车厂、拖拉机厂、柴油机厂等，形成交通运输产业的制造中心。哈尔滨重点建成了三大动力厂、飞机制造厂、量刃具厂、电表仪器厂、亚麻生产厂等企业。齐齐哈尔和富拉尔基形成了重型装备制造业中心。大庆形成了以石油开采、加工和石油化工为主的石油化工基地。东北地区成为全国最大的钢铁工业基地、装备制造业基地和石油化工基地，城市化水平和产业工人素质高于其他地区，为全国工业建设输送了大批的技术装备、能源物资和技术管理人才，成为全国原油、木材、煤炭、钢铁、多种重型装备的供应地。特别是在20世纪六七十年代的内地三线建设和钢铁、石油化工等重化工项目建设中，有许许多多的工程技术、科研、管理人员和熟练工人来自东北地区。据不完全统计，1958～1985年，东北地区供应全国钢材达50648万吨；1958～1979年供应全国焦炭368.8万吨、动力机械98万台、各类人才173万人。改革开放前的30年，东北工业占全国工业的比重大体保持在17%以上，最高年份1960年达到26%，即全国工业产出的1/4来自东北地区。③ 这一系列的成就标志着东北重工业基地基本建成并成功运行。

同时必须指出，东北老工业基地形成过程中也产生了一些难题，并为其以后的发展带来一系列问题：一是工业结构中重工业过重，"重工为主"的局面；二是军工企业或中直企业较多，其直接隶属中央（有的属工业部）管理，但人员及

---

① 陈才、佟宝全：《东北老工业基地的基本建成及其历史经验》，《东北师范大学学报》（哲学社会科学版）2007年第5期。
② 石建国：《东北工业化研究综述》，载于《党史研究与教学》2005年第5期。
③ 陈耀：《我国东北工业发展60年：回顾与展望》，载于《学习与探索》2009年第5期。

保障全留在地方；三是国有企业比重大，最高达 80% 甚至 90%；四是财政收入上交国家比重大，最高时每年上交国家财政上百亿元；五是资源与工业污染严重；六是一些资源型城市逐渐枯竭，城市发展难以继续。因此，到 20 世纪 80 年代中期，出现"东北现象"，亟须对其进行调整改造。

二、东北老工业基地调整、改造与全面振兴

如前所述，东北老工业基地是"新中国工业的摇篮"、"共和国的装备部"，为我国建成独立、完整的工业体系和国民经济体系，为国家的社会主义建设做出了历史性的重大贡献。截至调整改造前，东北原油产量仍占全国的 2/5，木材产量占全国的 1/2，汽车产量占全国的 1/4，造船产量占全国的 1/3。随着改革开放的不断深入，体制性和结构性矛盾日趋显现，东北老工业基地企业设备和技术老化，竞争力下降，市场分工程度低，经济活力不足，就业和社会保障矛盾突出，资源性城市主导产业衰退，经济发展步伐缓慢，与沿海发达地区的差距在扩大：改革开放初期，辽宁省 GDP 是广东的 2 倍，其后广东是东北三省的 2 倍；1980 年黑龙江省 GDP 与东部 6 省市的平均值相当，后为其的 46.2%，人均 GDP 仅是上海的 1/4。因此，为加快东北老工业基地的发展，党中央、国务院决定对东北老工业基地实施振兴战略，具体分为调整改造与全面振兴两个阶段。

（一）调整改造阶段

实际上，2003 年中央决定实施东北老工业基地振兴战略之前，对东北老工业基地的调整改造也已经开始，但这一时期，由于缺乏系统的调整改造的制度及政策，而主要依赖东北老工业基地对市场的"自适应"能力，因此效果并不明显。从国家方面来看，"六五"期间，国家耗资约 300 亿元对东北的机械、电子、冶金、化工、建材、医药、一轻、二轻、纺织、丝绸、亚麻等行业的 2000 多家企业进行了技术改造；"七五"期间更新改造投资比重进一步提高，由此提高了传统工业产品的质量和性能，降低了能源和物质消耗。为缓解能源不足的矛盾，国家还加大了对东北能源基础工业的投入，扩大油田和矿山的开采加工能力，新建、扩建了一批电厂。20 世纪 90 年代后，随着我国与东北亚国家经济合作的展开，东北地区的对外开放力度加大，外向型经济比重提高。1995 年，辽宁、吉林、黑龙江的进出口贸易占本省 GDP 比重，分别为 32.9%、20.1% 和 14.2%；外商投资占 GDP 的比重分别为 5.7%、6.7% 和 3.1%。外向型经济的发展使东北工业参与到国际竞争的环境中，其资源优势与国外技术优势的结合、转换以及消

化吸收，也在一定程度上促进了东北地区产业层次和素质的提升，但长期困扰的结构老化等问题依然严重。为此，国家还先后采取了财政、信贷、投资等一系列政策措施，尤其90年代后期重点实行了债转股、核销呆坏账、国债拉动内需等政策，且每年对老企业拨付技改专项资金（后为技改贴息支持）。但随着我国东南沿海工业的迅速崛起以及西部大开发战略的实施，东北地区工业在全国的地位不断下降，传统支柱产业在全国的竞争力减弱，科技创新能力明显不足。[1] 从市场和人才方面来看，这一时期，东北产业的市场环境随着沿海地区经济的迅速发展，其市场逐渐萎缩，占有率下降，产品的科技含量较低，缺乏自主的研发与创新，市场后劲不足。同时，人才流失比较严重，大量的技术型人才外流。1996年以来东北地区科技人力资源存量虽然呈现持续积累，但增长步伐十分缓慢，远远落后于全国平均水平，资源相对规模不断下降，占全国的比重由1997年的13.66%下降到2007年的8.01%。资源集中度从1997年的2骤降至2004年的1.06，东北老工业基地的传统技术人才优势在十年间急剧下降。[2] 总之，对东北老工业基地调整改造初期，由于未能及时在制度及政策上全面促使东北产业基地的升级，而产业内企业本身缺乏适应市场的能力，因此导致改造过程长，效果不明显。

随着改革开放的不断深入，老工业基地的体制性、结构性矛盾日益显现，进一步发展面临着许多困难和问题，主要是：市场化程度低，经济发展活力不足；所有制结构较为单一，国有经济比重偏高；产业结构调整缓慢，企业设备和技术老化；企业办社会等历史包袱沉重，社会保障和就业压力大；资源型城市主导产业衰退，接续产业亟待发展。党中央、国务院高度重视东北地区等老工业基地的改革和发展，采取了一系列推进国有企业改革、建立社会保障体系、加快结构调整的措施。东北地区等老工业基地在调整改造中探索了经验，打下了工作基础。面对经济全球化和我国加入世贸组织后日益激烈的国际国内竞争挑战与世界经济结构调整、产业转移的战略机遇，中央认为实施东北地区等老工业基地振兴战略的条件已经具备、时机已经成熟。基于此，2003年国家提出振兴东北老工业基地的战略部署，开启了东北老工业基地振兴的崭新时代。

2003年10月，中共中央发布了《中共中央、国务院关于实施东北地区等老工业基地振兴战略的若干意见》，即中发［2003］11号文件。11号文件强调指出，全面推进工业结构优化升级，走新型工业化道路，全面提升和优化第二产业，是振兴老工业基地的主要任务。要充分挖掘和发挥现有的工业基础，提高企

---

[1] 陈耀：《我国东北工业发展60年：回顾与展望》，载于《学习与探索》2009年第5期。
[2] 姜玲、梁涵：《东北地区科技人力资源对区域经济支撑作用的研究》，载于《管理评论》2010年第7期。

业自主创新能力和技术装备水平，形成具有较强竞争力的工业化产业基地：大型装备生产基地、大型石化生产基地、现代装备制造业基地、具有国际先进水平的船舶生产基地以及面向国内外市场的优质安全农副产品生产基地、国家商品粮生产基地，同时要着重发展第三产业，推进资源型城市经济转型。为此，还制定了一系列相关政策，如财政税收、国债或专项资金等，加大对老工业基地调整改造的支持力度。经过三年的努力，东北老工业基地调整改造取得了明显的成效：以国企改组改制为重点的体制机制创新取得了重大进展，企业技术进步成效显著，结构调整步伐加快，重大装备制造业治理和改造进展顺利，新型产业基地建设取得重要进展，东北老工业基地调整改造的主要目标已经达到，主要任务基本完成。

（二）全面振兴阶段

2007年8月2日国家正式批复的国家发改委、国务院振兴东北办起草的《东北地区振兴规划》指出，实施东北地区等老工业基地振兴战略的三年，是改革开放以来东北三省经济综合实力提高最显著、城乡居民得到实惠最多的时期，东北地区老工业基地振兴取得了重大进展。今后5~10年是东北地区立足新起点、谋求新发展、实现全面振兴的关键阶段，。东北老工业基地振兴目标提出，要经过10~15年的努力，将东北地区建设成为体制机制较为完善，产业结构比较合理，城乡、区域发展相对协调，资源型城市良性发展，社会和谐，综合经济发展水平较高的重要经济增长区域；形成具有国际竞争力的装备制造业基地，国家新型原材料和能源保障基地，国家重要商品粮和农牧业生产基地，国家重要的技术研发与创新基地，国家生态安全的重要保障区，实现东北地区的全面振兴。主要规划指标见表4.1。

表4.1　　东北地区"十一五"时期的主要规划指标

类别	指标	2005年	2010年	年均增长（%）	属性
经济增长	人均GDP（元）	15318	21889	7.4	预期性
	粮食综合生产能力（万吨）	8614	9450	1.9	预期性
经济结构	第三产业比重（%）	38	41	[3]	预期性
	非公有制经济增加值所占比重（%）	36	48	[12]	预期性
	研究与试验发展经费支出占地区生产总值比重（%）	1.3	2	[0.7]	预期性
	城镇化率（%）	52	55	[3]	预期性

续表

类别	指标	2005年	2010年	年均增长（%）	属性
资源环境	单位地区生产总值能源消耗降低（%）			[20]	约束性
	单位工业增加值用水量降低（%）			[30]	约束性
	耕地保有量（万公顷）	2548	2553	[0.2]	约束性
	主要污染物排放量减少（%）			[10]	约束性
	工业固体废物综合利用率（%）	51.9	>60	[8.1]	约束性
	森林覆盖率（%）	34	38	[4]	约束性
社会发展	城镇登记失业率（%）	4.2	<5	[0.8]	预期性
	城镇基本养老保险覆盖人数（万人）	2550	3270	5.1	约束性
	新型农村合作医疗覆盖率（%）		>80		约束性
	国民平均受教育年限（年）	9	10	[1.0]	预期性

注：[ ] 内数据为5年合计。

在国家对东北地区经济社会发展的规划下，东北老工业基地取得了快速的发展。(1) 东北三省经济发展明显加快。"十一五"期间，东北老工业基地生产总值年均增长 13.4%，全社会固定资产投资增长 32%，社会消费的零售额增长 18.1%，进出口总额增长 16.6%，地方财政收入增长 22.9%，主要经济指标增速高于全国和东部地区平均水平，东北地区正在逐渐成为全国重要的经济增长极。2010 年，东北地区粮食产量达到 2200 亿斤，占全国粮食总产量的 1/5 强。(2) 体制机制创新取得重大进展。鞍钢与攀钢重组为新鞍钢集团，本钢与北台钢铁集团实现重组，沈鼓集团、大连重工起重集团、瓦轴集团等实现了股份制改造，沈阳机床集团成为产量"世界第一"，沈阳经济区国家新型工业化综合配套改革试验区上升为"国家战略"。(3) 对外开放开创了新局面。2010 年东北三省进出口总额达到 1230 亿美元，同比增长 35.3%。2010 年实际利用外商直接投资达到 277 亿美元，其中辽宁省达 207 亿美元，升至全国第二位。辽宁沿海经济带、长吉图开发开放先导区成为国家战略。(4) 新型产业基地建设步伐不断加快。装备制造、冶金、石化、农产品加工基地等原有产业优势继续巩固，高端制造业、新能源、新材料、航空航天、生物等战略性新兴产业基地加快发展，重大装备自主创新效果明显，瓦轴集团轴承产品替代进口率达 65%，自主创新体系逐步完善。与此同时，现代服务业、现代农业基地也得到了充分的发展。(5) 资源型城市可持续发展迈出坚实步伐。振兴战略实施以来，加大了资源型城市可持续发展的工作力度。先期启动的辽宁阜新资源型城市经济转型试点工作取得阶段性成果。2005年以来，国务院批准的资源型城市转型试点范围扩大到大庆、伊春、辽源、白山和盘锦等市，经济转型试点工作积极有序展开，长效机制正在运行。(6) 基础设施建设得到加强。包括铁路、高速公路、码头、输引水工程、水电、核电工程等一批关系到地区长远发展的重大基础设施项目建设稳步推进，建成后将使东北地区的发展后劲大大增强。(7) 社会保障体系建设稳步推进。继辽宁之后，吉林、黑龙江省城镇社会保障体系试点工作基本完成。东北三省在全国率先初步建立起资金来源多元化、保障制度规范化、管理服务社会化的社会保障体系。5年间东北三省累计新增城镇就业达1108万人，城镇登记失业率控制在5%以内。

三、东北新型产业基地的形成与发展

实施东北地区等老工业基地振兴战略以来，振兴东北地区等老工业基地工作取得了重要的阶段性成果，但也要清醒看到，东北地区等老工业基地体制性、结构性等深层次矛盾有待进一步解决，已经取得的成果有待进一步巩固，加快发展的巨大潜力有待进一步发挥。2009年9月9日，国务院发布了《国务院关于进一步实施东北地区等老工业基地振兴战略的若干意见》，力求更好地推进东北老工业基地的振兴与发展，特点是建设辽宁现代产业基地，打造先进装备制造业基地、能源重化工基地、农产品出口加工基地、高技术产业基地，以及新材料新能源基地、现代服务业基地。

国家政策的有力支持是东北老工业基地发展成为新型产业基地的有力动力。以2007年为界点，在时间界点以前，关注东北的区域政策主要强调"输血"功能，大部分政策直接针对东北地区产业发展中亟待解决的问题，给予直接的帮扶和补助政策。而在2007年以后，从"直接输血"功能向"提升造血"功能转变。从政府职能转变来看，地方政府在东北老工业基地中的角色也悄然发生着变化，从新型产业基地建设者向推动者转变，以更好地发挥企业和市场的作用。这种变化更加符合新型产业基地的生成规律。从政策层面来看，2007年尤其是2009年以后，东北已经进入新型产业基地发展时期。

"十一五"时期，东北新型产业基地的发展取得了长足的进步：(1) 辽宁沿海经济带全力打造先进装备制造业基地、船舶及配套基地、大型石化基地、电子信息及软件和服务外包基地，加快建设东北亚国际航运中心、国际物流中心和区域性金融中心。(2) 长吉图开发开放先导区大力发展各类产业基地，包括汽车、石化、农产品、光电产业基地、新型矿产资源综合开发基地、轨道交通和风电核电装备基地、生物产业基地等。(3) 沈阳经济区全力打造具有国际竞争力的先进装备制造业基地、精细化工基地、民用航空高技术产业基地、生物制药产业基地、钢铁深加工产业基地、芳烃及化学原料产业基地、石化产业基地、专用车改装产业基地、农产品深加工基地，以及国家乃至东北亚物流中心、高新技术产业中心等。(4) "哈大齐"工业走廊重点打造装备制造业产业基地、石化产业基地、重化工产业基地、软件和服务外包产业基地、农业产品加工基地和区域性现代物流产业集群。

总之，"十一五"期间，东北新型产业基地在中央政府各种政策的指导下，从地方政府、企业到市场，形成新型产业基地各个要素均得以充分的优化，已经建立起了较多的劳动密集型的新型产业基地，产业基地中自主创新的能力逐渐增强，新型产业基地的建设水平不断提高。

第二节 东北新型产业基地发展中存在的主要问题

东北新型产业基地建设虽然取得了长足的进展，但是也暴露出与新型产业基地发展不适应的体制、结构性问题，并对此也可以从制度、技术、市场以及资源四个方面来加以分析。

一、制度层面的分析

在东北新型产业基地的生成及运行过程中，涉及制度或政策层面的主要有宏观的区域及产业发展政策，及新型产业基地内企业自身发展的制度。这些制度和政策对东北新型产业基地的形成及运行产生了重要的作用。如"十一五"的前三年，东北三省生产总值年均增长13.7%，在全国四大区域中最高，分别超过东部和全国平均水平0.5个百分点。2008年，东北三省生产总值占全国各地区总额的比重达8.6%，比上年提高0.1个百分点。又如东北振兴以来，9000多家企业实现了改制，国有比重从2003年的67.4%下降到2008年的46.3%，2008年，东北三省辽宁、吉林和黑龙江的非公有制经济占地区生产总值的比重分别达到55%、42%和40.4%。[①] 但是，东北新型产业基地建设中仍存在一定的问题：

从国家层面来看，振兴相关制度与政策的制定与实施的问题主要是：(1) 国

---

① 姜四清等：《全面推进东北地区等老工业基地振兴的战略思路研究》，载于《经济地理》2010年第4期。

家宏观政策产业区别化、阶段层次化、区域细致化程度不够。东北老工业基地产业建设的政策对象初期主要包括辽宁、吉林、黑龙江三省,后扩展到内蒙古东部地区,包括呼伦贝尔市、兴安盟、通辽市、赤峰市和锡林郭勒盟。但在这一宏观政策下,缺少对东北老工业基地内部具体不同产业的不同的指导政策。对于产业的不同发展阶段缺少区别对待的政策,针对东北不同区域,缺少更为细致的针对本地区的政策,致使其发展的方向不够明确。(2) 相关法律法规不完善。建设新型产业基地是一项长期而艰巨的任务,需要建立完善的法律规章制度,使其走上法制化、制度化的轨道,逐步形成新型产业基地发展的长效机制。在欧美国家,一般都按照"立法——规划——治理——再开发"的程序进行,相关的立法往往先行,然后依法建立相关机构和编制规划,再按照规划进行治理和再开发。[①]
(3) 新型产业基地建设的相关政策不完整、不配套,政府间的协调性不够。在东北新型产业基地建设中,与产业振兴相关的财税政策、投融资政策、技术创新政策、资源环境政策以及社会保障政策等虽然不少,有的在全国居于领先状态,但这些政策的综合效用并未发挥出来。比如投融资政策方面,东北以政府主导的投融资行为存在着投资效益低下的问题;狭窄的融资渠道增加了融资成本;融资中缺少风险控制机制;融资的激励机制也不健全。这些融资制度建设上的缺失会严重影响新型产业基地建设进程。[②] 除这种相关政策建设上的"短板"外,其他政策间的协调性也存在明显问题。如技术创新政策、资源环境政策的制定与实施的时间、阶段和财税政策的实施过程不协调,这会导致财税政策对新型产业基地建设所形成的效用损失。

从企业层面来看,其影响新型产业基地发展的制度问题主要是许多企业没有建立起有效率的现代企业制度。不完善的企业产权制度致使企业管理机制不灵活,对市场发展的适应水平低。许多企业背负着很沉重的历史包袱,有些企业虽然完成了改制,但债务并未完全化解,掣肘新型产业基地的发展。据 2008 年统计,国有及国有控股企业增加值占规模以上工业增加值的比重,黑龙江省高达 82.4%,吉林省为 46.7%,辽宁省比重为 12.7%。可见东北企业沉重的历史包袱仍未完全甩掉,生产经营机制不活,不良资产居高不下,严重阻碍了东北工业的转型升级。[③] 这些都是企业产权不明晰、产权结构单一化、产权改革改革不到位造成的。

---

① 魏后凯等:《我国老工业基地振兴过程中存在的问题及政策调整方向》,载于《经济纵横》2010 年第 1 期。
② 杨大光等:《关于区域投融资机制创新的思考——以东北地区为例》,载于《经济纵横》2009 年第 10 期。
③ 陈耀:《我国东北工业发展 60 年:回顾与展望》,载于《学习与探索》2009 年第 5 期。

二、市场层面的分析

东北地区虽在市场化方面加快了步伐，并取得了明显的进步，但与其他国内发达地区相比，其市场的开放程度还不够，从而制约了东北新型产业基地的发展。东北市场化水平低主要表现在外贸交易量低、增长水平低于发达地区、产业链中高端市场份额小、外资进入相对较少等。这些因素导致东北地区的市场竞争力低，进而影响新型产业基地的建设与发展。究其原因，固然有产业结构等方面的因素，如东北新型产业基地主要是进口替代型而不是出口导向型的，但其深层次的原因在于国企比重大，改革阻力大，即所谓的"最早进入计划经济，最晚退出计划经济"。

三、资源层面的分析

东北大多数产业具有资源依赖性，随着资源逐渐枯竭，资源型城市经济转型在所难免。但由于体制积淀等多种原因，造成转型发展过程中问题比较突出。在一些城市，下岗人员的稳定就业率仅为60%左右，并且下岗人员的职业技能单一，地方的吸纳能力也不强。近年来国家将阜新、大庆、伊春、辽源、白山、盘锦等列为资源型城市产业发展转型试点，投入了大量的资金，实行了补偿机制、援助机制等政策，但由于面多人广，这些财政支持并不能完全解决问题。更为关键的是并未从根本上解决资源枯竭后替代产业的发展，资源的开采与加工基本上还占据着主导地位，近年来的增长主要也是因为新增项目的拉动等因素的影响，因此改造效果并不显著，资源枯竭后的持续发展能力没有形成。对部分城市转型存在各要素发展不同步问题的评价发现，部分城市的转型发展不协调：石油类城市现有资源的财富效应仍然明显，对当地发展的带动力明显强于其他城市，故而转型较好；煤炭类城市由于开采规模大，采空区和棚户区大量存在，生态、民生方面的负担较重，故而转型进展一般。资源枯竭城市由于自身条件的不同，部分城市在各转型要素方面的发展存在不协调的现象，[1]自然影响产业基地建设的进程。由于东北地区存在着较多的资源型城市及产业，因此其转型中的问题必然会影响到东北地区新的产业布局及新型产业基地的生成及运行。

---

[1] 余建辉等：《中国资源枯竭城市的转型效果评价》，载于《自然资源学报》2011年第1期。

四、市场化层面的分析

由于东北新型产业基地生成的"路径依赖",市场化程度偏低。2000年,东北三省市场化指数的排序分别为:辽宁6.4,排名第10位;吉林5.51,排名第18位;黑龙江5.16,排名第21位。近年来,东北新型产业基地建设虽然注重调整政府与市场的关系,加大培养市场的力度,加快发展市场中介组织,努力改善法律制度环境,但相对来说,与东部沿海地区在总体水平上还有一定的差距。

第三节 东北新型产业基地发展的类型

如前所述,新型产业基地可分为内生型、嵌入型和改进型。从东北老工业基地调整改造和全面振兴的角度看,东北新型产业基地总体来说属于改进型基地。对此可从以下三个方面进行分析:

(1) 从资源的主要来源来看,改进型新型产业基地内自然资源和人力资源除来自基地本身外,还大量吸收外来的资源。东北老工业基地的资源主要来自其内部,与东北大多属于资源型产业有关,人力资源基本也由基地内生成,多年来东北地区培养了大量的与东北产业相匹配的科技人员的产业大军。在资源逐渐枯竭的情况下,近年来东北新型产业基地大量从其他地区吸收优质的自然资源。人力资源方面,东北重化工基地形成后,向国内其他地区输送了大量人才,随着经济发展的需要,也需要不断引进人才,改进型新型产业基地对外来高级人力资源会采取融合的方式,实现与本地人才的"嫁接",从而提高基地的运行水平。为此,东北新型产业基地均制定了具体的引进政策,产生了良好的效果。

(2) 从制度、技术和市场本身的基本特征来看,改进型新型产业基地中具有较鲜明的基地内与基地外相融合的特征:①在制度方面,东北新型产业基地生成及运行过程中更多地借鉴了外界即"三资"企业以及沿海地区民营企业的先进制度。这主要表现在企业的管理制度上,最主要的是企业的产权制度改革,从而形成现代企业制度。东北新型产业基地主要是将外来制度中先进的部分融进其原有制度中,此外,东北对制度的改进并非"突变"而是"渐变",在吸收外来制度的过程中会逐渐升级原有的制度,这样既保证了制度的效用,又保障了社会的稳定。②在技术方面,对于技术的改进具有明显的先引进——应用——吸收——改进的特征,如精密机床、航空、大型设备等方面均采用了这一办法。在引进吸收消化以后，逐渐实现自主创新。经过一段时间对新技术的应用，将其融合入自己原有的技术上，开发出更先进的技术，从而提高新型产业基地整体的技术水平。③在市场方面，东北新型产业基地具有稳定性与创新性相结合的特点。首先确保国内市场的需求，保持技术在国内市场上的领先性。与此同时，东北新型产业基地还主动开发国外的市场，如沈阳的远大集团。随着地区经济的发展，东北新型产业基地的市场份额不断扩大，在新兴市场有了更大的发展空间。

（3）从市场、制度、技术及资源相互间动态适度方面看，东北新型产业基地发展过程具有明显的要素融合升级特性：①东北新型产业基地的生成期较短；②其发展期虽然相对较长，发展的速率相对缓慢，但从长远看基地水平更高；③东北新型产业基地的稳定期会更长，其运行所达到基地水平会更高；④新型产业基地的运行无效率阶段出现的时点较晚，但其稳定的产出期相对较长。

第五章

东北新型装备制造业基地研究

第一节 新型装备制造业基地概况

制造业是经济发展的重要支柱，装备制造业则是制造业的核心，是一个国家综合国力和国际竞争力的集中体现。随着世界经济的迅速发展，装备制造业的全球化趋势日趋明显。同时随着世界经济进入知识经济的时代，装备制造业的技术化、知识化水平不断提高。因此，装备制造业作为国民经济的核心产业，对其发展规律及发展趋势的研究有利于建立新型的装备制造业基地，而产业集聚的发展特性进一步延伸就是产业基地，进而是新型产业基地的集聚。因此，新型装备制造业基地的生成及运行具有客观必然性。

一、新型装备制造业概况

（一）新型装备制造业的界定

1. 新型装备制造业的概念

目前，世界其他国家包括国际组织并没有提出"装备制造业"这个概念。1998年中央经济工作会议明确提出"要大力发展装备制造业"。制造业的核心是装备制造业。通常认为，制造业包括装备制造业和最终消费品制造业。装备制造业是为国民经济进行简单再生产和扩大再生产提供生产技术装备的工业的总称，即"生产机器的机器制造业"。

装备制造业又称装备工业，主要是指资本品制造业，是为满足国民经济各部门发展和国家安全需要而制造各种技术装备的产业总称。按照国民经济行业分类，其产品范围包括机械、电子和兵器工业中的投资类制成品，分属于金属制品业、通用装备制造业、专用设备制造业、交通运输设备制造业、电器装备及器材制造业、电子及通信设备制造业、仪器仪表及文化办公用装备制造业 7 个大类 185 个小类。重大技术装备是指装备制造业中技术难度大、成套性强，对国民经济具有重大意义、对国计民生具有重大影响，需要组织跨部门、跨行业、跨地区才能完成的重大成套技术装备。进一步，随着知识经济与低碳经济的不断发展而生成的新型装备制造业核心技术更强调自主创新，新型装备制造业的发展更强调环境保护、降低污染。与此同时，与新型装备制造业的发展相关的制度、市场及资源等要素要实行优化配置，它们之间的适度水平也将逐渐提高。

2. 新型装备制造业的典型特征

产业发展动力的知识化以及经济发展的全球化使得新型装备制造业呈现出新的特征。从新型产业基地的形成要素来看，新型装备制造业也受新型产业基地生成要素的制约，对其发展特征的理解也应该建立在此基础上。所以可以从资源、技术、制度及市场等领域来理解新型装备制造业产业基地的特征。

（1）新型装备制造业具有技术、知识的创新性。新型装备制造业依靠的是科技创新的支持，同时科技创新还会引领其发展方向。传统装备制造业的发展主要依赖资本、劳动力以及自然资源的大量投入，而现代经济的发展方向及趋势表明：经济的发展正处在由资本、劳动和资源密集型向知识和技术密集型转变的新时期。发达国家已经完成这一转型，发展中国家正在实施赶超。这种新的经济发展趋势必然会促使经济发展的核心力量装备制造业与时俱进，实现装备制造业发展方式的转变，从而建立新型的技术、知识型的装备制造业。与此同时，世界经济发展中对环境保护越来越重视，因此要求装备制造业中的高能耗、高排放的发展方式做出适时的调整，否则除了降低装备制造业效益，还会在产业升级的过程中被市场所淘汰。上述两方面均表明新型装备制造业必然具有技术及知识的创新性特征。

（2）新型装备制造业具有资源新兴性、密集性。新型装备制造业在强调技术创新的同时，其生产出来的产品在全球生产体系中应该处于产业链的高端，具有很高的附加值，其产出效益更高，而这样的产业一般都是高技术产业或新兴产业。因此新型装备制造业要达到这一标准就需要具有新兴和密集的资源做保障。首先，对于新型装备制造业资源新兴性的理解包括两个方面：一是装备制造业所使用的资源为人类新开发出来的资源，包括自然资源和人力资源。自然资源方面强调新兴资源是促进整个经济社会发展的重要资源，人力资源方面强调某类人力资源随着社会经济的发展应运而生，但在一定时期内相对短缺。二是开始并未被重视的资源，随着新经济浪潮的到来而受到重视。如风能、太阳能等环保资源随着低碳经济的发展而受到空前的重视。人力资源方面主要是一些高级应用型、操作型人才等重新受到新型装备制造业的青睐。其次，新型装备制造业资源的密集型主要强调新型装备制造业的发展需要大批的集中的资源来运行。新型装备制造业所需要的自然资源需要相对密集，这样可以大大降低产业运行成本。而人力资源的密集主要是为了保证新型装备制造业技术创新的速度及水平。缺乏密集的人力资源，技术创新的步子就会放缓，更甚者可能在装备制造业国际化的过程中被淘汰。综上所述，新型装备制造业主要是开发资金、技术和知识密集型产品。

（3）新型装备制造业具有制度的科学性、前沿性。新型装备制造业的制度包括产业制度和企业制度及相关政策。由于新型装备制造业是国民经济发展的重要支柱产业，代表了一国的综合经济实力，因此其产业制度及企业制度需要具有适合经济社会发展基本规律的科学性，同时也要具备引领经济社会发展的前沿性。从产业制度与政策角度来看，新型装备制造产业的制度与政策更侧重于减少能源消耗的控制环境污染的可持续发展性，强调在生产过程中提高废物的综合利用率，对资源进行二次利用等。这些制度与政策更符合经济发展由高能源消耗向低环保型发展的基本规律，更符合市场的规律。另外，政府在促进装备业发展的制度与政策上扶持其研发，促其改革研发体制，形成科技型企业，形成稳定的研发队伍，进一步地鼓励创新，包括企业经营、管理模式的创新性、人才培养机制的创新等。这些政策符合经济发展由资源、劳动密集型向知识、技术密集型转化的发展趋势。因此，新型装备制造业发展中政府在产业、企业制度及政策的制定和实施上更符合经济发展的基本规律，科学性较高，同时具有引领装备制造业发展的前沿性。

（4）新型装备制造业具有市场的成熟性、可开发性。由于处于产业前沿，新型装备制造业的市场必然具有成熟性和可开发性的特征。市场的成熟性主要表现在：新型装备制造业一般具有相对稳定的市场份额，随着经济的发展不断扩大；市场的空间分布具有全面性和差异性，全面性强调其市场在发达地区和发展中地区均有所分布，差异性指新型装备制造业的市场分布有侧重，且不唯一；市场具有层次性，不同地区产品的需求不同，且能形成一个相对完整的制造业产业链；市场的竞争性较充分，不同企业的分工存在着差异性。市场的可开发性指新型装备制造业所面临的市场都具很大的开发潜力，具有较大的成长空间。同时，装备制造企业本身也具有持续开发新市场的能力。

（5）新型装备制造业具有运行要素的高适度性。新型装备制造业的发展需要充分发挥各影响要素的综合作用，制度、技术、资源和市场等各种要素的适度水平与新型装备制造业的运行水平正相关。由于新型装备制造业在资源、制度、技术和市场各要素上均具有领先性,因此这些要素的适度水平客观上相对也较高。反之,如果要素间适度水平较低,就会导致某一或某些要素的无谓损失,如人力资源不足就会影响技术创新的速度,进而影响新型装备制造业的快速发展,存在被淘汰的可能。因此,凡是能够具有持续发展力的装备制造业其要素间的协调性一定会较高,要素的无谓损失较少。

(二) 装备制造业到新型装备制造业的演化发展规律

装备制造业的发展与其他产业的发展一样,经历了不同的发展阶段,形成了自己的发展规律。由于社会环境和经济发展水平的差异,中国与发达国家装备制造业的发展路径及规律不尽相同。

1. 国外装备制造业到新型装备制造业的演化发展规律

世界上的经济强国如美国、日本等都非常重视发展本国的装备工业,并有其完善和有效的振兴办法。装备制造业的发展壮大带动许多相关产业的发展壮大,促进了国家工业化进程。这些装备制造大国都是当今世界工业大国、经济强国,其崛起和腾飞几乎都凭借着装备制造业的大发展。当今世界装备制造大国是美国、日本、德国、中国等。有关方面估测,2005 年美、日、德、中四国装备制造业增加值依次是 5032.2 亿美元、3750.4 亿美元、2735.9 亿美元和 1781.1 亿美元。另有一些国家在装备制造业的某些行业属于强国,代表世界领先水平,如俄罗斯的重型机械和武器制造、加拿大的轨道车辆和支线飞机制造、瑞士的精密机床和仪器仪表制造、瑞典的轴承制造、韩国的船舶和电子设备制造等。这些国家的制造业的发展经历了不同的发展阶段,与经济发展的整体趋势相适,装备制造业到新型装备制造业的发展有其自身的规律。

(1) 装备制造业发展中政府角色变化明显。历史上,世界制造业的中心最早是英国,之后是美国,后来是日本。在这一发展过程中政府的角色发生了重大的转变:英国制造业时代强调政府不干预市场,可以称之为"自由竞争型"的制造业;美国制造业时代政府开始对市场进行干预,可以称为"干预型"制造业;日本制造业时代政府制定制度与政策主导其发展,可以称为"政府主导型"制造业。这一发展过程表明装备制造业经历了单一的市场主导向走向市场主导、市场与政府并重、政府主导等多模式发展的过程。

(2) 装备制造业发展的要素需求具有相似性。在装备制造业发展的过程中,其发展所需要的资源、技术以及市场等要素的发展情况具有极大的相似性。凡是装备制造业发达的地区和国家,均是工业品的生产大国和贸易大国;工业技术水平和技术创新能力在世界范围内处于领先水平;资源,包括自然资源和人力资源具有比较优势；金融发展水平较高；具有相对宽松的对外贸易环境和相对科学的政府政策。除此之外，各国的制造业发展中均需要国家产业政策的支持和保护，需要以金融业的高度发展作为支柱，科技发展水平较高，具有强大的科技创新能力。在市场方面，装备制造业的发展需要具有一定的规模，支柱产业在世界上领先，属于产业结构中高端部分，其核心技术比例较高，自主研发能力较强。

（3）大型跨国公司是新型装备制造业发展的载体。发达国家普遍重视培育大型企业集团，以此带动本国装备制造业的发展，有时甚至充当政府代言人，组织重大工程建设、尖端产品技术研发和对外贸易等。如美国的通用电气、通用汽车、福特，日本的三菱、东芝、日立、丰田、日产，德国的西门子、奔驰、宝马、大众，法国的阿尔斯通，加拿大的庞巴迪，韩国的现代、三星等。正因为跨国公司具有制度、资源、技术以及市场的优势，使得这些跨国公司资产规模大，在全球化配置资源，经营范围广，技术研发、系统集成能力强，普遍具有较强的融资功能，可为用户提供产品租赁和销售信贷服务。而新型装备制造业对资源、技术、市场和政策的要求高于普通的产业，因此跨国公司所具有的优势恰好与新型装备制造业的发展要求一致，使其成为新型装备制造业发展的主体。

（4）高端产品研发制造技术是新型装备制造业的研发重点。装备制造业强国注重对高端、高附加值技术装备设计、制造的控制和主导。目前，世界各国在加快发展经济的同时，都更加注重科学技术水平的提升，装备制造业也不例外。世界上的装备制造业强国，无不遵循控制高端、高附加值技术装备设计、制造的理念。当前，美国装备制造业发展致力于技术高起点、产品高附加值的产品，基本上跳出了中、低档产品的圈子。日、德等国继续推进行业整体素质的提高，重视利用高技术优化提升传统装备制造业，大力发展高技术、高附加值产品，保持产业优势。如在发电设备领域，美、日、德已将研制重点放在新一代核电机组、大型燃机、百万千瓦超临界火电机组、大型风电机组等节能减排新产品上。久负盛名的世界两大船用柴油机生产企业 MAN—B&W 和瓦锡兰—苏尔寿公司，如今主要从事产品的开发设计和专利、标准服务，向日、韩、中三个造船大国的生产企业提供产品图纸和技术咨询服务，收取生产许可费。西方发达国家出现了专门从事产品设计和服务的企业，其本身不从事制造生产，例如汽车设计、发动机设计、风力发电设备设计等。以韩国为代表的后起国家，像我国一样正加快产业结构调整，提高自主创新能力，适应国际竞争的需要。

（5）政府支持是国外装备制造业及新型装备制造业发展的有力保障。无论是过去还是现在，也无论是在世贸规则范围内外，各个国家都给予本国装备制造业强有力的扶持。扶持手段包括政府采购、税收减免、优惠贷款、资金投入、市场保护等多方面，而且在产业发展的各个时期运用的侧重点不同。美国通常采用政府采购、军事订货、政府拨款等手段保护本国市场，一些公共设施（如地铁）建设也有设备国产化率要求。美国20世纪30年代曾制定"Buy America"法规范政府采购，至今仍然有效。加拿大的庞巴迪公司为美国生产地铁车辆，美国法律要求其产品制造工作量的50%以上须在美国本土完成。日本、韩国先期曾制定促进装备制造业发展的法规，日本20世纪五六十年代有《机械振兴法》，对引进设备予以限制，支持对引进技术的消化吸收再创新，禁止重复引进。近年来，各国政府将支持时段前移到技术研发环节，重视借助中介机构发挥政府作用。综上所述，一般地政府对制造业及新型装备制造业的支持会由"直接拉动"向"引导发展"方向转变。

（6）极端制造技术是新型装备制造业发展的朝阳领域。极端制造是指在极端条件下，制造极端尺度或极高功能的器件和功能系统，集中体现在微细制造、超精密制造和巨系统制造。日本对未来30年技术预测的结果显示，在制造领域中排第一位的是纳米技术和微细加工技术。MEMS（微电子机械系统）技术已成为信息通讯、医疗、生物技术、汽车等各领域的关键技术。日本政府认为，MEMS是提高并保持日本产业国际竞争力的核心技术之一。美国、德国也将微型机械作为21世纪重点发展的学科之一。与此相对应，以石化、冶金、电力行业为代表的重大技术装备正朝着超大型化方向发展。这些重大技术装备，不仅可满足各国国防军工的需要，同时也带来良好的经济效益。拿一座年产600万吨与两座年产300万吨的炼油厂进行比较，前者只相当于后者投资的69%、钢材消耗的53%、占地面积的54%、生产费用的75%，而劳动生产率却提高了70%。

（7）系统设计、成套制造能力是新型装备制造业发展的主要领域。工程承包产业是实现工艺与装备结合、制造与使用结合、研究与设计结合、生产与应用结合的纽带，在技术的商品化、产业化和产业结构升级中起着极大的作用。国外大型装备制造企业，如美国通用电气、德国西门子、日本三菱重工等，都具有工程总承包能力。加快发展具有总体设计、系统集成、成套生产、配套服务等"一揽子"功能的大型装备制造企业，是占领国际竞争制高点的关键环节。不断强化系统设计、成套制造的能力，是国际装备制造业的一个重要发展方向。韩国早在20世纪70年代就提出了工程成套规划，极大地促进了本国装备制造业的发展。由于工程承包公司掌握着关键流程工艺技术，在设备选用上也有决定权，因此促进这类公司持续快速健康发展，有利于本国装备制造技术水平的提高，也有益于实现技术装备特别是重大技术装备的国产化。

2. 国内装备制造业到新型装备制造业的演化发展规律

我国装备制造业经过新中国成立六十余年的发展，取得了令人瞩目的成就，形成了门类齐全、具有相当规模和一定水平的产业体系，成为我国经济发展的重要支柱产业。全国共有规模以上装备制造企业约 5.5 万家，从业人员近 1500 万人，工业增加值占 GDP 的 10.8%，税收占国家财政收入的 5.5%。我国已能制造具有世界先进水平的火力和水力发电机组，已能成套提供大型冶金、石油化工设备，能够建造 30 万吨级超大型油轮，城市轨道交通设备国产化率达到 70% 以上，中档以下数控机床已能满足国内需要。

（1）政府对装备制造业及新型装备制造业的发展推动作用不断增强。中国政府对装备制造业及新型装备制造业的支持也包括直接的财政支持和政策引导两方面。如 2008 年世界金融危机下中国投资 4 万亿元拉动内需，对新型装备制造业的形成及装备制造业的转型起到了很大的推动作用。在制度与政策方面，1998 年，中央经济工作会议首次提出"要大力发展装备制造业"，并安排国债技改资金组织实施了城市轨道交通装备、500 千伏直流输变电设备、大型燃气轮机、日产 440 吨聚酯设备、日产 8000 吨水泥设备等的攻关。2006 年前后，中国相继出台和实施了《关于加快振兴装备制造业的若干意见》等一系列政策措施，有力地促进了中国装备制造业自主创新能力的提升——自主知识产权数量增速显著加快，发明专利申请量和授权量先后超过国外。2009 年 2 月 4 日国务院审议并原则通过了《装备制造业调整振兴规划》，逐步落实自主研发重大装备国内依托工程和政府采购制度，着力发展重大成套设备、高技术装备和高技术产业所需装备，提高装备制造业集成创新和国产化水平。与此同时，出台了《首台（套）重大技术装备认定和示范项目实施办法》和《投资项目设备评估管理办法》，为重大技术装备发展和自主创新创造良好环境；研究制定《做强做大装备制造业行动纲要》，发布《重大技术装备自主创新指导目录》，研究制定《节能和新能源汽车行动计划》，发布《海洋工程装备科研项目指南》和《新船型开发科研项目指南》，制定通用飞机和支线飞机产业化扶持政策。通过制定发展政策，依靠技术进步，创造新的市场需求，培育新的增长点。综上所述，中国政府对新型装备制造业发展的支持从财政和政策两个方面的支持在不断地增强。

（2）装备制造业及新型装备制造业的自主研发水平不断提高。近年来，中国装备制造业及新型装备制造业强化对新技术的自主研发。企业加大科研资金的投入，集聚科研人才，提高研发的速度和效率。其自主研发的方式也逐渐变化，由企业内部研发到产业研发，其针对性更强。开发出了一批具有国际水平的自主知识产权的重大装备。如上海电气逐渐缩小与国外同类企业的技术差距，走出了一条引进——消化——吸收——再创新的成功之路；三一重工看准了装备业上游零部件的市场潜力，致力于装备业关键零部件的研发，将销售收入的 5% ~ 7% 投入研发，着力建设创新型企业，将研发创新能力作为一项核心竞争力培育；桂林鸿程机械制造的 HC1700 超大型磨粉机已经达到了国际先进水平。来自机械工业信息研究院的研究报告显示，近年来中国装备制造业拥有的自主知识产权数量持续快速增长，装备制造企业已成为中国创造自主知识产权的主力军，拥有的自主知识产权数量与国外的差距逐步缩小。通过自主创新，逐渐扭转了装备制造业多年来徘徊不前的局面，一大批装备制造企业迎来了发展的春天。曾经制造中国首条万吨巨轮的大连造船重工公司，进入 21 世纪，又设计建造了中国第一条 30 万吨油船，使中国在超大型油船设计建造上实现"零"的突破；曾经研制我国首台 1150 毫米初轧机的中国第一重型机械集团，通过走联合设计、自主创新之路，又制造出具有世界先进水平的 2050 毫米热连轧机；鞍钢通过自主创新，生产出中国第一条拥有自主知识产权的 1700 毫米中薄板坯连铸连轧生产线；瓦轴集团这几年在技术研发、技术改造上花的钱占总销售额的 10% ~ 15%，目前有 1.5 万种轴承产品拥有自主知识产权，大量新产品成功替代进口。这表明中国装备制造业的创新水平已经不断提高，并且形成了全面发展的态势。

（3）装备制造业支柱产业地位逐渐形成。我国装备制造业增长速度已经高于制造业，成为拉动国民经济快速增长的主要动力。据统计显示，近年来，中国装备制造业增长速度不仅高于整个制造业，而且远高于国内生产总值的增长。2009年，规模以上装备工业企业完成工业总产值同比增长 10.1%，高于全国工业 2.6个百分点。中国装备制造业在不断做大的同时，着力做强。上海电气集团、中航工业集团、国机集团、通用集团、中联重科、三一重工、沈阳机床、大连机床、特变电工等一批具有综合实力的大型企业集团正在壮大，并已成为一个地区或一个行业支柱企业。装备制造业也是国民经济的战略性产业，它的发展为国民经济各行业和国防建设提供了重要的技术装备。中国重大技术装备不断取得突破，在一定程度上起到了替代进口产品、打破国外封锁、保障国家经济安全的作用。上海电气集团日前完成了以形成国际一流大型铸锻件自主制造能力为目标的热加工扩能技术改造，三项"巨无霸"装备制造成功，大锻件制造设备"配套成龙"，对我国核电、火电、水电、大型船舶、大型石化、冶金装备、航空航天、国防等战略性产业的发展，具有重要战略意义。其支柱产业地位已经形成。中国首套国产化超大断面圆坯连铸机装备热试成功、中信重工交付使用世界最大型球磨机、柳工造出中国最大轮式装载机。自从 2006 年以来，中国装备制造业连续 3 年保持进出口贸易顺差。在常规发电设备、输变电设备、港口装卸机械、水泥成套设备等制造领域，中国不仅早已替代进口，并已占领了重要的海外市场，这表明中国装备制造业支柱产业已经形成规模。

(4) 装备制造业的结构调整趋势明显。近年来，装备制造业通过改制、改组，加快企业产权多元化，加强企业激励机制与制衡机制的建设，极大地激发了企业的活力。通过结构调整和资产重组，打破了所有制、部门和地区的限制，组建了一批国有企业为主体的集团，民营高科技企业不断发展与壮大，企业核心竞争力和国际竞争力不断增强，在世界装备制造业领域产生了重要的影响。

(5) 装备制造业的系统和总成套能力不断提高。中国在新型装备制造业发展过程中，除了不断增强自主创新能力外，另一个很重要的方面是增强系统和总成能力。也就是说，虽然不可能做到所有新产品和零部件都是自主创新，但却能做到把各国自主创新的产品在本国进行系统化的总配套，仍旧是增强一国装备制造业自主创新能力的重要途径。事实上，即使美国这样的自主创新大国，也不可能做到全部自主创新，但通过推行总成套，可以产生总体创新的产品，从而使新型产业基地迅速发展。目前，中国已经组建了一批具有系统设计、系统成套和工程总承包能力的装备承包公司，形成了几家在国际上有较高知名度和竞争实力的装备总承包商或大供应商。

但也应看到，在60多年的进程中，我国装备制造业的发展多已取得了巨大的成绩，但仍存在自主创新能力弱、对外依存度高、产业结构不合理、国际竞争力不强、总体素质不高、不能适应国民经济发展与国际竞争的需要等问题。与发达国家相比，我国装备制造业发展严重落后，存在的主要问题表现在大企业不大不强，小企业不专不精；产业集中度不高，设备新度系数低；企业组织结构"大而全"、"小而全"；技术创新能力弱，高端产品供给不足与低端产品供给过剩并存；管理水平落后，经济效益差。这些问题严重制约了我国产业结构的升级和产业竞争力的提升，导致全社会固定资产投资中设备投资的2/3依赖进口。

二、新型装备制造业基地概况

(一) 新型装备制造业基地的概念及其内涵

1. 新型装备制造业基地的概念

新型装备制造业基地是在新型装备制造业发展的基础上生成的。新型装备制造业基地就是新型装备制造业在某个空间范围内的合市场、制度规律性的集聚。新型装备制造业基地的形成意味着在这一领域不只是少数产品和少数企业在世界市场中占有重要地位，而是一批企业群和一系列产品在世界市场上占有重要地位。① 有的学者认为制造业全球中心需要有先进的工业生产技术、高素质的熟练劳动者、规模大的工业企业、占据市场份额大、科技创新能力居于世界前列。② 吴敬琏（2002）从自主创新的角度来理解制造业的全球化，认为美日拥有自主的知识产权和品牌，而中国目前只是生产加工集散地，并不拥有自主知识产权。③ 由上可知，新型装备制造业基地的生成与发展强调各要素的发展水平，市场的成熟度、技术的创新性、制度的支持性和资源的集聚性等。从这个意义上说，新型装备制造业基地指的是在国家产业政策支持下的，具有资源和市场优势的自主创新型企业的大规模优化集聚。

2. 新型装备制造业基地的内涵

（1）基地内企业产品位于产业链的中上游。这一内涵是从新型装备制造业本身所具有的市场优势派生出来的。一般的制造业市场可以划分为一、二、三级：拥有一级市场的制造企业处于供应链的上游，它们经常利用外包模式将制造活动委托给下游制造商，从而可以广泛利用别国的生产设施和技术力量，制造出质优价廉的最终产品，进行全球销售；占领二级市场的企业处于产品供应链的中游，它们拥有一定的生产技术，但是核心技术以及客户关系并不掌握在这类企业手中，它们所做的是接受外国或外来的企业的产品组装；拥有三级市场的制造企业处于供应链的下游，是制造业生产链的底层环节，生产附加值低。④ 新型装备制造业基地内企业应该在不同程度上拥有一、二级市场，可以对市场资源加以适度控制。

（2）基地内大量优化要素集聚。主要强调在新型装备制造业基地的生成及运行过程中，大量的装备制造业的资源，包括自然资源和人力资源，尤其是高级人力资源会大量集中；国家的装备制造业制度会因装备制造业的基地化而形成规模效应，多种制度的联动会使制度效用最大化；装备制造业的各类各级市场也会因基地的存在形成集聚；技术力量也会集中在基地内，且技术创新也会集中涌现。

（3）基地生成要素的相适性具有较高水平。新型装备制造业基地的功能之一就是将分散的资源整合起来，使其效用实现倍增，即形成基地要素的规模效应。这主要是因为基地要素一旦被集聚，要素间便有了更为紧密的联系，其间的适度性越高，基地水平就越高。新型装备制造业基地内大量集聚的装备制造业技术、人力资源等，得以取长补短，要素的效用得以充分发挥，因而会使装备制造业基

---

① 李廉水：《中国特大都市圈与世界制造业中心研究》，经济科学出版社2009年版。
② 李萍、罗宁：《"世界工厂"与中国制造业发展定位：理论分析与事实观察》，载于《社会科学研究》2003年第4期。
③ 吴敬琏：《发展中国家高新技术产业：制度重于技术》，中国发展出版社2002年版。
④ 杜晓军：《制造业的国际转移规律和趋势》，载于《经济理论与管理》2003年第6期。

地的生产可能性曲线向上向外移动。

（二）新型装备制造业基地基本特征

1. 新型装备制造业基地的区域性特征

由于新型装备制造业基地分处在不同的地区，必然具有明显的区域性特征。主要包括区域分布性、区域集聚性、区域传导性和区域发散性。新型装备制造业基地的区域性表现在区域分布的层次性、差异性和一致性上：层次性表现在同一区域内的新型装备制造业基地间存在着资源配置条件下的差异，如中国的长江三角洲、珠江三角洲和东北地区所分布的新型装备制造业基地的类型不相同；差异性表现在同一新型装备制造业基地内的企业所生产的产品有所不同，如东北地区的辽宁沿海新型装备制造业基地侧重于造船装备、哈大齐新型装备制造业基地侧重机床装备等；一致性表现在新型装备制造业基地在不同区域分布时其所需要的各类资源存在着一致性，包括人力资源源的需求，如东北新型装备制造业的资源可以在不同装备制造业基地内实现共享；区域集聚性主要表现在其资本和技术的集聚上。新型装备制造业在一个区域内明显地存在着资本的大量集聚，同时新技术的创新及应用也存在着集聚的情况。区域的传导性在新型装备制造业上表现为由发达国家向发展中国家传导的趋势。由英国向美国、再向日本，现在传导至中国等发展中国家，再由中国发展到越南等国家。区域发散性主要是新型装备制造业基地会在地理范围上不断地扩大，如东北地区由沈阳、长春、哈尔滨向周边地区扩散。另外，新型装备制造业主产业会带动其他产业的发展，如生产性服务业等。

2. 新型装备制造业基地的专业化特征

新型装备制造业基地具有技术、管理和运行专业化的特征，这与新型产业基地的基本特征是一致的。在这三者中，新型装备制造业更强调技术的专业化，其技术的发展需要达到自主创新，在市场上占有较大的优势。整个新型装备制造业的水平在全世界范围内领先，需要具备先进的生产技术和领先于世界同类产业内企业的工业生产能力，具有发达的工业生产水平，如德国的精密仪器、日本电子产品等都属于此类。世界上凡是成为新型装备制造业基地，进而发展为新型装备制造业中心的国家和地区均利用了世界新技术革命的契机，迅速发展本国的技术，形成庞大的装备制造业，并且在技术上的领先水平保持较长的时间。

3. 新型装备制造业基地的网络化特征

新型装备制造业基地的网络化：首先，表现在其分布上。现在世界上较多的新型装备制造业基地的分布都呈现出网络化特征，如日本的东部沿海新型装备业制造基地、中国东部沿海的新型装备制造业基地等；其次，在人力资源的培养和使用上逐渐形成网络化的特点。许多大型的装备制造企业或跨国公司都有自己的人才培养模式及计划，针对不同地区不同的发展阶段在全球范围内配置其人力资源，并且可以形成网络内的人力资源的科学流动，逐渐实现网络的动态运行。比如中国三一重工在全世界范围内销售产品，建立生产基地，配置其科技人员，培养当地的研究人员；华为集团11万员工45%从事技术和研发，在全球建立了20个研发中心，20个联合创新中心。这一系列的举措均是要形成新型装备制造业基地的网络化运行，这既是经济发展的必然趋势，也是装备制造本身发展的基本规律的客观要求。

（三）新型装备制造业基地发展演化规律

新型装备制造业沿袭装备发展而来，世界上装备制造业从无到有、从小到大，由单个企业到企业集聚，进而形成新型装备制造业基地。这一发展过程中可以探寻到其演化的基本规律。新型装备制造业的内涵及特征是其静态下的特点，而其演化规律则呈动态性特点。对于新型装备制造业的演化规律的探究是基于产业结构的变迁规律、经济发展的规律、产业组织特征、国际分工理论以及国际投资理论进行的。进一步，其演化离不开经济运行基本载体即市场和制度的制约。

1. 新型装备制造业基地发展要素及相关影响因素具有综合优势

在世界新型装备制造业的发展演化过程中，其所有的影响要素在某一时期、某地国家或地区具有综合的优势。这些优势包括市场、政府功能、资源和技术等诸多方面。主要体现在：一是工业品的生产与贸易额占世界比例较大，如日本作为世界制造业中心时的工业规模占到世界的10%左右；二是工业的技术水平在世界范围内处在前沿，世界各国的新型制造业基地均充分利用经济发展的契机进行自主创新，实现技术革命，从而转化为生产力；三是资源具有比较优势，包括人力资源、自然资源等，同时需要有世界的金融中心与之配合，如纽约、东京等新型装备制造业基地本身均是世界的金融中心；四是开放的市场环境和政府政策的大力支持，如美国"新政"加强了对产业的调节，日本"倾斜式发展"使重点装备制造业发展迅速。[①] 更为关键的是，除了这些要素独立的优势外，其融合后所形成的巨大的"膨胀"性使得新型装备制造业会以更快的速率发展。从英国到美国再到日本的发展速度的增快充分证明了这一规律，中国装备制造业的迅速崛起也延续了装备制造业演进中的这一特征。

---

① 李廉水：《中国特大都市圈与世界制造业中心研究》，经济科学出版社2009年版。

2. 新型装备制造业基地的生成及运行方式多元化

新型装备制造业基地的发展过程表明，其发展愈发趋向多元化。主要是由于经济全球化及新的知识经济的带动，其与产业分工越来越细，世界经济联系越来越密切有着直接的关系。在世界产业结构在不同国家不同地区出现新的调整趋势下，整个世界装备制造业由发达国家向发展中国家转移的历史趋势已经形成。由于发展中国家发展情况的不同，装备制造业整体转移的可能性正在逐渐减少，取而代之的是更为多元化的转移发展方式。这种多元化的生成运行方式主要体现在新型装备制造业各要素的变化上。主要包括：首先是其主要推动力量的多元化。新型装备制造业基地虽以跨国公司生成为主，但政府直接参与生成、政府与跨国公司合作生成的形式越来越多地被采用，此外，合资、独资、收购、兼并和非股权安排等生成的具体方式选择也呈现多元化；其次是生成地区的多元化。由单一的某个地区发展到多个地区同时拥有新型装备制造业基地；再其次是新型装备制造业的产业链分布多元化。主要是同一产业链上的不同的工业制成品分布于不同的国家和地区，这正是世界经济快速发展的结果；最后是制造业产业纵向体系分布的多元化。主要强调的是新型装备制造业的技术创新与生产环节分布于不同的国家和地区，技术在本国开发，生产环节则扩散到低成本的国家进行。

3. 知识化技术驱动新型装备制造业基地的生成及运行

知识化技术驱动主要强调新型制造业基地的生成和运行主要依赖的是技术创新，这种创新更强调技术的自主创新。现阶段，经济发展步入知识经济的时代，知识产权的保护也越来越受到重视，越来越完善，因此知识经济的价值更明显。新型装备制造业是一个技术更新非常快的产业，只有拥有了自主的知识产权才有可能在装备制造业内占据一席之地。世界各国新型制造业基地都拥有着强大的技术力量，中国现在正在由引进创新逐渐转向自主创新，这种知识技术驱动不仅表现在生产领域，还体现在管理、人才培养等基地软环境的建设中，即所谓的"软技术"，这也是基地长期发展的重要组成部分。

4. 新型装备制造业基地的生成及运行以产业升级为引擎

从世界新型装备制造业来看，其生成及运行并取得成功的时机基本上都是世界经济增长方式转变、产业结构升级时期。美国新型装备制造业基地的形成时期恰好是世界上第二次产业革命。第二次世界大战以后，世界产业结构出现调整，重化工业成为产业发展的重点，日本实行"产业合理化政策"等一系列产业政策，实现了产业结构的重大调整，一大批新型重化工和家电装备制造业应运而生。现代正在兴起的以高新技术为代表的产业结构的高级化浪潮给发达国家重新建立知识密集型新型装备制造业和发展中国家建立劳动密集型新型装备制造业基地提供了机遇，于是出现了新型装备制造业基地全球布局的趋势。而随着低碳环保型产业逐渐受到重视，新一轮的产业结构的调整正在酝酿，与此相应，以低碳环保技术为代表的新型装备制造业基地必然会在适合的环境中生成。

第二节 东北新型装备制造业基地的发展

中国经济的现代化，必须有重化工业作支撑。随着再次被推上我国改革与发展的前台，东北老工业基地正在重新焕发活力，国有企业数量虽然少了，但整体实力并未减弱，国有经济控制力反而进一步增强，一批关系国民经济命脉的大企业仍使东北保持我国最重要的工业基地的地位。东北将进一步建成我国重要的具有国际竞争力的新型装备制造业基地，继续为我国社会主义现代化建设做贡献。因此，需要对东北装备制造业基地的生成及运行做出深入的研究。

一、东北新型装备制造业基地建设的优势

装备制造业是为国民经济各行业提供技术装备的基础产业。东北地区是我国主要的装备制造基地，曾被称作"共和国的装备部"，集中了一大批重点骨干企业及配套企业。目前世界产业转移的重点是装备制造业和重化工业，这一趋势刚好与东北三省的行业优势不谋而合。装备制造业是东北的传统优势产业，其成套装备产品研发、制造能力居国内领先水平，重型装备产品在国内具有不可替代的地位。东北新型装备制造业基地的生成及运行更好地整合东北地区装备制造业的资源优势，更好地实现经济产业结构的优化升级。

（一）东北新型装备制造业的制度及政策支持力度大

在东北新型装备制造业基地的建设中，政府出台了大量的政策，建立了相关的保障支持制度，使东北新型装备制造业基地建设具备了制度优势。从整体上看，东北地区借上了国家对重大装备制造业振兴的东风。2006年，国家出台了促进重大技术装备自主化的一系列政策措施，特别是《国务院关于印发实施〈国家中长期科学和技术发展规划纲要（2006~2020年）〉若干配套政策的通知》（国发［2006］6号）和《国务院关于加快振兴装备制造业的若干意见》（国发［2006］8号）两份文件全面系统地提出了应对之策，其对东北新型装备制造业

基地的建设无疑起到了极大的推动作用。

根据国家的产业政策，到 2010 年发展一批有较强竞争力的大型装备制造企业集团，增强具有自主知识产权重大技术装备的制造能力，基本满足能源、交通、原材料等领域及国防建设的需要；依靠区域优势，发挥产业集聚效应，形成若干具有特色和知名品牌的装备制造集中地。建设和完善一批具有国际先进水平的国家级重大技术装备工程中心，初步建立以企业为主体的技术创新体系；逐渐形成重大技术装备、高新技术产业装备、基础装备、一般机械装备等专业化合理分工、相互促进、协调发展的产业格局。

建设新型装备制造业的基本原则是"四个坚持"：坚持市场竞争和政策引导相结合；坚持对外开放和自主创新相结合；坚持产业结构调整和深化企业改革相结合；坚持重点发展和全面提升相结合。这一期间，重点发展的装备制造产业，包括大型清洁高效发电装备、1000 千伏特高压交流和 ±800 千伏直流输变电成套设备、百万吨级大型乙烯成套设备和对二甲苯（PX）、对苯二甲酸（PTA）、聚酯成套设备、大型煤化工成套设备、大型薄板冷热连轧成套设备及涂镀层加工成套设备、发展大型煤炭井下综合采掘、提升和洗选设备以及大型露天矿设备、大型海洋石油工程装备、30 万吨矿石和原油运输船、海上浮动生产储油轮（FPSO）、10000 箱以上集装箱船、LNG 运输船等大型高技术、高附加值船舶及大功率柴油机等配套装备、时速 200 公里以上高速列车、新型地铁车辆等装备核心技术、大气治理、城市及工业污水处理、固体废弃物处理等大型环保装备、海水淡化报废汽车处理等资源综合利用设备、大断面岩石掘进机等大型施工机械、重大工程自动化控制系统和关键精密测试仪器、大型、精密、高速数控装备和数控系统及功能部件、新型纺织机械、新型大马力农业装备、集成电路关键设备、新型平板显示器件生产设备、电子元器件生产设备、无铅工艺的整机装联设备、数字化医疗影像设备、生物工程和医药生产专用设备、民用飞机及发动机机载设备等。

为了加快东北老工业基地新型装备制造业基地的建设，中央和国家有关部门制定了相应的制度与政策。这些制度和政策中既包括了宏观战略，也包括了具体的政策细则，并从新型装备制造业基地建设的市场、技术、资源以及政府功能等各方面做了详细的规划。总的来说，这些政策符合经济社会发展的基本规律和产业结构升级的基本趋势，同时还与中国装备制造业的实际发展状况相适应。因此，必将对东北新型装备制造业基地的建设起到极大的推动作用。

（二）东北新型装备制造业门类齐全，优势装备制造业行业和企业较多

经过 60 多年的建设与发展，东北老工业基地的装备制造业构筑了比较完整的工业体系，形成了厚重的装备工业基础，在许多方面具有显著的比较优势和竞争优势。从国内市场占有率来看，其装备制造业体系中有许多行业在全国具有相当的优势（指市场占有率超过 10%），或具有一定基础或鲜明特色（市场占有率虽低于 10%，但在全国仍名列前茅）。其中，大型输变电成套设备、列车车辆成套设备、大型连铸连轧成套设备、大型发电设备成套设备、机器人等关系国计民生的重大成套装备在东北地区内即可基本成套提供（见表 5.1）。

表 5.1　　　东北地区具有优势和基础的装备制造业行业和企业

省别	在全国具有优势的行业	在全国具有一定基础的行业	优势企业	优势产品
辽宁	水轮机、冷冻设备、微电机、诊断器材和电真空器件，机器人、数控机床、环保机械、小客车和计算机整机制造业（其中造船业 2004 年突破 190 万吨，产能占全国的 1/3，世界的 3%~4%；机床产值 100 亿元，占全国的 26% 左右；内燃机车、冷冻设备、风动工具产量居全国第 1，石油设备第 2，数控机床第 3）	车用柴油发动机、远洋运输船舶、铁路机车及铁路设备、轴承等行业	沈阳机床集团为世界最大的机床开发制造商；大连机床集团公司跻身世界机床业"第一集团"；大森数控占国内中等数控系统 21.6% 的市场份额；瓦轴集团主要经营指标在中国轴承行业排名第 1、世界第 15 位；大连冰山集团、大连重工起重集团为国内同行业的最大工业企业；沈阳鼓风机股份有限公司国内市场占有率已达到 50% 以上；沈阳机车车辆有限责任公司是亚洲最大的货车生产基地；大连机车车辆有限公司的规模产量在国内具有绝对优势，且在国际上也处于前列，内燃机车出口占全国总量的 80% 以上；大连新船重工集团是我国最大的造船企业，进入国际造船企业前 30 强；新松公司开发的机器人已有 4 大类 10 余种，成为我国为数不多的能与国外公司抗衡的装备产品	超高压输变电设备；千万吨级露天煤矿采矿设备、大型全断面隧道掘进机；30 万吨油轮；高吨位大型起重机；4 万空分装置用压缩机组；大功率内燃机车和蒸汽机车；歼击机、导弹、舰艇；高速加工中心、数控机床及数控系统、组合机床；铁路机车；燃气轮机；环保设备；大中型轴承；低速大功率柴油机，嵌入式软件系统、机器人及自动化生产线、数字化医疗影响设备等
吉林	小轿车、其他铁路运输设备制造业、载重汽车制造业（其中吉林汽车工业销售收入占全国的 13% 左右）	机车车辆、汽车零部件及配件、渔业机械、手术机械、其他金属加工机械、工业用电炉制造业等行业	一汽集团是全国最大的汽车生产基地之一，拥有六大系列产品，销售占国内市场份额的 18%，在吉林省内总产量的 54%，轿车市场占有率居国内第 2 位，中重型车占国内第 1 位，轻微型车居同行业前 5 位	重、中、轻、轿等汽车整车；电线束、消音器、变速箱控制单元、精锻连杆、仪表板总成等汽车零部件；光学仪器；联合收割机等

续表

省别	在全国具有优势的行业	在全国具有一定基础的行业	优势企业	优势产品
黑龙江	发电机制造业、货车制造业、汽轮机制造业（其中大型火电和水电装备分别占全国市场的33%和50%）	飞机制造业、冶金工业专用设备制造业、锅炉制造业、机械化农具制造业、微型汽车制造业、切割工具制造业等行业	哈电站集团年产水电2000MW、火电4500MW，是我国最大的发电设备和舰船动力装置制造基地；哈飞集团汽车年产能30万辆，在全国微型汽车行业中排列第1；东安微型发动机年产35万台，市场占有率居全国第1；一重集团热壁加氢反应器达到千吨级	600MW超临界汽轮发电机组、大型抽水蓄能机组、300MW大型循环流化床锅炉；大功率采煤机、大型连轧、锻压设备；精密轴承、量仪等

同时，经过多年的产业积累和技术创新，东北地区已拥有一批核心生产技术，如沈阳机床的数控机床、东软集团的数字化医疗设备、哈电集团的大型发电设备等，都达到了国际先进或国内领先水平。

（三）技术、人才、设备和经验等方面的优势

东北老工业基地在人才、设备、经验等方面具有一定优势。东北地区高等学府、科研院所众多，知识储备、智力密度等具有一定基础，辽、吉、黑三省的一批国家级科研院所和一批具有科研开发能力的大专院校已成为发展先进装备制造业的一支重要科研开发力量。仅以辽宁为例，全省就有900多家研究所、60多所大学。从专业技术人员相对水平来看，与全国其他地区相比，东北是人才最为富裕的地区之一：2001年，国有企事业单位专业技术人员占全地区总量的11.36%，每万人口中国有企事业单位专业技术人员达到201.2名。此外，高等院校在校学生占全国的比重为11.98%；从业人员（1999）在大专以上的比例，辽、吉、黑三省分别为7.0%、5.9%、4.9%，均高于全国3.8%的比例。研发费用占地区总费用的7.82%。从知识经济熟化类型比较研究得知，东北三省知识经济有一定的发展，属于第二类地区，在全国范围来讲处于中上水平。

二、东北新型装备制造业基地建设的不足

（一）从制度层面来看，政策一体化的程度较低

按照现行规定，装备制造企业为实现重大装备国产化所需要进口的材料和配

套零部件，须全额交纳关税和进口环节增值税，而进口成套设备，则可减免上述两项税收，由政策造成的成本负担使国产化不如进口成套设备。另外，外商独资企业和中外合资企业可享受税收减免的优惠政策，内外资企业所得税税负不均，使内资企业在竞争中处于不利地位。近几年国家发改委在财政、税务、海关等部门的支持下，运用税收等调控手段，实施城市轨道交通装备国产化、国船国造和燃气轮机用市场换技术，逐步提高国产化水平取得了一定的成绩，也有了成功的经验。这是在现行税收优惠政策基本不变，灵活调整运用税收杠杆而取得的。城市轨道交通装备从成套引进变成70%以上在国内生产、80%以上的国内航运公司的远洋船由国内船厂生产，使这些产业得到快速发展，财政收入不减反增。但这些措施没有形成政策或制度，一事一办，操作难度大，要花费很多时间和精力才能落实。东北三省的国有经济比重过大，由于历史包袱较重，企业的创新能力不足，创新人才培养机制不完善，需要形成政策一体化给予大力支持。

（二）从技术水平来看，东北新型装备制造业技术发展未形成良性循环

虽然东北装备制造业近年来一直保持着较高的增长速度，但总体来说，装备制造业自主创新能力薄弱，国际竞争力不强，特别是重大技术装备的开发制造能力与国外还有较大差距，自主知识产权、自主设计的产品少，不能满足我国国民经济发展需要。单项技术有所突破，技术的整体水平较低。东北新型装备制造业基地在技术上走的是"引进—消化—吸收—创新"之路，需要走从装备制造业的加工基地到制造基地的转化路径，其中的关键是能否具备较强的产品自主开发能力和技术创新能力，形成一大批具有自主知识产权的产品和技术及一大批国际知名品牌，掌握市场竞争的主动权。而新型装备制造业基地的要求是具有强大自主创新能力。仅以辽宁省与全国比较，辽宁装备制造业的总资产贡献率是全国平均水平的68.8%；人均利税是全国平均水平的53%；全员劳动生产率是全国平均水平的68%；资产负债率则高出全国平均水平3.2个百分点。目前，辽宁装备制造业只有近5%的产品达到了国际先进水平，主导产品在国内市场适销对路和比较适销对路的只占50%左右。因而，迫切需要进一步提升装备制造业企业的市场竞争力。而竞争能力能否提高的关键在于其创新能力的高低。

（三）从装备制造业本身的发展规律来看，东北新型装备制造业的产业体系不合理，产业链集聚度低

东北装备制造业是建立在"大而全"的企业办社会的基础之上的，因此装备

制造业专业化程度相对较低，装备制造业本身的完整性不够，配套和支持产业发展的分工滞后。就装备制造业本身而言，其产业链间的协作程度低，装备制造业产业链集群化程度不高。即在东北新型装备制造业中，存在大量的配套产品无法在本地配套，形成核心企业与配套企业分离的情况。如许多原有的地方零部件配套企业在市场竞争中已逐渐由南方沿海地区的中小企业所取代，而其具有价格、成本等优势。如 2004 年哈电站设备集团签订 600 多亿元生产合同，由于配套加工能力等因素的限制，只能完成 100 亿元的生产任务量。2004 年上半年，哈电站集团共有配套企业 464 户，其中哈尔滨市配套企业仅 179 户，其配套额超过 200 万元以上的只有 36 户。这表明东北新型装备制造业产业自身的体系在东北地区不够完善，需要加强。这导致东北新型装备制造业总成能力减弱，缺乏一批具有系统设计、系统成套和工程总承包能力的大公司。

（四）从资源角度来看，东北新型装备制造业基地资本、人力资源、信息资源利用效率较低

由于新型装备制造业基地的建设需要大量的资源，因此在资源的来源及储备和使用上需要具有专业化的水平。而东北装备制造企业总体表现为高投资、低收益的严重不合理的资本结构。在市场经济发达国家，装备制造业企业在外部资本市场的筹资有 50% 是来自于证券市场，而东北的装备制造业企业通过资本市场直接融资的比重偏低。在信息资源方面，我国企业信息化进程一般分为信息基础建设、企业一体化的集成管理、外部资源的利用和建立基于互联网的电子商业社区四个基本步骤来实现，东北地区也不例外。通过对齐一床、齐二床、一重和哈锅等 9 家具有代表性的国有大中型装备制造企业的调查发现，目前我国装备制造业企业基本上处于信息化过程中的第二个阶段，主要表现在：大多数企业都有专门的信息化部门，如技术中心、信息部等；大多数企业都有单独的信息化预算和中短期信息化规划；企业领导认识到信息化的重要性并有针对性地开展信息化知识培训；CAD、CAE 和 CAPP 三个系统在企业得到了广泛的应用且效益明显，但 PDM、ERP、CIMS 等信息化系统应用程度较低；企业对于通过网络与供应商或者客户之间建立系统的业务集成还没有具体的规划；企业在产品研发、物料管理、财务管理、办公自动化等领域信息化程度较高，在供应链管理、电子商务、客户关系管理等方面信息化水平较低。此外，企业在人才的集聚及人才的培养上缺乏系统的规划，其可以说是整个装备制造业基地建设的"短板"，这在长期对于新型装备制造业基地的发展会造成动力丧失，装备制造业向产业链高端转移出现困境。

三、东北新型装备制造业基地的发展趋势

目前,东北新型装备制造业基地的建设正值经济发展方式转变的关键时期,产业重构任务比较艰巨。在这样背景下,东北新型装备制造业基地的建设还要与东北及全国的新型装备制造业的发展基础,即建设要素的实际发展阶段及相互适度性保持一致,主要表现在:(1)新型装备制造业基地的装备产业链完整化、高端化趋势。目前,东北新型装备制造业基地已经具备了较高的技术水平,在诸多装备制造业的领域具有了自主创新能力且达到国际领先的水平,初步具备了产业链完整化、高端化的内部条件。而世界发达国家装备制造业整体上向发展中国家转移部分非高端产品的趋势越来越明显,速度越来越快,其国内建立其他新型装备制造业基地迫切需求等使得东北装备制造业产业链完整化、高端化显得更为迫切。(2)新型装备制造业基地的技术创新呈知识型发展趋势。过去20年的实践证明,单靠自主发展,难以满足我国经济建设快速发展的需求,所以应充分利用对外开放的有利形势,立足于自主创新,实现引进与创新结合。这将是促进我国装备制造业振兴的最佳选择,也是加速我国重大技术装备发展的必由之路。这一背景下,东北新型装备制造业基地创新的"引进—吸收—创新"之路中的"创新"阶段成为其发展趋势就是必然的了。另外,从装备制造业的发展规律来看,如果不能及时形成装备制造的成套能力,其对经济发展的促进作用就会大大降低,而这就更需要技术创新。只有这样,才能在建设新型装备制造业基地的过程中把重大装备的科研、设计、制造、采购、使用等方面的优势力量有效地组织起来,协同作战。重点工程建设项目进行捆绑招标,按照"技贸结合、转让技术、联合设计、合作生产"的方针,实现重大技术装备的自主化、本地化,突破我国重大工程项目的建设使用与设备制造分割的传统弊端。(3)装备制造业基地政策市场化、系统化的趋势。在东北新型装备制造业基地形成中,恰逢中国政府职能转换时期,加强决策科学性是政府职能转换的一个重要内容,而政策的连续性与完整性会更有效地促进新型装备制造业运行水平的提高,因而无论是从政府职能转换还是政策功能本身的发展规律来看,新形势下东北装备制造业政策市场化、系统化的趋势几成定势。(4)装备制造业的"绿色化"趋势。20世纪末,由绿色消费引发了全球的绿色浪潮,从绿色食品、绿色设计到绿色制造等。绿色浪潮正在改变人类的生活和生产方式。发达国家正在努力抓住低碳绿色发展的新契机,实现经济发展的再次快速增长。对于迅速发展中的中国来讲,抓住这一机遇并充分利用它,可以使中国经济迅速发展,赶上或达到先进国家的水平。因此,

中共十六大报告提出的全面建设小康社会的目标多次提到要可持续发展能力不断增强，生态环境得到改善，资源利用效率显著提高，促进人与自然的和谐，推动整个社会走上生产发展、生活富裕、生态良好的文明发展道路。因此，无论从国际环境，还是从国家环境，东北装备制造业绿色化发展的趋势是必然的。与此同时，这种绿色发展的趋势也是装备制造业持续发展的必然选择。由于世界绿色制造业也是刚刚起步，因此对于发展中的东北装备制造业来讲，是一个难得的机会。同时东北地区已经具备了发展绿色装备制造的条件。制度、人才、市场各方面均具有较多的优势，在充分考虑制造、环境和资源三大领域的绿色制造要求下，东北的这些优势均可得以发挥。

第三节 东北新型装备制造业基地的发展对策

东北新型装备制造业基地的发展现状与趋势表明其建设中还需要进行更多的改进，在优化基地要素的过程中可以将东北新型装备制造业基地的建设提高到一个新水平。中共十六大明确提出要以信息化带动工业化、以工业化促进信息化，走新型工业化的道路，大力振兴装备制造业的工业发展战略。政府主管部门和企业要进一步转变观念，扩大开放，按照社会主义市场经济运行机制，依靠改革与创新，从根本上提高我国装备制造业的竞争力。在国际国内经济社会发展新形势下，根据东北新型装备制造业建设的要素禀赋，来寻求装备制造业基地的发展对策。

一、东北新型装备制造业基地的制度创新

在新型工业化进程中，各级政府在东北的新型装备制造业基地建设中的作用显得尤其重要。因此，政府制度及政策的建立与实施会极大地影响东北地区新型装备制造业基地生成与运行。这些制度及政策主要强调东北新型装备制造业基地的要素优化，主要包括：（1）政府可制定与实施"振兴东北装备制造业专项计划"。主要用于关系到我国经济发展和国家安全具有重大影响的项目。这一部分技术装备由于技术含量高、难度大、成套性强、关联面广、研制周期长、资金投入大、市场风险高、自身经济效益短期内不明显，很难通过一般的市场竞争完成。必须通过国家专项计划形式，集中优势力量和有效资源，根据国家一定时期

经济建设的战略重点，选择若干项重大技术装备取得突破，实现跨越式发展。以竞争的方式来实现专项计划的最大效用。(2) 设立相关扶持政策规范东北新型装备制造业基地建设。包括加大科研投入扶持科研成果的具体转化；扶持建立产业发展的一般标准；制定加强装备制造业重组并购工作管理暂行办法，加强对外资并购的规范管理工作，对外商投资并购进行评估审核；制定国家重点建设工程重大技术装备采购管理办法，避免无谓损失；制定重点领域装备技术政策，使建设科学化；制定推进高技术装备业开发的政策和法规；从财政或金融方面加大对装备制造企业技术创新的投入力度，特别是对引进装备的技术配套或消化研究资金，应给予支持；国家应支持民间建立"风险投资"基金，支持有条件的民族装备制造企业研发高技术产品。[①] (3) 加快东北装备制造业基地内企业制度建设，尽快建立新型的现代企业制度。建立相关的企业发展的激励制度，促进企业建立良性的人才培养、技术创新等机制，使企业进入良性循环状态，增强企业的持续发展能力。建立完整的鼓励企业管理机制上创新的激励机制，建立为企业分担相关负担的转化制度。

二、东北新型装备制造基地的技术创新

东北新型装备制造业基地建设中的技术创新，主要强调用高新技术改造传统制造业且加强技术的自主创新。以技术创新构建装备制造业集群的创新网络系统，主要包括：(1) 加大创新基础资源投入力度，加快建设一批带动性强的国家级工程研究中心、工程技术研究中心、工程实验室等，提升企业产品开发、制造、试验、检测能力。国家对重点发展领域应加大投入，推进"产、学、研、官"的结合，培育与支持一批从事产业原创性技术、共性基础技术的研发基地；企业应加大投入，加强对产品开发、设计、制造、成套、服务等关键技术的研究。(2) 重视共性技术的研发和扩散。按照"政府推动、市场运作、有偿服务"的思路，实行政府、企业、中介机构和科研院所等多元化投资，建立研发和引进、推广和示范、产品检验和技术培训等技术平台，为中小企业提供技术创新服务。(3) 积极实行引进创新和自主创新相结合。如引进跨国公司和教育科研院所的研发机构在装备产业集聚区落户，扶持大企业创办研发中心，提高大企业在研发、设计方面的自主创新能力，完善集群创新的激励、决策和运行等机制，促进

[①] 田也壮：《装备制造业存在的问题及发展对策》，http://today.hit.edu.cn/articles/2006/08 - 10/08110504.htm，2006 - 8 - 10。

形成区域性、共生型、开放式的创新网络体系。①（4）推进装备制造业的信息化建设，实施先进的生产模式与管理模式，强化集成技术的创新与推广，提高装备的成套能力。（5）建立健全相关的新型装备制造业技术进步研究机构。及时研究发布最新的研究成果，向基地及企业无偿提供，促其了解装备制造业发展动态，调整研发方向，促进研发投入效用最大化，减少无谓损失。

三、东北新型装备制造业基地的资源利用

东北新型装备制造业基地资源利用主要包括企业资源、人力资源和信息资源三个方面。其中，人力资源的开发利用是主要的，尤其创新型人才是新型装备制造业的跨越发展的前提；企业资源的优化组合可以提高东北新型装备制造业的整体水平；信息资源的建设是当前新型装备制造业发展的必然要求。具体来说，人力资源建设方面的对策主要包括：（1）建立良好的吸引人才的环境，包括研究经费的支持、生活条件的保证、配套的科研设备等，从而让人才有稳定的生活与科研环境，保证其全身心地投入到研发工作中；（2）设立相关的激励机制，可以建立技术入股、技术参与分配、期权奖励、股份购买的机制，形成人才研发新产品的动力机制；（3）在基地内建立完善的人才培养与评价标准，如职称制度的改革、聘任制度的改革等。这样可以大大强化人才的工作积极性，提高工作效率；（4）把培养、培训人才放在工作的重要位置，主要是对共性技术科技人才队伍的建设，加强高级技术人才的培养，扩大培训初入基地的人才，使其有稳定的感觉，有为本企业工作的长期目标，设立企业人才发展的目标模式。信息资源建设方面主要强调用信息技术提升新型装备制造基地采用现代虚拟制造技术，在生产与流通的各个环节提高信息化水平。主要对策包括：（1）建立健全信息建设的平台，从政府到企业都要形成相关的信息建设的平台，提高信息的传输效率；（2）信息建设具体化，对产品设计、生产过程、产品销售和服务、管理与决策等进行全面的专题建设，并且要将这些领域的信息形成一个系统——网络化信息资源，增强信息的实用性；（3）政府要成立公共的信息组织管理机构，企业要建立信息的研究开发机构，将信息的研究使用导入新型装备制造业的研发、生产、经营、管理、决策的各个环节，从而提高信息化对装备制造业的效用。企业资源方面强调对东北现有装备制造基地内企业的优化整合，最大化装备制造企业的效用。主要对策有：（1）建立东北地区跨省的相关协调机构，对各省的相关装备制

---

① 白永秀、赵勇：《后危机时代中国装备制造业的发展趋势及对策》，载于《福建论坛》（人文社会科学版）2010年第7期。

造业进行整合的协调，保证其高效率；（2）建立专门的研究与评估机构，对整个装备制造企业的可行性做出科学的论证，对整合后的发展可能做出评估；（3）整合中要注重新型装备制造业产业链的完整性，使基地内可以完成整套装备产品的生产。

四、东北新型装备制造业基地的市场创新

目前，国际装备制造业市场正处在知识环保型装备产品的需求形成阶段，因此对于东北新型装备制造基地来说，市场空间很大，需要加强市场的创新。具体对策包括：（1）建立健全市场的研发机构，深入进行国内市场与国际市场中装备制造业及相关产业的调查研究，及时发现市场的发展趋势，从而对东北装备制造业的产品的研发、生产提供充足的市场信息支持。（2）促进企业对外合资合作，包括和美国、日本及欧洲发达国家的合作，从而找到扩大东北新型装备制造业产品进入国际市场的切入点，逐步实现基地的市场国际化。（3）政府要建立装备制造业市场开发的风险评估机构，对装备制造业不同发展阶段、不同地区的市场开发的风险程度进行评估，确定风险等级，提高市场开发的科学性。（4）针对东北地区企业的实际情况，在开发产品市场的同时，还要加强对人才市场的开发，保证现阶段及将来企业人才的供应，实现企业的可持续发展。（5）强调市场开发的层次性和区域性，既要开发高端市场，也要注重本企业的主要收益来源或中端市场的开发。同时，合理配置市场开发的资金，保证高端市场的开发快于中端市场，且逐渐实现由中到高的市场模式开发的过渡。

综上所述，东北新型装备制造业基地建设中要以经济发展、产业升级的趋势为导向，以经济发展的基本规律为遵循，从影响装备制造业基地的政府、市场、技术和资源等要素着眼，制定出科学的、可持续的对策建议，实现东北新型装备制造业基地的科学发展。

第六章

东北高新技术产业基地研究

东北地区的国家级高新技术产业基地主要包括沈阳、大连、鞍山、长春、哈尔滨等国家级软件产业基地和出口基地、国家光电子产业基地；新材料产业包括新型精细化工材料、粉末金属材料、稀土发光材料、纳米级金属材料、有机电致发光材料、特种功能材料和复合材料、航空产业和新兴海洋产业基地等一批国家重点发展的产业基地。"十二五"以来，一大批国家及地区的战略性新兴产业基地正在建设。这些产业基地或是以新兴产业为核心，或是利用现代技术对传统产业进行改造，通过集聚效应、技术创新与制度创新，形成高技术产业链和一批具有核心竞争力的先导产业和产业集群，对东北地区振兴发挥了重要的作用。

第一节 高新技术产业基地研究背景

一、高新技术产业概况

（一）高新技术产业的界定与特征

1. 关于高新技术产业的界定标准

由于技术、产品乃至产业都具有明显的生命周期，因此高新技术产业的界定具有明显的动态性。不同国家、同一国家的不同时期，高新技术产业的范围是不同的。（1）美国学者纳尔森认为高新技术产业是以大量投入研究开发资金以及迅速的技术进步为标志的产业。（2）经合组织（OECD）根据产业研究开发密集度界定，认为研究开发经费占销售额的比例超过7.1%的产业为高新技术产业。（3）美国商务部把研究开发经费占销售额达3.5%以上，或者科学家、工程师占职工总数比例的2.5%以上划分为高新技术产业。尽管存在按照生产过程、创新标准、

R&D强度、科技人员比例等不同标准来划分高新技术产业。但均将现实生产力的知识与技术密集、高效率与高效益作为主要标志。

2. 高新技术产业的典型特征

高新技术产业的典型特征主要包括：(1) 技术含量高及技术创新速度快。高技术含量主要表现在应用技术的先进性和尖端性，技术创新主要由更新速度较快的高技术所驱动。(2) 研究及开发长期投入比重大。研究及开发投入在高新技术产业销售的比重远高于传统产业。(3) 无特定结构或不确定性结构，不确定性是指高新技术产业研发的技术和开发的新产品具有强烈的不确定性，与其他产业相比，在高新技术产业孕育和发展过程中，潜在的进入威胁更大，因为潜在进入企业可以通过反向工程、研制同类产品或违反知识产权生产该类产品，从而大大缩短进入该商品市场的时间，改变市场结构，降低单位产品利润。

(二) 高新技术产业的演化发展规律

1. 国外高新技术产业演化发展规律

(1) 国外高新技术产业迅速发展阶段大多是从20世纪80年代开始，高新技术产业迅速发展的标志是其规模不断扩大，通常以其增加值占制造业增加值的比重的指标来表示，如美国的高新技术产业的增加值超过制造业增加值的1/4。还可以从高新技术产业增加值率来判断，如美国为43%，日本为37%，英国为36%，法国为30%。(2) 高新技术产业内部结构逐渐趋向合理。目前的技术结构是以信息产业为主导，生物技术产业迅速发展，具有成为接续主导产业的趋势。信息产业成熟的标志是不断加大的信息技术应用范围和程度以及以信息技术为核心的信息产业群大量出现。(3) 在国外高新技术产业演化过程中，以民间投资为主体的风险投资机制发挥了关键作用，由于有利于资金与技术相结合，建立一种适应高新技术产业高投入、高风险的金融支持体系至关重要。(4) 高新技术园区的蓬勃发展，已成为地方经济的重要增长点。从各国高新技术产业发展的经验来看，经济开发区、高新技术开发区等成为高新技术产业发展的载体，也为各种高新技术资源的快速流动提供了机会和手段，给各种人才发挥创造性提供了机会，鼓励了高新技术产业的技术创新，并形成一种良性循环。在企业的生产经营过程中，创新环境得以强化和升级，形成了高新技术产业发展的动力。另外，由于高新技术产业具有知识技术密集度高、更新速度快、研究开发资金投入密集等特点，高新技术企业追逐具有高外部经济效应的载体。这是因为，企业因聚集而使相邻企业间相互提供"搭便车"的免费服务，这种免费服务体现在降低交易费用、培育人才金融市场、提供公共物品以及创新技术的孕育等领域。

2. 中国高新技术产业的演化发展规律

（1）改革开放以来，由于制度变迁和各项促进政策在高新技术产业发展进程中发挥着重要作用，使高新技术产业已得到长足发展，高新技术产业持续保持快速、健康、协调发展，国际竞争力不断增强。（2）目前高新技术产业已经步入发展的快车道。高新技术产业规模迅速扩大，高新技术产业产值占工业总产值的比重，已经由10年前的1%左右提高到现在的接近15%，高新技术产业增加值占GDP的比重由1995年的1.85%提高到2005年的4.44%。高新技术产业劳动生产率加速提高，2010年高新技术产业劳动生产率达到12.4万元/人，比工业劳动生产率高2万元/人。（3）高新技术产业对国民经济增长、增加就业、利税和出口创汇的作用日益明显。高技术产业全部从业人员达到666万人，同比增长11.2%，比工业增幅高5个百分点，累计新增就业人数近80万人。2006年，53个高新区实现营业总收入43319.9亿元，工业增加值8520.5亿元，分别比上年增长了25.9%和24.9%。高新区45828家企业实现营业总收入43319.9亿元，工业总产值35898.9亿元，工业销售产值34624亿元，工业增加值8520.5亿元，实现利润2128.5亿元，实现上缴税额1977.1亿元，实现出口创汇1360.9亿美元，分别比2005年增长25.9%、24.2%、24.0%、24.9%、32.8%、22.4%、21.9%。其中出口创汇占外贸出口的14%。2006年，高新区实现生产总值12048.7亿元，比上年高出2018亿元，占国内生产总值的5.8%；工业增加值8520.5亿元，占全部工业企业创造的增加值90351亿元的9.4%，其增长幅度高于工业增长幅度12.4个百分点。自1992年以来，高新区的营业总收入、工业总产值、实现利润、上缴税额、出口创汇等五项经济指标年均增长率分别为45.3%、45.6%、37.8%、46.0%、51.4%。分别是1992年的187.6倍、192.2倍、89.1倍、199.7倍、331.9倍。

（三）高新技术产业的集聚方式及特征

尽管由于在发展初期高新技术产业往往依赖中小企业的创新活动，因而分散经营的专业化分工组织形式是早期高新技术产业的重要发展模式。但在产业成熟阶段，高新技术产业会形成以大企业为核心的产业集群，大企业通过雄厚的市场竞争力，建立自己市场地位，促进产业集聚的形成。如美国硅谷由发展初期的无工厂的设计室、晶片铸造厂、加工机器生产商的分散式商业模式，演化形成相对集中的生产更加快捷、灵活、低成本的，更具创新性的高新技术产业区。

高新技术企业在区域内集聚的趋势和特征表现在资源要素、经济要素在空间上的集中。由于区位指向和功能联系，高新技术产业区位一般趋向于基础设施发达、智力资源密集、信息灵通、环境良好的地区。高新技术产业集聚的主要原因是高新技术产业具有高知识技术密集、高研发资金密集、高更新速度等特征，外部经济效应对高新技术企业发展至关重要。高新技术企业借助产业园区、经济开发区等地域集聚而使相邻企业降低生产成本，其原因在于交易费用降低、共同的公共物品导致成本降低、专业化人才金融市场发育，以及创新技术的溢出等方面。完善的基础设施更是高新技术企业赖以生存和发展的物质基础，技术创新促使高技术企业聚集于大学或研发基地附近，成熟的金融市场有利于高科技企业融资，良好的投资环境和配套的服务业可吸引各类高级管理人员和专业人才。

二、高新技术产业基地的相关研究

（一）高新技术产业基地形成及演化特征

国内外学者对高新技术产业基地的研究主要是基于传统产业集群理论，将高新技术产业基地视为创新产业集群，引进创新理论等探讨高新技术产业基地的孵化、培育和发展，然后对特定的高新技术产业基地进行实证研究，并且产业集群的模式主要集中在高新技术园区一些成功和失败经验的研究。其中比较有代表性的观点包括：（1）李国麟、吴若陶（2000）认为高新技术产业集群中私营企业的成功，并不是仅仅依靠建立科技园或实行税收优惠来实现的，它是商业企业自由竞争的结果，而不是单靠政府资助的研究机构或大学所发明的科技成果就能实现，它需要有丰富的市场经验以及商业意识的管理人员来充当带头人。这些企业的成功是整合整个国家对科技理解的水平、投资环境的优劣、商业文化等各种复杂的因素结合到一起才能够实现的结果。（2）在高新技术产业基地形成的影响因素上，王缉慈（2001）认为影响高新技术产业创新集群形成受四类因素影响：产业的本地前后向物质联系、新企业从现有企业中衍生出来、高新技术产业的劳动过程以及面对面的知识和信息流通。（3）戴卫明等（2005）认为高新技术产业基地形成主要有以下几方面的原因：共享公共设施带来成本节约、专业化分工协作带来成本下降和生产灵活性、劳动力市场的有效供给、知识溢出带来的创新环境、信任文化带来交易成本的减少和合作的增加、"区位品牌"和集体购买带来的市场能力的提高、游说能力的提高等。（4）陈柳钦（2008）认为高新技术产业集群中社会资本可以影响高新技术产业集群的位置、发展速度和信息交流，有利于促进集群内经济主体的协作。（5）王铮等（2005）认为高新技术产业形成的环境因子包括：知识溢出环境、人力资本密集、气候环境、供应链环境、交通环境和贸易条件等。(6) 郝宇等（2005）认为高新技术产业发展经历发展初期的价值链裂变模式、发展期的供应链整合模式，以及发展成熟期的虚拟链聚焦模式。

在高新技术产业基地的区位选择及影响因素的研究中，比较典型的观点包括：(1) 王缉慈（1993）认为在高新技术产业基地的区位选择上，智力密集度、开发性的技术条件、人才是高新技术产业基地的区位选择的首要因素，信息网络、基础设施、适宜生产和生活环境等也是很重要的因素。(2) 姚凯（1996）认为高新技术产业集群的区位决定因素是：聚集因素、智力密集区、环境和生活质量、交通运输条件。高新技术产业基地的区位选择影响因素可归结为：智力密集区、开发性技术条件、风险资本、完善的基础设施、优越的生产和生活环境和政策法规、人文环境及创业精神等。(3) 梁文（2003）认为智力密集区、风险资金密集区、集聚、一定的技术支撑条件、政府优惠政策的倾斜、较好的自然环境和较好的基础设施才是高新技术产业集群的主要区位因素。(4) 童旭红（2004）认为影响高新技术企业集群的区位因素，包括：区域因素（运输成本、劳动力、本地化因素）、集聚因素（技术人员的流动性、知识共享、专业化分工、企业与大学和研究机构的合作）、创新因素等。(5) 赵玉林（2004）认为影响高技术产业布局的因素包括生产影响因素和管理影响因素。其中前者包括：自然条件、生产技术条件、研究人员的数量和质量、企业家、资本因素、市场因素。后者包括：良好的交通及通信等基础设施、吸引科技工作者的良好氛围、高技术企业创新的社会秩序和体制、支撑高技术产业发展的传统产业和政府、产业政策等。

在高新技术产业基地的区域创新效应的研究中：(1) 部分学者认为高新技术产业的地理集聚并不一定必然导致区域研究与开发的合作及区域创新现象（哈森克和伍德等，1998）。如儿玉充（2007）对以政府主导为特点的日本科技园区的区域创新效应进行的实证研究，发现无明显的区域创新效应。(2) 部分学者认为高新技术产业并不都具有明显的区域创新效应，区域创新效应主要集中在部分产业中。如术佛瑞（1997）对日本高新技术产业的研究认为尽管日本贸易与产业部支持组建的研究开发联盟，进行了超大规模集成电路、第五代计算机等大型项目的研究，但除集成电路外，其他研究项目的创新效应并不明显。

（二）高新技术产业发展中的制度因素

在高新技术产业基地政策研究中，相关研究表明政策可以通过在产业水平上的支持政策和企业水平上的支持政策来取得较好的效果，促进高新技术产业的发展。如班尼斯（2006）以台湾新竹科学园为例，说明政府可通过制定政策，对高新技术产业发展起着正面的作用。安比卡（1999）通过对印度班加罗尔地区高新技术产业发展状况的研究，也发现政府政策支持是重要的因素。马丁·海默特（2004）通过对德国和日本的高新技术产业的调查，认为高技术企业技术的获得受到较多的制度因素的影响。

产业水平上的支持政策包括：(1) 实行新的技术政策，培育大量的高技术企业，从整体上促进高新技术产业的发展。如斯蒂芬·马丁（2001）通过模型分析了国家产业竞争政策是如何对高新技术产业发生影响的。罗奈尔·麦克奎德（2002）论述了国家和地区的政策支持可使企业家的能力得到提高，从而促进高技术产业如计算机和通讯业 ICT 发展。格里高利·泰奇（2004）论述了国家的研究开发政策导致投入不足，使美国的高新技术制造业发展滞后，从而对美国以知识为基础的经济成长不利。(2) 政府在高新技术产业发展中的作用还表现为通过制定政策，提升教育水平，开发智力资源，增加民用研究的支出，去除自由贸易障碍，鼓励长期资本投资，将军用技术向民用转移，鼓励企业、大学、研究机构等建立商业伙伴关系等。(3) 支持高新技术产业发展的政策，如建立科学园，对产业研究开发提供财政资助，促进产学研联系和提供多样化服务等。

企业水平上的支持政策包括：(1) 部分学者认为政府对创新的资助在高新技术产业发展中起到至关重要的作用。例如以波特的竞争力理论为基础，研究硅谷高新技术产业成功的机制，发现除风险投资、大学资源的利用外，政府的资助推动了技术创新。(2) 推动鼓励建立科技园区的政策，使其成为集政府政策、大小企业、中介机构和研究机构的载体，促进了高新技术产业的迅速发展。大量研究证明建立科学园区是发展高新技术产业的一项有效的制度，如汉斯·罗夫斯顿等（2002）通过对瑞典科学园区调查，发现园内企业往往更容易和大学以及研究机构进行联合技术研究开发，具有更好的发展绩效，有利于高新技术产业发展壮大。朴尚哲（2004）论述了韩国大德科学院园的发展状况，分析了政府政策在建设科学园中的作用，认为政策的支持是科学园区快速发展的重要原因。福川信也（2006）研究了日本科学园对高技术企业价值创造的贡献，认为园区企业更容易建立知识链条，有更高的和高等教育机构进行联合研究的倾向，能取得较好的发展结果。(3) 政府特别重视以政策支持孵化器，培育高新技术企业，促进产业发展。如马西莫·哥伦布等（2002）通过收集样本数据，检验了意大利的科技孵化器的有效性，证明其能以更好的人力资本吸引企业，培育高新技术产业。莫拉·麦克亚当等（2006）通过对爱尔兰大学科技园孵化器调查，证明孵化器能增强企业家的社会网络关系，支持新办高新技术企业成长。

高新技术产业相关制度的选择与应用应针对产业不同的成长阶段、产业本身的市场特性及需求采取切实可行的辅助性促进产业科技的合理化政策。如在高新技术产业基地形成初期的制度性的因素包括良好的技术研究开发组织方式和风险投资体系，政府支持政策和本地企业家网络，孵化器体系和对研究开发的资助，产学研联系和保证契约实施的环境等。在高新技术产业成熟阶段，从创新、生产、产品质量、对关键人员的吸引力等方面进行制度创新，改革利润和股权分享对高新技术部门中企业发展具有重要作用。

第二节 东北高新技术产业[①]基地的发展特征

一、东北高新技术产业基地专业化测度模型及应用

由于高新技术产业基地内的企业都具有高度的专业化，成员一般都是专业化的，这种企业不仅包括上游的原材料、设备、零部件和生产服务等投入供应商，也包括下游的销售商及其网络、客户，还包括互补产品的制造商、技术培训和行业中介等相关联机构，以及基础设施供应商等。因此，专业化是产业基地的最显著特性之一，因为专业化带来了制造商对供应商不断增加的依赖，促进了产业基地内企业间的竞争—合作关系。专业化特征还体现在企业、供应商、服务提供商、相关的机构在某一地理范围上的集中。这里的地理范围是经济区概念，集中的对象包括技术上关联的企业，也包括相应的支撑机构，如地方政府、行业协会、金融部门与教育培训机构等。

不仅如此，高新技术产业发展必然受到当地及周边地区创新投入、经济水平、科技水平、社会文化等环境因素的综合影响，如美国硅谷与斯坦福大学和加州伯克利分校有着紧密的联系。因此，高新技术产业发展具有在特定地区聚集的空间分布特征。表示为观测值与区位之间的一致性，即观测值由于某种空间作用而在地理上聚集，特定区位的观测值会受到周边地区性质的影响。当相邻地区随机变量的高值或低值在空间上出现集聚倾向时为正的空间自相关，而当地理区域倾向于被相异值的邻区所包围时则为负的空间自相关。

Theil 熵是用于衡量收入差距（或者称不平等度）的常用指标，它因 Theil 根据信息论中的熵概念来计算收入不平等而得名。在此处，我们用它衡量各省区高

[①] 在研究中，高新技术产业包括电气、机械及器材制造业，通信设备、计算机及其他电子设备制造业，仪器仪表及文化办公用机械制造业和信息传输，计算机服务和软件业。

技术产业发展水平的不均衡性。

$$\text{Theil}_t = \frac{1}{N} \sum_{i=1}^{N} \frac{\text{Hightech}_{it}}{\mu_t} \ln \left[\frac{\text{Hightech}_i}{\mu_t} \right]$$

其中，Hightech_{it} 表示第 i 省高新技术产业在 t 年的总产值。$\mu_t = \frac{1}{N} \sum_{i=1}^{N} \text{Hightech}_{it}$

从 Theil 熵的表达式来看，它能很好地评估高技术产业分布的不均衡性，其值越大说明观测值分布越不平均。当高技术产业发展水平完全平均时 Theil = 0。在最不平衡情况下，即 Theil = ln(30) = 3.4012。东北地区高新技术产业产值分布的 Theil 熵值如表 6.1 所示。

表 6.1　　　　东北地区①高新技术产业产值分布的 Theil 熵值

时间（年）	2005	2006	2007	2008	2009
Theil 熵	0.874	0.926	1.108	1.214	1.286

从分析结果来看，Theil 熵有逐渐增大的趋势，即东北地区高技术产业集聚程度逐年提高。开发性技术条件、人才、信息网络、基础设施、交通运输条件等因素发挥了重要作用。

二、东北高新技术产业基地区域相关性测度模型及应用

研究空间聚集问题时，可以使用空间依赖或空间相关理论，认为与地理位置相关的数据基本都具有一定的空间自相关特征，即一个区域单元上的某种地理现象或某一属性值是与邻近区域上同一现象或属性值相关的。为了检验高技术产业的空间聚集特征是随机发生的，还是存在特定的分布规律，就要对其进行空间自相关检验，这包括了全局空间相关性检验和局域空间相关性检验。研究数据的全局空间相关性采用 Moran 指数，该指数反映的是空间邻接或空间邻近的区域单元属性值的相似程度。

Moran I 指数的计算公式如下：

$$I = \frac{n \sum_{i=1}^{n} \sum_{j=1}^{n} w_{ij} (x_i - \bar{x})(x_j - \bar{x})}{\sum_{i=1}^{n} \sum_{j=1}^{n} w_{ij} \sum_{i=1}^{n} (x_i - \bar{x})^2} = \frac{\sum_{i=1}^{n} \sum_{i \neq j}^{n} w_{ij} (x_i - \bar{x})(x_j - \bar{x})}{S^2 \sum_{i=1}^{n} \sum_{j \neq i}^{n} w_{ij}}$$

---

① 东北地区高新技术产业产值以辽宁、吉林、黑龙江三省高新技术产业产值平均值计算。

其中，$S^2 = \frac{1}{n} \sum_{i=1}^{n} (x_i - \bar{x})^2$

Moran 指数 I 的取值在 1 ~ -1 之间，I < 0 表示负相关，I = 0 表示不相关，I > 0 表示正相关。对于 Moran 指数，可以用标准化统计量 Z 来检验 n 个区域是否存在空间自相关，其 0 假设为统计值之间不存在空间自相关。Z 的计算公式为：

$$Z = \frac{I - E(I)}{\sqrt{VAR(I)}}$$

当 Z 值为正且显著时，表明存在正的空间自相关关系，也就是说相似的观测值（高值或低值）趋于空间聚集，当 Z 值为负且显著时，表明存在负的空间自相关，相似的观测值趋于分散分布，当 Z 值为零时，观测值呈独立随机分布。东北地区高新技术产业 Moran 指数如表 6.2 所示。

表 6.2　　　　　　　　东北地区高新技术产业 Moran 指数

时间（年）	2005	2006	2007	2008	2009
Moran 指数	0.3084	0.3092	0.3098	0.3127	0.3152
Z 检验值	2.217	2.246	2.317	2.322	2.347

可见，东北地区高新技术产业的发展水平及其增长模式都呈现出强烈的空间聚集特征，存在着明显的局域空间相关性。东北地区高技术产业的成长会受到周边地区的影响，创新知识的传播和扩散在东北地区高新技术产业基地建设中发挥了重要作用。

第三节　东北高新技术产业基地演进的动力分析

一、东北高新技术产业基地演进的市场要素考量

（一）知识和技术资源及创新能力

高新技术产业基地发展不仅需要传统理论中的资源，如资金、劳动者、矿产、土地等，还需要知识资源和技术资源，以及生产这些知识和技术资源而进行知识研究和创新的高校及科研机构等。在农业经济和工业经济时代，交通运输及

其相关成本是决定企业效益的主要因素,因此企业在区位选择上会优先考虑资源供给便利的地区。像早期在具有最佳气候条件地区建立的农业产业集群,如法国的香槟省和美国的玉米带等,工业化初期在矿藏丰富地区形成的工业产业集群,如德国的鲁尔工业区和美国的钢铁带等。高新技术产业基地形成的一个初始诱因也是地区的资源优势,但随着后工业时代的到来,虽然传统资源禀赋条件仍然是企业区位选择的重要因素,但是其重要性不断下降,以知识和技术为特征的新型资源越来越成为提高企业效益的重要因素,因此具有这种新型资源优势的区域对企业尤其是高科技企业具有很强的吸引力。这是因为:(1)高新技术产业普遍具有高投入、高风险的特点,特别是依托的新科技的诞生往往需要投入大量的资金、人力、物力,需要有密集的知识和技术的融合,而知识和技术融合的源泉主要依靠的是优良的教育,因此具有知识及技能创新能力,能够持续培养出大量优秀人才是高新技术产业基地形成的必备条件。(2)高新技术产业基地的核心要素是高新技术创造者、高新技术使用者与高新技术产业化的推动者,他们的结合成为高新技术产业基地形成的重要基础,知识和技术的创新能力也是高新技术产业基地不断发展创新的动力源泉。(3)与以资源优势建立起来的产业基地可以使企业或企业群获得了一种静态的比较优势类似,以知识和技术为特征的资源优势建立起来的产业基地也具备一种具有较强生命力的动态竞争优势,这种资源优势是高新技术产业基地保持持续竞争力的重要因素。

(二)产业基地内部的竞争及合作

竞争与合作是高新技术产业基地发展的重要推动力量。高新技术产业基地的形成是一个动态的过程,当一个竞争性的企业成长起来以后,它就会产生对相关产业的需求。当高新技术产业基地逐渐形成以后,就成为一个相互增强的系统,在这个系统中利益透过产业建立前后关联。高新技术产业基地内企业之间的竞争会推动增长,这是因为:(1)它迫使高新技术企业不断地创新,不断提高技术和创造技术,而这样又会导致新领域的产生,刺激企业的研发,促使新技术和新服务的引入。(2)由于高新技术产业基地内的许多产业雇用相似的劳动力,因此这些劳动力能够自由地在相关的高新技术企业中流动,这样就会将知识转移到新的企业中去,同时继续提升高新技术产业基地的竞争和持续发展能力。(3)这种发展导致高新技术产业基地内企业垂直一体化进一步扩展,形成产业部门的水平一体化。具体来说,当劳动力的划分更加专业化同时新企业能够满足新的细分市场的需求时,垂直一体化就会进一步扩展。而在不同的部门中,当新技术和新的劳动技能被运用到相关高新技术产业中去时,水平一体化就会产生。如硅谷就是一个竞争促使水平一体化的典型例子。(4) 国外其他一些学者认为，合作促进了高新技术产业基地的发展，对于处于生产链每个环节的企业如供应商、机器制造商、装配商、分销商和最终客户来说，地理的接近为相互合作的公司更迅速地采用新技术和技术革新，从而提高整个生产过程的效率提供了可能。企业通过合作来提供更专业的服务，引致高新技术产业基地的发展。

(三) 产业基地外部需求与市场规模

高新技术产业基地成长依赖于产业体系可扩大的空间范围，这种空间因素就是产业的市场规模。(1) 当高新技术产品市场需求旺盛时，会拉动相关产业生产更多的产品，吸引更多的投资，推动高新技术产业的专业化和深度化，促进产业成长。当市场竞争激烈时，竞争会演变成企业追求高质量、完美产品造型和优质服务的动力来源，激发整个产业进行产品和营销创新，创造新的需求。(2) 消费者需求对技术创新也具有拉动作用，由于市场需求总会以一定的形式给予外界某些信号或者说信息，当消费者产生某种消费需求时，其心理反应总是具有一定的指向性。对于高技术产业的技术创新来说，由于技术创新过程中所具有的不确定性的特点使得高技术产业的创新过程成为一个充满试错的过程，因此，已经存在但尚未被满足的某一高技术产业领域内的市场需求肯定会对技术创新产生拉动和导向作用，并且会减少技术创新过程中的不确定性。先发性市场需求则可以因为率先向创新的高技术企业发出信号而进一步减少创新过程中的不确定性和降低成本，从而大大降低了市场开拓的成本。(3) 对某一高技术产品所形成的先发性需求也会波及产生对相关性产品或服务的先发性需求。而且由于文化、语言等多方面的原因，本地的高技术企业比其他的厂商更易于了解和掌握客户的真正需求，从而更易于把握研究开发的方向。并且，本地高技术企业也会比其他的高技术企业更早发现当地市场中的客户需求，这一成本也就比其他企业更低。所以，若某一高技术产业内存在着先发性市场需求时，会刺激高技术企业先于竞争对手进行创新而获得在国际竞争中的先发优势，还可能会获得创新成本方面的优势。快速增长的需求对高技术产业基地发展也具有较强的促进作用。一方面，若某一高技术产业的市场需求增长十分迅速，则意味着这一高技术产业的需求弹性比较大，该产业产品或服务产出的增长是符合人们需求方向的，从而也会是一个从整体上来说是投资回报较高的产业。显然，其较高的投资回报将导致大量的稀缺资源流入该产业基地，因为资源的流向也是遵循收益最大化原则的。比如一个市场需求增长十分快的高技术产业将吸引大量的高水平人才进入该产业。大量高水平、高素质人才在该产业基地的聚集会使得该高技术产业基地的国际竞争力显著提高。另一方面，若某一高技术产业的市场需求快速增长，会导致众多的企业向该产业进行投资从而会产生十分激烈的同业竞争，企业相互之间激烈的竞争也将使得这一高技术产业基地的国际竞争力增强。

（四）专业化分工与交易成本

社会的专业化分工主要表现为相互独立的产权主体在生产领域的分工协作，并通过市场交易来实现。与其他产业相比，高新技术产业强调"柔性"生产专业化的生产方式，企业之间的分工与协作不仅有利于提高生产效率，也有利于其不断适应变化的市场竞争与需求，通过分工协作，基地内的企业间互补性增强，企业可以将原来自己生产的部分零部件外包给其他企业，利用分工协作更快地扩大生产规模和降低成本，从而充分发挥资源效用。这种分工协作也有利于形成产业基地内的零库存、"及时供货"、提高全面质量管理等，提高生产效率。专业化的社会分工不仅降低了企业内部的成本，也有利于利用外在的范围经济带来的高效生产率，实现了规模经济和范围经济的最佳结合。由于社会分工的逐渐深化，市场交易行为不断增加，在地理位置上接近的不同产权主体之间由于相互之间的资源运输便捷、信息交流及时就会比地理位置上相距较远的企业间的市场交易费用减少很多，即市场交易费用呈现出明显的空间性。具体来看，主要产生于市场交易过程中的交易成本，可以被分为有形成本和无形成本两类，高新技术产业基地内交易成本的降低主要源于：（1）高新技术产业基地内企业之间的有形成本降低，这些有形成本主要包括运输成本、信息搜寻成本以及合约的谈判和执行成本等成本，这些成本由于地理上的集中得到降低，同时产业基地所提供的诸多便利可以降低企业的无形成本。（2）基地内的高新技术企业可以便利地进行正式或非正式的直接的信息交流，进而增强了企业间信息交流的便捷性和降低信息沟通成本，也有利于企业及时掌握市场变化信息，增强企业生产和经营战略调整的灵活性。（3）大量存在的企业间的原料的投入产出联系、长期或短期转包合同使这些高新技术企业之间更容易建立信用机制，从而大大减少企业经营的风险和机会主义倾向。由于专业化分工和交易成本降低，高新技术企业在产业基地内可以更方便地找到合适的专业人才，具有由于供应商和客户聚集在一起所产生的外部规模经济效应以及更具活力的创业环境和氛围、研究开发的集约性、公共设施的共用性等优势，所有这些因素都使得高新技术产业基地降低交易成本，从而促使高新技术企业群在特定区域聚集和产业基地的发展。

二、东北高新技术产业基地演进的制度要素考量

（一）发展环境与公共政策

高新技术产业发展的高投入、高风险性等特性需要公共政策创建合理的投融资体系，高效的投资风险化解体制，从而激励更多资源投向发展高新技术产业。高新技术产业发展的公共政策能够确定高新技术产业的发展目标和方向，通过政策的宣传教育使全社会形成加快高新技术产业基地发展的共识，并因势利导地引导人们从事高新技术产业基地建设，从而引导社会资源的流向，进而能够引导高新技术产业基地发展的方向，即一项高新技术产业发展的公共政策出台或废止，会导致人力、物力、财力、技术、信息等资源在空间布局和时间序列上的不同分布，从而引导高新技术产业向既定目标方向发展。如辽宁可以制定优先发展的高新技术产业目录，可以鼓励社会资源投向某些高新技术产业领域，引导这些产业优先发展。又如引导高新技术产业集中发展的区域性公共政策，可以将区外的人才、技术、资金等生产要素吸引到区内形成产业发展优势，发挥资源集结效应。再如，加快高新技术产业发展税收返还优惠政策或者投入补助政策，会降低民间投资者对投资高新技术产业的评估风险，从而激励民间资源投向高新技术产业。公共政策可以通过若干政策条款为加快发展高新技术产业提供保障条件。如明确规定政府要将发展高新技术产业作为一项重要职责，可为辽宁高新技术产业发展提供组织保障。明确规定政府财政预算专项资金支出并每年以一定比例增长用于支持发展高新技术产业，可将高新技术产业发展带来的外部经济返还促进高新技术产业发展。

（二）各种创新制度

创新制度也是高新技术产业基地持续发展的重要的动力源泉，只有不断地构建制度设计来激励创新，高新技术产业基地才能不断提高技术水平，实现利润增长，推动产业升级。创新制度来自于高新技术产业集群知识的共享和流动制度以及高新技术产业集群企业的交互式学习机制设计。由于知识和技术在当今世界各国和各地区的产业发展中已表现出越来越重要的作用，许多高新科技产业基地往往靠近大学、科研院所等教育机构和科研机构，这些机构提供了知识和技术的创新源泉，它们与高新技术产业基地内的企业建立了各种双向的创新合作制度，大学、科研院所为产业基地内的企业提供大量的人才和科研创新成果，成为发展的

源泉,而且知识和人力资源供给的便利性大大降低了企业的培训成本。另一方面,产业基地内的企业则为大学、科研院所的研究成果提供了产业化从而进入市场的便利,同时也为各种科研活动提供各种赞助。从长期来看,这种双向合作的创新制度是高新技术产业基地演进的重要动力。

第四节 东北高新技术产业基地发展的创新政策

一、东北高新技术产业技术创新政策

(一) 建立和完善科研机构体系间的协作机制

建立适合经济和社会发展、符合高新技术产业发展需要的科研机构协作机制,形成合理的科研体系,客观上需要协调这些机构的职能。具体来看,这些机构包括政府科研机构、高校与企业的研究开发机构等,不同的机构有着不同的职能。国家直属科研机构是中央政府直接资助的机构,为实现宏观目标和主要任务服务,主要从事公共领域的基础性研究和公益性研究,研究具有基础性、战略性和前瞻性的特征,同时也承担一些经济发展的战略行业共性、关键技术的研究。地区科研机构是地方政府资助的机构,主要解决地方社会经济发展中的重要科技问题和公益性的问题,是为实现地方政府目标和战略服务的。高等学校主要从事基础研究和一些前沿技术领域的应用研究,同时和该领域的人才培养紧密结合,它经常得到政府的资助。企业主要是开发专有性质的产品技术和工艺技术,其开发的组织形式多种多样,包括企业间的技术联盟、大企业的技术中心,中小企业的技术开发联合体等。为了鼓励科研机构、高等院校及其科技人员研究开发高新技术,加快高新技术成果的转化,要研究和总结科技计划引导项目的成功经验,探索科技计划的政府、企业和个人联合投资机制,构筑多元化、多渠道的科技计划投资体制。在科技计划管理中,充分发挥企业的作用,突出企业在技术创新中的主体作用,加大企业参与实施的力度。科技计划要充分重视市场需求和产业化的前景。除基础研究外,还要进行市场调查和成果完成后实施转化的可行性分析。

(二) 建立科技资源共享制度

过去由于部门分割和体制封闭,科研投入方面重复建设、资源浪费的问题很

突出，科研基础条件以及科技资源共享机制相对薄弱，使得许多科技人员在和国际同行的竞争中往往输在了起跑线上。因此，加快建立科技信息、基础设施和资源有效的共享机制十分迫切和必要。要把加强基础设施建设作为东北地区支持科技发展、扩大公共职能的一个重要方面，通过科研基础条件平台建设，着力营造有利于科技人才成长的良好环境和条件。

推进企业成为技术创新的主体。通过政策和科技投入的引导，建立以企业为核心、产学研有机结合的技术创新体系。健全大中型企业和科技型企业的技术研发机构，消除阻碍中小企业和民营科技企业发展的行政壁垒和歧视性政策，完善高新技术创业服务体系和公共技术基础设施平台，培育大批富有创新活力的科技型中小企业。构建充分竞争的市场环境，形成企业的利益和技术创新的目标有机结合的动力机制，使企业成为创新投入的主体。吸收企业参与科研项目的研发，增强自身的创新能力。着重建立科技产权制度和分配制度，促进科技人员向企业流动。

二、东北高新技术产业制度创新政策

（一）财政政策

为支持高新技术产业发展，财政政策应该在以下四个方面加以创新：（1）引导功能，增强财政对社会资本向高新技术产业转移的引导功能，使得财政的有限投入能引导大量的社会资本进入高新技术产业；（2）倍增效应，即财政支持要实现放大效应，政府直接的资金支持要逐步被间接支持所替代，以风险投资担保为核心，使政府的财政支持更加富有效率和发挥更大的杠杆作用；（3）改变现有的科技经费的传统运作机制，政府从直接投资者的角色中逐步淡出，以"政府风险投资种子基金"作为资金直接支持的主要形式，使财政资金的导向作用得到充分的发挥。加大财政科技投入力度的同时，面向市场，建立多元化的科技投入机制。应确立财政科技投入在公共支出中的优先地位，从法律层次和操作程序上建立起财政科技投入适度超前、稳定增长机制，确保财政科技投入的增长速度高于政府财政收入的增长速度，与此同时，应面向市场，广辟筹资渠道，建立多元化的科技投入机制。财政投入应主要用于尖端和基础性的社会公益性的项目，并发挥引导和示范作用。金融投入主要用于有价值保障的经济效益大的项目，发挥支撑作用。企业投入应成为科技投入的重要主体，应结合企业改制，建立起企业科技自主投入机制。

调整财政科技投入结构，选择适合国情、对国家竞争力具有战略意义的科研领域进行重点支持。具体来看，一是将企业一般技术创新和实验活动排除在政府资金支持的范围之外，将这部分资金用于重点支持基础研究与公益性应用研究，促进科技原始创新能力的提高。二是从有利于全社会科研工作出发，加强对科技服务尤其是科技基础条件平台建设的投入，促进科技信息网络化、电子化，科学数据、自然资源和科学仪器设备共用共享，为科研工作提供良好的环境和条件。三是继续增加财政对高新技术领域的资金投入，包括增加专项拨款，保证专款专用，提供贷款担保，即由政府组织建立高新技术产业投资公司，或者设立贷款担保基金，为高新技术产业的银行贷款提供担保等，发挥财政投入的杠杆作用。四是强化各级科技计划间的整合与协调。既要明确各科技计划的定位和投向，避免科技计划项目的重复、交叉，又要合理确定科技计划投入领域和重点。

（二）税收政策

主要是对高新技术企业购进的用于科技开发、研制与试验的固定资产所含进项税金允许分期分批实施抵扣。将与高新技术产业发展密切相关的交通运输、服务业等行业纳入增值税征收范围。作为实施此项政策的过渡措施，可对企业购入和自行开发的科技成果费用中所含的税款，比照免税农产品与交通运输费的有关规定，按照一定的比例计算扣除进项税额。企业所得税方面的完善。高新技术企业实行基本的优惠税率，税收优惠的重点应从对企事业单位、科研成果转向对高科技企业成长时期或重大技术攻关、重大市场开拓等关键环节和阶段的税收优惠与扶持，强化对企、事业单位科技投入方面的税收鼓励措施。改变以往单纯的税额减免与低税率的优惠政策，增加加速折旧、投资抵免、技术开发基金等税基式的优惠手段。做到税基减免、税额减免与优惠税率三种方式相互协调配合。具体做法包括：(1) 对于使用先进设备的企业以及为研究开发活动购置的设备或建筑物，实施加速折旧，并在正常折旧的基础上给予特别折旧，即在折旧资产使用的第一年允许按一定比例特别折旧扣除。(2) 对从事高新技术开发的投资与再投资实行投资抵免政策，允许企业按研究开发费用的一定比例从应纳税额中抵缴所得税。(3) 准许高新技术企业按照销售或营业收入的一定比例设立各种准备金，如风险准备金、技术开发准备金、新产品试制准备金以及亏损准备金等，用于研究开发、技术更新等方面，并将这些准备金在所得税前据实扣除。

（三）人力资源政策

主要包括：(1) 建立薪金报酬同在生产实际中通过解决技术性问题而创造的

价值紧密联系的收入分配制度，把能力和业绩作为主要衡量标准。通过收入结构调整，即降低固定工资在总收入中的比重、提高技术进步奖励和年终奖的比例，将其贡献和收入直接挂钩。(2) 建立健全现代产权制度探索技术参股和入股等产权激励机制，将研发人员的贡献股权化、期权化。通过福利手段鼓励创新、吸引人才，可以为其购买补充养老保险和补充医疗保险、商业性保单等。(3) 加强知识产权保护，依法确保高技术人才及其所在机构对研发成果的共同所有权。(4) 设立行业奖项，充分发挥经济利益和社会荣誉两方面的激励作用，对做出杰出贡献的人才给予崇高荣誉并实行重奖。

企业的经营管理者要转变观念，不应将员工培训经费的投入作为人工成本支出，而应将其视为企业获取竞争优势的一项人力资本战略投资。企业应建立内部培训体系，由高水平和经验丰富的人员担任教员，针对员工的知识技能缺陷和学习特点，设计培训课程。企业还可与地区内外的大学或专业培训机构加强联系，接受先进的管理理念和技术知识，使人才的知识结构得到更新和优化。同时，企业应重视培养复合型人才，鼓励技能型人才、管理型人才和研发人才在各自原有领域的基础上相互交叉和渗透，鼓励生产一线人员参与技术改革和创新，这样会大大降低人才培养成本。以创新和业绩为导向对高技术产业人才进行有效激励。

建立高新技术产业发展的人才流动制度。发展高新技术产业最重要的资源就是人力资源，而要使人力资源得到有效配置，必须从制度上保证人员的良性流动，减少人员流动的风险。要对国有企业、民营企业一律实行无差别对待，使各种不同性质的组织之间在涉及人员的社会保障方面具有可转移性。人员流动应解决医疗、退休保险、住房等方面的后顾之忧，在不同地区之间、不同所有制部门之间实行人员身份的无差异性。应保证流动人员不会因为工作地域工作单位的变更而遭到各种损失，因此有必要建立统一的人才市场。提倡人才的柔性流动，可以通过科技咨询、兼职、顾问聘任等方式吸引高等院校和科研单位的专家学者参与产业发展战略研究、企业经营管理设计、项目开发和技术攻关等。国际流动应以"引进来、走出去"为核心，吸引国外高技术产业人才。一方面，继续贯彻"支持留学、来去自由"的方针，鼓励已经担任一定管理职务或有一定研发成果的留学人员以不同方式为地区经济发展服务。另一方面，采取团队引进、核心人才带动引进、高新技术项目开发引进等方式吸引海外高层次人才。政府部门的主要职责是通过法律法规和宏观调控措施确保用人单位和人才的主体地位、维护高技术产业人才资源市场的公平竞争。通过完善中介服务组织来建设统一的高技术产业人才资源市场，从而形成具有鲜明高技术产业特征的、信息充分且联网贯通的、有利于高技术产业化的、能够整合高技术产业人才流动的服务体系。在人才发展上，特别强调机制和环境的优化改善。通过税收优惠鼓励高技术企业增加研发投入、进行股权期权激励、实行年薪制以及其他有利于创新和提高绩效的收入分配机制，实行高技术研发人才和高技能生产人才岗位聘任制来打破人才发展的制度性障碍。

第七章

东北新能源产业基地研究

东北地区新能源产业基地既包括以风能为主的蒙东、吉林千万千瓦级风电基地，以太阳能为主的国家光伏中心东北产业化基地、建设中的以生物能为主的黑龙江生物能源产业基地，也包括对煤炭、石油、天然气等能源进行改造和大幅提高能效后的新能源基地，如呼伦贝尔、霍平白、胜利等大型煤电化基地、黑龙江东部煤炭基地和辽宁铁法国家能源保障基地等。由于工业在东北地区产业结构中占据重要地位，新能源产业基地的开发建设增加了工业发展所需的能源保障，也有利于优化能源消费结构和构建环境友好型社会。

第一节 新能源产业基地研究背景

一、新能源产业概述

(一) 新能源产业的内涵和特征

1. 关于新能源产业的界定标准

新能源产业是指采用新技术对传统能源改造形成的新产业，以及利用可再生性能源和新型能源的产业，包括太阳能、生物质能、水能、风能、核能、地热能和潮汐能等。新能源产业界定标准具有动态性，不同的历史阶段和科学技术水平下有不同的内容。新能源产业界定主要与新能源的界定有关，早期煤炭、石油、天然气、水能等也曾经属于新能源范畴，随着技术的开发成熟以及广泛使用，已演变为常规能源。同时，在新能源产业的界定上，对于现有的能源产业，若其采用技术水平升级的条件下，导致生产函数改变或生产效率大幅提高，也被归入新能源产业范畴。如原来小规模使用的传统生物质能，在技术和市场因素推动下，

第七章 东北新能源产业基地研究

已实现产业化，发展成为被广泛使用的新型能源产业。

在新能源产业界定上主要区分新能源与替代能源，两者的区别主要表现为：替代能源具有丰富的储量能够形成稳定的产量，具有成熟的技术使成本得到控制，具有潜在的市场需求能够保持不断增大的经济效益空间，具有较低的碳排放不对环境造成严重污染。而部分新能源并不能满足上述条件，尚未形成产业。根据当前能源储量的特征以及开采、提炼技术的改进与发展趋势，下述能源具有形成新能源产业的条件，主要包括风能、太阳能和生物质能。

2. 新能源产业的典型特征

（1）新能源产业具有规模经济特征，表现为企业具有明显的规模经济性并需要较高的初始投资，因而进入壁垒较高。新能源企业的生产成本随着规模的递增而逐渐降低，且新能源发电和常规能源发电一样，固定资产投资很高，运营也需要投入大量的资本，如风电投资成本为8000~10000元/千瓦，光伏并网发电投资成本约为6000美元/千瓦。（2）新能源产业具有自然垄断特征，主要依靠国有资金投入。（3）新能源产业是技术含量较高、综合性高技术的产业，具有高投入、高风险的特点。高投入、高风险特征表现为企业技术研发需要投入巨额资金予以支撑，而且存在较高的研发风险。综合高技术性特征表现为在新能源产业发展中，涉及生物、海洋、新材料、电子等多类高新技术。（4）从技术和投资特点来看，技术开发与投资之间存在互动关系，技术水平高导致生产成本低，进而促进市场规模的扩大；反过来，规模扩大又导致了低成本，低成本又有利于技术投入，形成良性循环。

（二）国内外新能源产业的演化发展规律

1. 国外新能源产业演化发展规律

（1）各国在新能源开发重点的选择上主要受资源禀赋条件影响。如新西兰、土耳其的地热资源丰富，近一半以上支出用于开发地热技术上。芬兰、瑞典的森林资源丰富，近2/3的支出用于生物质能开发。英国和丹麦具有丰富的风能资源，新能源支出比重中近一半用于研究风电技术。（2）太阳能产业、生物质能产业和风能产业成为新能源产业发展的重点。近年来，太阳能产业、生物质能产业和风能产业在新能源产业产值中的比重增加，约占2/3以上。其中，太阳能占新能源的比重从1974年的9.3%增至2000年的42%，生物质能的比重从1974年的5%增加到2003年的30%，风电比重由0.4%增加到16%。（3）各国政府加大新能源产业的R&D投入总量，但受国际能源市场价格影响，新能源产业的R&D投入比重呈曲折变动。1980年，各国的可再生能源R&D预算支出进入最高峰为20

亿美元。近年来，新能源 R&D 预算进入比较稳定的阶段，2008 年，可再生能源的 R&D 预算超过 8 亿美元，但仍滞后于新能源产业发展速度和新能源产品市场需求增长趋势。尽管新能源 R&D 投入总量少于 20 世纪"石油危机"阶段的投入总量，但在能源总投资中的比重上升，从 70 年代的 7.5% 增加至近年来的 7.8%。（4）全球能源 R&D 支出结构上，主要集中在少数国家，从投入总量来看，1990~2008 年德国、美国、日本三国可再生能源 R&D 投资占 IEA 成员国投入总量的比重超过 60%，其中美国年均预算超过 2 亿美元，日本为 1.2 亿美元，德国为 1.1 亿美元。高 R&D 投入的效果表现在三国的太阳能发电和风能发电的快速增长上。从人均投入量来看，1990~2008 年，瑞典和丹麦平均每年人均预算 5.7 美元和 3.9 美元，瑞士、芬兰、挪威、德国、日本、澳大利亚等国平均每年人均预算超过 1 美元。

新能源消费的特点表现为新能源在全球能源消费中所占的比例逐渐增加，发展应用的潜力巨大。（1）美国政府为适应该趋势，筹资设立"清洁能源研发基金"，推动新能源产业基础技术的研发和清洁能源的使用。力争至 2012 年实现以新能源为主要原料的发电量扩大至总量的 1/10。（2）日本计划使现有的太阳能发电量扩大至 20 倍，新能源汽车力争市场占有率增长 40%。（3）整个欧盟计划投资 600 亿美元用于新能源领域的开发和推广，新增超过 30 万份工作岗位。其中，德国预期到 2020 年新能源领域的就业人数将超过传统支柱产业——汽车产业的就业人数。英国政府投资建立 7000 座风力发电机组并带动就业增加 16 万人。（4）韩国政府制定政策鼓励新能源被普通家庭广泛使用，并在建筑业中推动节能绿色住宅的建设。

2. 国内新能源产业演化发展规律

（1）新能源产业开发技术、产品市场逐渐成熟，为我国新能源产业发展提供了机遇。我国在新能源产业发展上具有资源优势和发展空间，具有达到世界领先水平的潜力。（2）我国在新能源产业的立法和扶持政策的力度加大，2006 年与 2007 年分别出台了《中华人民共和国新能源法》和《可再生能源发展中长期规划》，为新能源合理开发利用和新能源产业发展从法律上提供了保证。在规划中，共投资需要大约为 2 万亿人民币，力争在 2010 年将新能源在总能源的比重增加至 10%，2020 年增加至 15%，2050 年增加至 30%。（3）在新能源产业发展政策方面，国家和地方相继出台支持措施和配套政策。国家采取加大税收优惠和增加对新能源科研的财政资金投入，提高对新能源产业的支持力度。出台了支持风电、生物质能发电的税收减免政策和发展生物液体燃料的财政补贴与税收优惠政策。各级政府提供了大额的财政投入支持新能源产业化发展和在边远地区的电力建设、农户沼气池建设的资金支持。(4) 国家通过科技攻关计划,如"863"计划和"973"计划等,投入巨额资金支持以光伏发电、并网风电、太阳能热水器、氢能和燃料电池为重点的新能源技术研发和产业化。新能源增长速度提高,产业规模不断壮大。2008年,我国已成为世界上最大的太阳能生产基地以及重要的太阳能光伏电池生产国。新能源产业在国民经济中已发展成为重要产业,为促进消费和稳定出口作出了重要贡献。我国在新能源资源的开发与产业化方面不断取得重要发展,产业化已初具规模,技术有了很大提高。到2008年底,新能源占能源总量比例接近10%,其中部分产业已达到世界领先水平,如截止到2010年底,风电装机容量超过2600万千瓦,风力发电能力排名世界第二。新型能源产业如生物质能、核能、地热能、氢能、海洋能具有较大增长潜力。

(三) 新能源产业的集聚方式与特征

新能源产业在集聚方式上具有较强的能动性。主要因为与其他产业相比,企业群的扩张与集聚可以带来的技术扩散效应和经济集聚效应,减少新能源企业成本,解决由技术投入高以及市场规模小而导致的高成本问题。如当前我国风电产业发展面临的最大障碍是风机等设备的生产能力与国际同类产品相比存在较大差距。例如当我国具有制造300~600千瓦风电机组的核心技术时,国际已具有制造1兆瓦机组的核心技术。技术水平落后导致生产成本高,进而阻碍市场需求的增加,反过来,市场规模较小又增加了产品的成本,高价格减少企业利润增长空间,抑制了技术投入,形成"恶性循环"。因此,新能源产业的集聚带来的技术扩散效应与经济集聚效应是该产业增长的核心问题。

新能源产业的技术扩散效应和经济集聚效应不仅对新能源生产企业有较大促进作用,也对产业链上其他企业有较大的促进作用。由于新能源产业是资金技术密集型行业,具有产业链长的特点,涉及的上下游产业较多,如交通运输业、装备制造业、技术服务业等产业。在新能源产业发展的同时,相关产业在规模、技术水平上都能得到快速发展,由此构成规模庞大的产业系统,新能源产业这种显著的特点使得新能源产业具有演化发展成为支柱型产业的潜力。

二、新能源产业基地的相关研究

(一) 新能源产业基地发展中的国际因素

研究认为中国新能源产业链中缺少两端即研发和市场环节,且核心技术被国外掌控，市场行情受制于全球市场变幻，尤其是资源受世界资源市场波动影响较大。因此，处于"微利经营"的低端生产阶段。当今世界新能源的研发技术主要为发达国家所主导，集中在美国、德国、日本等经济发达国家，这些国家往往对新能源产业的资金投入比较大，发展历程较长，新能源产业政策比较健全。因此，出现了世界新能源产业发展的不平衡。发达国家在新能源技术上，通常采取的垄断模式有如下几方面：（1）严格的知识产权保护。国际性知识产权保护制度是增强新能源技术垄断不可缺少的因素。从技术垄断方面看，知识产权制度的完善可以降低技术溢出的可能性，增强其垄断优势，延长垄断利润的获取期限。（2）高技术出口管制。技术扩散与政治、文化、军事、生态环境等问题密切相关，世界各国在处理该问题时，往往综合上述因素进行统筹考虑，其结果就是对有些可能对自身技术垄断地位形成威胁的国家进行高技术出口管制。严格管制重要的先进技术的出口，以防其通过出口许可、建立分公司和合资企业等途径流入他国。（3）贸易中的技术壁垒。技术壁垒多以技术标准的形式出现，在技术垄断企业的操纵下，发达国家的技术标准成为技术垄断企业要求发展国内市场的结果。例如，欧盟国家新能源技术标准分为3个层次，最高的为欧盟标准，其次是国家标准，最后是行业或企业标准。就新能源技术而言，大多数标准和相应的认证不是强制性的，但在实施的过程中，政府通过一些政策手段鼓励企业达到技术或产品的标准要求，并进行相应的认证。例如欧盟规定，只有符合欧洲标准体系的太阳热水系统才有可能领取政府的补贴，不符合标准和没有技术认证的产品保险公司不予投保，因此不符合标准或未经过认证的产品很难进入市场。由缘于此，对中国及东北新能源产业基地的建设增添了较大的难度。

（二）新能源产业基地的形成及经济效应

针对全国各地蓬勃兴起的新能源产业态势，学术界对北京、天津、河北、济南市、泰州市、杭州市、无锡市、镇江等城市的新能源产业发展现状、发展思路及对策进行了研究和探索。如张国有（2009）、郝彦菲（2010）、闫强（2009）等学者对我国新能源产业发展现状、发展隐忧、发展趋势、发展战略以及新能源发展新政等方面进行了翔实研究，探讨了促进新能源产业健康发展的政策建议。有学者认为新能源产业发展时间不长，政策和技术还有待于完善，因此科学规划和选择理智的发展模式显得尤为重要。特别是产业选择、产业链建构、产业发展模式的科学规划对于经济转型是非常重要的。从区域层面来看，学者们从宏观到中观都进行了探讨，但是目前还缺乏将新能源产业进行空间比较分析与研究的成果。

新能源产业作为一个新兴的产业部门，从自身发展来看，对于拉动经济增长、促进经济转型、改善能源消费结构等方面具备较强的竞争力。新能源与其他新兴产业部门进行综合竞争力的横向比较,从而来说明新能源产业在现代产业体系中的地位和对经济发展的推动力等问题的研究,如刘鸿雁（2008）等学者用AHP法对源于国内第一个国家级新能源与能源设备产业基地发展而来的保定新能源产业集群的竞争力进行了分析并评价,设立评价新能源产业集群竞争力的评价指标体系,包括经济效益力、市场影响力、科技创新力和规模竞争力等4个子指标体系,结果认为保定市新能源产业具有很强的竞争力并对区域发展有重要的推动作用。

具体来说,新能源产业基地的经济效应主要包括：能源安全效益、经济集聚效益、环境效益和社会效益等外部效益,在市场机制自发作用下,会导致资源配置偏离帕累托最优状态,导致市场失灵从而使新能源的发展受到限制。按照消除外部效应的一般经济原理,通过调整和完善税收政策、增加政府投资等财政支出政策,可以有效实现新能源的优化配置,在提高新能源市场竞争力的同时加速新能源的产业化发展（刘叶志,2008）。目前新能源产业被国内许多地区列入拉动经济腾飞、促进经济转型的新兴产业,但是新能源产业的外部性效应到底有多大、对经济的影响力有多大等问题尚未有学者进行定量分析和研究。

(三) 新能源产业基地发展中的制度因素

由于新能源产业"新"在政府大力支持的强力推动,因此,政府在可再生能源研究开发和示范项目中发挥重要作用。由于新型可再生能源技术尚未成熟,其开发和利用有较大的技术和市场不确定性,政府投入有利于减少企业利用可再生能源的技术和市场风险,促进可再生能源技术的发展和利用。政府不仅支持可再生能源的技术研究开发,还支持一些大型示范项目,建立了研究开发和示范推广一体化的管理体系。国外能源组织的研究还认为,由于技术的市场不确定性与技术本身的外部性,不能完全靠市场机制来解决清洁新能源技术发展和进步问题,政府应在支持新能源技术R&D和帮助新技术克服市场障碍方面发挥重要作用。各国的新能源技术开发和示范项目计划的组织实施有以下特点：一是新能源技术和R&D战略密切配合国家能源战略,并与商业化和市场开拓政策联系和协调；二是建立具有明确和透明的优先顺序和评价程序,从广泛的、大规模能源技术示范项目转向特定方向和领域的开发、示范和推广；三是吸收利益相关者参与研发和示范项目,技术开发项目的参与者多元化,包括企业、大学、国家实验室、科研机构,以及支持研发的协会和财团；四是扩大研发合作计划的资助范围,制定技术路线图时考虑各环节的所有利益相关者的利益。

目前世界各国已提出或正在实施的新能源与可再生能源政策和措施，大体上可划分为4类（赵媛，2005）：（1）强制性或指令性政策。这类政策主要指由政府制定的有关法律、法规和条例，政府批准的技术政策、法规、条例和其他一些具有指令性的规定。如美国能源政策法，我国相应的有国家电力法等。（2）经济激励政策。包括由政府制定或批准执行的各类经济刺激措施，如各种形式的补贴、价格优惠、税收减免、贴息或低息贷款等。（3）研究开发政策。指新能源与可再生能源技术在研究开发和试点示范活动中，政府所采取的行动。我国"九五"国家科技重点攻关项目计划和美国100万个太阳能屋顶计划中，两国政府都采取了此类政策。（4）市场开拓策略。在项目实施过程中，采用某些有利于新能源与可再生能源技术进步的新的运行机制和方法。如公开招标、公平竞争、联合开发方式等。综合来看，世界主要国家新能源政策的框架基础包括战略规划、法律法规和管理体系3个方面，形成机制表现为"关注外部性"和"持续自生"两大原则及"推动"和"引导"的组合力，从新能源产业的生产前阶段、生产阶段、市场阶段和消费阶段四大阶段构筑了世界新能源政策框架。新能源产业在世界各国蓬勃发展，正是得益于各国出台的大力推进新能源产业发展的政策优势。如井志忠（2007）从日本新能源产业发展现状着手，认为日本制定了翔实的新能源产业扶持政策，并在官、产、学一体化推动下促进了新能源产业的发展。久根正树（2003）对日本在新世纪发展能源战略的一些新变化和新思考进行了分析。认为日本新国家能源战略的目标应是降低石油依赖率，并提出将通过推广核能，扶植实力较为雄厚的能源公司来确保海外的能源供应，日本政府在支持新能源技术发展过程中，采取了研究开发、示范和推广"三位一体"的开发推广体系。政府不仅支持前期研究开发，而且花大力气促进技术推广。在开发、试验和推广三个环节上，技术推广的投入接近于技术开发和实证试验的总和。具体来看，在技术发展的不同阶段，三者的比例不同，通常，在研究开发初期，研究开发费用高一些；后期的示范和推广费用高一些。

第二节　东北新能源产业基地发展特征

一、东北新能源产业基地内部特征

1. 规模经济是东北地区新能源产业基地的重要特征

东北地区新能源产业基地建设中非常注意实现规模经济效益，并发挥规模经济促进产业分工的作用。如吉林建设中的风电基地，预计生产规模达到千万千瓦级，建设包括风力发电、大型风力发电设备、风机整机、叶片、塔筒等完整产业链，销售收入达到100亿元的规模，在全国的风电产业基地中处于领先地位。开鲁县利用风力资源丰富的优势，建设规划总面积达1000多平方公里，总装机容量达300万千瓦的大型风电基地，并以每年50万千瓦装机容量的速度扩大规模。由于具有规模经济性，降低了单位成本，增加了风力发电效益，已吸引包括华电国际、深圳能源、中电投、华电新能源、华能、国华能源等大型风电企业投资。因而风电产业基地形成了良性循环，成为该风电产业基地不断发展的主要原因。

这些新能源产业基地的共同点是具有明显的规模经济性和较高的初始投资成本，在规模经济条件下，新能源企业的长期平均成本会更低。规模经济性一是体现在资本和劳动由于专业分工具有更高的效率，可以归因于学习曲线效应，即专业反复从事不同种类工作的劳动者；二是体现在降低投资费用、间接费用以及对维护设备与人员储备成本等方面。上述新能源产业基地内的项目从规划到建设的进程中均将规模经济作为重要的因素来考虑。因而企业生产成本相对更低，生产更具有经济性，新能源产业基地内企业分工更专业化，产业链更完整，企业间的联系更紧密。

表7.1　　　　　　　　2008年20省市风电装机容量及排名

省（直辖市）	容量（万千瓦）	排名	省（直辖市）	容量（万千瓦）	排名
内蒙古	373.5	1	广东	36.7	11
辽宁	125.0	2	福建	28.4	12
河北	111.1	3	浙江	19.5	13
吉林	106.9	4	山西	12.8	14
黑龙江	83.6	5	云南	7.9	15
江苏	64.8	6	北京	6.5	16
甘肃	63.6	7	海南	5.8	17
新疆	57.7	8	河南	5.0	18
山东	57.2	9	江西	4.2	19
宁夏	39.3	10	上海	3.9	20

资料来源：《中国统计年鉴（2009）》，中国统计出版社。

2. 东北地区新能源产业基地在技术上具有"锁定效应"

"锁定效应"是指由于自主创新能力不强，在核心技术上拥有的原创性成果不多，因而在核心技术环节存在技术障碍，需要依靠拥有核心技术的跨国公司。

这些跨国公司具有先进技术的垄断性优势和内部化优势，只将非核心技术转让给东道国企业，而由跨国企业的技术部门掌握关键技术，增强东道国企业对跨国公司的依赖性，在利润分配上跨国公司具有优势：（1）由于新能源产业在关键技术研发、市场营销、品牌培育缺少投入，基础研发领域也存在投入不足的问题，特别是核心技术尚未取得重要突破，主要依靠引进国外技术以及核心技术人才不足等问题阻碍了东北地区新能源产业基地的不断发展。（2）东北地区新能源产业基地具有科技与智力优势，但创新能力不强。东北地区有众多的科研机构和高等学校，具备极强的科研能力，技术优势和人才优势明显，可以为新能源产业提供强大的智力支持。但缺乏协调统一，尚未形成能源科技合作发展的战略性规划，各地新能源科技资源不能共享，科技力量、科技基础条件和信息资源相对分散。（3）新能源产业基地创新机制尚需改善，表现为现有科技管理和运行机制也不能适应产业基地发展的需要。（4）技术转让与市场化滞后。大专院校、科研机构与企业之间的技术转让效率不高，科技中介机构对区域竞争力提升作用有限，区域技术市场和技术产权交易市场一体化程度不高，高新技术园区的合作与技术创新环境尚不成熟，人才资源流动还存在壁垒。由此导致的结果是：一方面企业由低端向高端发展难度很大，集群升级困难；另一方面，由于没有形成集群创新能力和科技共享体系，即使出现一些好企业，跨国公司也可以进行收购和合并，以此来保持其优势。因此，新能源产业基地发展重要的制约因素就是新能源产业的研发水平，只有高水平的设计和研发能力才能消除锁定效应，实现新能源产业在国内外市场的主导地位，才能实现可持续发展。

二、东北新能源产业基地外部特征

尽管存在许多问题，但现阶段东北新能源产业基地正逐步形成一些明显的外部特征：

1. 东北地区新能源产业基地与相关工业形成完备的供应链和产业链体系

由于东北地区工业门类齐全，工业基础雄厚。涵盖从轻工业到重工业的各种工业门类，特别是装备制造业，如机械、机床、电子、新材料等工业种类齐全。因此，东北地区新能源产业基地可以不断拓展相关产业，构建完整新能源供应链、产业链体系。完整供应链、产业链反过来也会促进东北地区新能源产业基地的发展。具体表现为完整的供应链和产业链体系是新能源产业基地持续发展的重要保障。例如，光伏产业是重要的新能源产业之一，从原料生产、电池片生产到应用系统，东北地区的太阳能光伏产业已初步形成规模化、专业化的供应链和产业链体系，并产生了一批具有国际竞争力的企业。只是光伏电池以多晶硅为重要原材，主要依赖进口，特别是高端的提纯技术还掌握在国外竞争者手中，不利于东北地区光伏产业的长期发展。另一方面，完整的产业链和供应链体系有利于新能源产业的发展。例如，辽宁朝阳新能源电器产业基地以发展超级电容器、绿色电池、太阳能电池和风力发电设备的新能源电器以及相关配套产业为主，该产业将成为朝阳市的支柱产业。吉林风电基地除进行风电生产外，风电装备和配套零部件的生产也是产业基地规划中的主要产业。

2. 东北地区新能源产业基地已实现"绿色效益"

"绿色效益"是指：（1）与常规能源相比，新能源产业具有比较明显的节能减排作用，其中太阳能、风能等对环境基本上不存在负面影响，而现代生物质能的发展如沼气利用、垃圾发电等则对环境改善具有促进作用。（2）新能源产业基地发展，不仅可发挥产业链长对相关产业带动明显的特点，能够解决常规能源及传统工业富余劳动力的就业问题，有利于相关资源的充分利用，还可大量减少水资源、土地资源的投入。减少传统增长模式带来的环境污染问题，缓解生态环境的退化、水土流失、地质灾害的增加，有利于解决碳排放过度引发的全球气候变化问题，二氧化硫引起的酸雨污染问题，减少固体废弃物的增加以及空气污染物对人体健康的威胁等一系列问题。

新能源产业的"绿色效益"还表现为：一是新能源资源具有分布广泛、易于获取的特点，有利于改善能源短缺地区如海岛与游牧地区的生产和生活的能源问题。二是发展新能源在能源利用效率方面起着极为明显的促进作用，如太阳能、风能的利用对水资源的节约。除经济效益外，新能源产业的"绿色效益"还表现在社会效益方面。一是新能源产业带动了相关产业的发展。作为高科技产业，新能源产业采用高新技术客观上推动了国家科技的发展，从而为经济的发展提供了新的增长点并为社会创造出了新的就业岗位。二是新能源产业中的生物质能的利用，可以促进农村经济发展和增加农民收入，对新农村建设起着重要的带动作用。

第三节 东北新能源产业基地演进的动力分析

一、东北新能源产业基地演进的市场要素考量

1. 经济发展趋势

随着传统能源日益紧缺和对温室气体效应的担心，逐使新能源的生产成为世

界的普遍发展趋势。当下，世界各国均采取了鼓励和支持新能源发展的政策和措施，使新能源的生产规模和使用范围正在不断扩大。如美国的新复兴计划的核心是培植新技术和产业，特别是新能源产业，形成新能源产业基地。欧盟各国为了强化其在新能源领域已经获得的相对优势，也进一步加大了政策支持力度，推动产业集聚程度的提高。印度等发展中国家也把新能源产业作为经济发展的支柱产业，力图建设大型新能源产业基地。同时世界范围的关于温室气体减排的约束机制将进一步促进新能源产业的发展和集聚程度的提高。由此可见，发展新能源产业并建立新型能源产业基地是世界经济发展的趋势。因此，在振兴东北老工业基地的大前提下，依托东北地区发展新能源产业的要素禀赋优势，创建新能源产业基地符合经济发展趋势。

2. 能源需求结构

全球金融危机后，政府重新将能源结构调整作为经济发展的主要目标。目前能源结构以二氧化碳排放强度较高的煤炭为主，这种结构是导致现阶段能源利用效率较低，二氧化碳排放量较高的主要原因之一。调整能源结构是满足能源需求、促进二氧化碳减排的根本途径。能源需求结构调整的方向是积极发展新能源产业基地。以风电产业为例，风电是兼具经济效益、社会效益和环保效益的新能源。据测算，预计年发电量为112.91万千瓦的风电场，折合成同等发电量的火力电厂（标准煤耗按300克/千瓦时计），每年可节约标煤33873吨，可减少烟尘排放量约436吨，二氧化硫约263吨，氧化亚氮约454吨，二氧化碳约9.43万吨，同时还会减少大量废水和废渣的排放。风电产业通过扩大生产规模来构建产业基地，如大连市已建成投产3万千瓦风电项目，并开工建设4.95万千瓦风电项目。一些新能源产业通过建立产业基地便于引进高新技术，如光伏发电产业引进以非晶微晶高效太阳能薄膜电池为代表的先进技术，大大提高光伏发电系统的能效，实现了较快的增长速度。新能源产业基地的形成和发展，也有利于吸引大型能源集团、国际资本、民间资本投资，成为进一步推动新能源产业基地发展的重要动力。

3. 需求水平及潜力

新能源产业基地的发展速度主要受到需求水平的影响。从新能源需求趋势来看，已呈现出快速发展的趋势，具有广阔的发展空间。从需求领域来看，包括节能产品、环保产品和节能建筑。无论是国家、企业还是消费者对新能源产品的需求水平都具有大幅度提高的潜力。从东北地区来看，在电力弹性系数接近于1的情况下，若以12%～14%的经济增长速度测算，"十二五"期间的电力企业生产能力难以满足电力需求，大力发展新能源产业，特别是建立新能源产业基地，是实现电力供需基本平衡的客观需要。同时由于新能源产业具有长期的刚性需求，因此需求水平将成为新能源产业基地发展的长期动力。

4. 研发水平

由于新能源资源大多具有能量密度低、资源分布不均衡等特点，对其进行高效率利用的首要难题是如何降低成本。而降低成本主要依靠提高技术研发水平，由于新能源开发技术的复杂程度要比常规能源更高，需要涉及资源评价、材料和设备制造、工程设计、配发和管理等多个领域，必须进行跨学科联合攻关。新能源产业基地通过建立科研创新机制、科研合作平台、知识产权保护制度，有利于培育良好的科研环境。东北地区在发展新能源产业基地上具有研发的优势，表现为部分新能源的研发水平上，不仅在国内领先，而且接近国际先进水平，成为新能源产业基地发展的重要动力。例如风电产业，由于在风电技术研发上具有明显优势，东北三省风电发展迅速，辽宁2008年风电装机容量达到125万千瓦时，位居全国第二。吉林省2010年风电总装机超过300万千瓦，在全国处于领先地位。黑龙江省电力设计院在近五年先后完成省内外风力发电工程设计项目35项，其中已投产的风电场已经成为综合效益的示范电场。

二、东北新能源产业基地演进的制度要素考量

1. 发展规划

政府陆续出台了一系列发展规划来推动新能源的发展，这些规划包括《可再生能源发展"十一五"规划》、《可再生能源中长期发展规划》等，这些规划的主要内容是分析国内外新能源发展情况，对新能源资源量、技术发展水平、环境减排目标等问题进行分析。部分行业部门也针对实际情况制定了各自的发展规划，主要是对新能源发展进行适当调整和完善，为新能源产业基地的发展提供指导。发展规划对新能源产业基地建设的作用主要体现为：一是从制度和政策方面形成新能源产业基地均衡稳定发展的体制机制，使新能源产业基地发展能够符合国家倡导的节能环保政策，有效达到提高能源利用效率的目标。二是强化政府对新能源产业基地技术开发利用的扶持和新能源产业基地发展方向的引导。三是通过规划加快新能源产业基地的发展，由于新能源产业既是传统能源产业的替代，又能有效降低环境污染，是国家重点扶持的产业。新能源产业基地的发展可以依靠规划制度来加快推进，新能源开发利用虽然起步较晚，但近年来实现了年均超过25%速度的增长，而政府制定的有关新能源产业规划配套法规和实施细则的发展和逐渐完善，将成为新能源产业基地演进的

外在动力。

2. 环境保护制度

环境保护制度对于新能源产业基地的长期发展具有重要的促进和保护作用。环境保护制度的不断完善，使企业逐渐重视新能源产品和相关技术的使用，对新能源产业基地的发展产生了重要的促进作用。这种促进作用主要体现为：一是环境保护制度促进经济发展与生态环境相协调，并推动节能、环保等绿色技术的发展。对新能源及相关技术的需求，转化为新能源产业基地内企业技术创新的动力。二是环境保护制度促使新能源产业基地内企业在技术创新与使用过程中重视依靠技术去解决环境问题。同时新能源产业基地更有利于开展环境保护专项检查，有利于对各项污染物是否达标排放进行监督和控制。具体来看，涉及新能源项目是否履行了环评审批手续，在建项目是否认真按照环评批复的要求落实了生态恢复措施，各项污染治理设施是否同步建设，已建成并投入运营的项目是否履行了竣工环境保护验收手续等。

3. 财税金融制度

政府财税金融制度通过影响新能源产业基地的收益与成本，以增强产业基地的效率，提高各经济主体建设新能源产业基地的积极性。具体来看，政府通过财税金融制度给予新能源产业基地内企业技术研发与使用的财政补贴、税收优惠和金融支持。这些制度促进了新能源技术的开发与应用，是新能源产业基地发展的重要动力。在新能源产业基地发展的不同阶段，税收优惠制度不仅可以支持新能源产业发展，而且有利于促进城市转型。例如在新能源产业基地发展初期，政府投资可以吸引商业资本进入，产生乘数效应。政府可以通过投入开发资金、对能源集中采购方面给予倾斜、给予财政补贴或设立专项投资基金，来发挥导向作用。因此，在新能源产业基地建设中，政府财税制度是重要的推动力量。

4. 创新及合作制度

新能源产业基地的创新及合作制度不仅是产业基地内企业间的创新及合作制度，同时也包括企业内部的创新和合作制度。新能源产业基地内企业间的创新及合作制度主要避免企业内经营由于利益冲突而引发恶性竞争，造成企业甚至整个产业基地的损失，使企业经营符合市场运行的基本规律，更好地参与市场竞争。新能源产业基地企业内部的创新及合作制度是企业在技术创新上进行制度限制，保证创新与市场规律更好的协调。如限定最低科研资金等，给予创新的制度保证。

第四节 东北新能源产业基地发展的创新对策

一、东北新能源产业基地的技术创新对策

1. 制定中长期技术开发目标，促进新能源技术的开发与创新

由于发展新能源是国家发展战略的重要组成部分，并且对缓解东北老工业基地能源安全和环境压力具有重要意义。因此，需要制定长期技术规划，加大新能源技术研究开发的投入，改进新能源技术的研究开发规划与组织管理，提高研究开发的效率。同时由于目前东北地区的大部分新能源尚不能大规模替代传统能源，新能源技术创新仍是一项长期任务，需要与东北地区的能源战略紧密结合，做好长期规划。东北新能源产业基地技术创新目标是通过产业内的全面技术升级、产业内的主导技术的升级和辅助技术的升级，带动新能源产业技术创新，技术创新不仅要着眼于东北老工业基地现有经济、技术条件及新能源产业基地的生产与消费情况，而且应着眼于潜在需求与新能源产业相关的技术变革，使东北老工业基地新能源产业基地在技术创新上与世界发达国家保持同步，满足新一轮产业革命的变化，提升区域经济社会发展水平。具体来看，一是对一些新兴技术进行探索性研究，增加技术储备。需要打破学科界限，由于新能源产业技术不是依靠单一的技术，而是技术组合形成的整体。需要建立以相关的主导技术为核心，多种技术相匹配的技术体系。二是对一些相对成熟，已经进入产业化阶段的技术，重点开展降低成本、提高效率等方面的研究。应以企业作为新能源技术创新主体，依托研究项目促进企业与其他研究主体的结合。三是建立研究开发一体化的技术研发体系。通过分阶段确定新能源技术创新任务，增加新能源技术的示范项目投入与试验，增强研究开发、示范和推广各环节的衔接。

2. 引进重点技术和自主创新相结合

东北地区新能源产业基地经历初期以引进技术为主，逐步转化为消化吸收，部分已经实现了自主化。目前，东北老工业基地的新能源门类较齐全，但与国际先进水平相比，技术及其应用存在较大差距。因此，东北地区新能源产业基地技术研发要采取引进技术与自主研发相结合的战略。目前，一些发达国家在新能源

技术领域走在前面，东北地区应加强新能源技术方面的国际合作。可以采取多种方式建立新能源技术开发的长期国际合作机制，通过合作开发和引进技术，加速新能源技术的利用和产业化发展。在对国外成熟的先进技术引进消化吸收的过程中，应根据东北地区新能源资源特点进行再创新，逐步掌握核心生产技术。由于新能源技术属于战略性高端技术，核心技术不可能通过技术扩散获取，必须具有自主创新能力。大力加强利用东北地区优势的新能源资源技术自主开发，重点放在有大规模产业化前景的技术上，应加强不同领域、不同来源的技术集成，逐步形成较高的能源科技渐进创新能力。

3. 建立以企业为主体的技术创新平台和共性技术研究体系

目前东北地区技术创新主体仍以科研机构为主体，企业研发投入较少，且缺乏科研人员。因此，要逐步建立以企业为主、政府推动的技术创新机制。使企业成为技术创新的主体，扶持一批具有较大规模的企业研发中心。由于新能源技术需要跨学科的联合攻关，研究开发投入大、周期长，且很多基础性的研究成果属于共性技术，可以建立共性技术共享开发机制，提高研究开发投入的效率。可以采取多种方式建立企业、科研机构联合研究开发共性技术的平台，对制约东北地区新能源产业发展的重大共性技术进行联合攻关。具体来看，一是可以通过建设新能源基础研究创新载体，从事原创性、前瞻性、满足区域新能源战略需求的关键技术的研发。二是建设关系东北地区新能源发展的关键共性技术的创新载体，以加快突破核心技术瓶颈。三是建立布局合理、功能齐全、体系完备、开放共享的技术共享平台及新能源产业技术联盟，以显著增强新能源产业的国际竞争力为目标，通过协作突破核心技术瓶颈。

4. 促进新能源创新成果的推广和研发人才的培养

鼓励创新成果在东北地区新能源企业的推广应用，在促进科技要素自由流动的同时，推进新能源技术创新成果的跨地区转化、推广及应用。具体措施包括：一是统一产品认定标准，联合实施互认制度和采购制度。二是优化政府采购方式，改进政府采购评审方法，对拥有自主创新技术和产品的区域内供应商优先授予准入资格，进入采购程序。三是加强新能源技术成果的知识产权保护，建立东北地区新能源创新知识产权保护协作体系，完善新能源知识产权侵权案件通报、移送制度。

在培养和引进新能源研发人才方面，一是加强区域新能源科技人才开发的政策协调、制度衔接和服务融合。探索实现区域间信息互通，发挥市场对人才配置的基础性作用。二是建立新能源科技人才培养基地，加大人才培养力度。不断完善和发展人才培养模式，培育与全球科技创新相适应的新能源科技创新人才。三是加强新能源领域的国际合作交流，完善海外新能源科技研发、人才引进政策体系，规范海外优秀人才引进方式和方法。

二、东北新能源产业基地的制度创新对策

1. 完善新能源产业基地内的管理和服务体系

由于目前大部分新能源产业生产成本高于传统能源，具有较高的技术风险和市场风险，同时新能源的使用具有环境保护等社会效益，因此，新能源产业基地发展不能仅靠市场机制，政府应在新能源产业基地的技术研发、制定政策法规和宣传推广的各个领域发挥作用。具体措施包括：一是政府制定产业规划，并建立新能源信息交流平台。通过成立新能源产业发展协调小组等形式，传递国内外市场信息和企业信息。二是通过招商引资，组建行业协会或由控股公司、大企业参股的投资公司，对预期效益好的新能源项目进行投资，并与受益企业实行利润分成。通过洽谈会、展示会等多种形式交流平台，宣传新能源知识和项目，推进新能源项目与国内外闲置资金的对接。三是研究和借鉴其他省市的发展经验，制定并落实有关政策措施，充分发挥政策的引导和推动作用。具体来看，一是制定完善促进新能源产业基地发展的地方性法规和政策措施，通过政策推动，加速新能源产业基地的发展。二是协调解决产业基地内企业发展中存在的主要问题，组织引导企业对产业的关键、共性、前瞻性技术进行开发、示范，加快新能源技术的推广。三是通过政策提高全社会使用新能源的意识，可以通过对使用新能源的单位和个人给予资金补贴等方式予以鼓励，并进一步发挥节能专项资金的作用，在公共财政预算中加大对新能源产业的支持力度。

2. 建立新能源产业基地内区域的协调与合作机制

新能源产业基地的发展必须依靠合作，坚持优势互补、共同发展的原则，积极探索建立新能源领域的专项合作与协调机制。一是可以组建东北地区新能源公共服务平台，通过服务平台，实施新能源科技资源开放共享制度、新能源重大项目联合承担制度、新能源科技合作成果奖励制度等。二是加强信息沟通和交流，促进新能源产业同各地区与新能源领域创新相关的管理和服务机构以及科技计划的结合，建立区域整体推进新能源产业基地共同发展的机制。

3. 制定合理有效的诱发技术扩散的政策和制度

由于东北地区新能源产业基地技术力量尚未形成与跨国公司竞争的能力，因此必须通过引进大型跨国公司的先进技术，提高东北新能源产业基地的竞争力，通过改变竞争结构和竞争环境促使国际竞争国内化。具体来看，一是要规范跨国

公司的竞争行为，促进跨国公司的技术扩散并提高速度和层次。要改变以往侧重单纯引进技术的方式，引进包括生产制造技术、组织管理技术和市场营销技术在内的复合式技术结构，在重大工程的招标中提出技术含量要求，利用重大工程促进跨国公司技术扩散。二是要建立和完善相关制度促进技术扩散，加强高技术园区的作用，吸引跨国公司研发分支机构到东北聚集，建立完善有利于新能源技术扩散的市场规范与服务体系，通过新能源产品标准、技术规范以及中介机构提供的信息服务，规范市场竞争，并注意与东北地区经济制度、企业制度环境的一致性，与相关法律、法规、政策的衔接配套。

第八章

东北生物医药产业基地研究

东北地区生物医药产业基地主要是依托北方药材资源和海洋生物资源优势发展形成的长春生物医药国家高技术产业基地、辽宁（本溪）生物医药产业基地、大连双D港生物医药产业基地等现代生物医药产业基地，这些基地主导产业的选择主要是依据地区资源优势和产业基础。东北地区生物医药产业基地的发展和完善，有利于东北欠发达地区资源的充分利用和劳动力就业的增加，对区域经济的协调发展具有重要的意义。

第一节 生物医药产业基地研究背景

一、生物医药产业概述

（一）生物医药产业的内涵和特征

1. 关于生物医药产业的界定标准

生物医药产业是指将现代生物技术应用于各种形式的新药研究、开发和生产过程中形成的产业，也包括将生物技术与各种疾病的诊断、防治和治疗相结合形成的产业。具体包括生物技术药品生产、生物技术营养保健品生产、生物技术诊断方法和试剂生产、生物技术医疗设备生产。与其他产业不同，生物医药产业产品技术标准严格、技术难度大、开发周期长、成本高、产品的质量保证法规要求严格。

2. 生物医药产业的典型特征

生物医药产业是高知识密集、多学科互相渗透和综合发展的新兴产业。以基因工程医药生产为例，生产过程中包括基因工程基础研究、基因的克隆、传导、培养、筛选和药效研究等工艺，该产业还涉及纯化与工艺放大、产品质量检测等。完成这一产业化过程需要专门的技术和人力资源，而且易形成高度的知识专利和产权导致的垄断优势。

生物医药产业的基本特征：一是资金投入较高，主要表现在产品研究的早期和生产过程中标准和质量控制较为严格，由市场开发和最终产品上市需要大量的资金投入。例如，在国际上开发一种新药需2.5亿美元，有的甚至高达10亿美元。生物医药研发的难度比较大，平均研发成本呈现不断增加的趋势。二是研究周期较长，一般来说，新制剂研发一般需要3~6年，新结构药物研发的平均时间为12年。三是研发的高风险性，生物医药的研究和开发具有系统性，过程非常复杂，产业化周期较长，导致企业需要较大规模，才能承担研发的高风险。

（二）国内外生物医药产业的演化发展规律

1. 国外生物医药产业演化发展规律

生物医药产业发展与经济发展水平密切相关。（1）当人均GDP低于1.5万元时，生物医药产业处于高速增长期。特别是在经济发展初期，生物医药产业具有价格弹性低和波动性小的特征，这主要是因为生物医药产品是人们基本生活需要的产品。生物医药产业的高速增长主要是由于经济发展欠发达的国家和地区在卫生保健的基础投入的增加和疾病防治手段增加，另一个因素是这些地区人口普遍存在较高增长率，这些因素都会推动生物医药需求的增加，从而促进生物医药产业的快速增长。（2）当人均GDP处于1.5万~3万元之间时，生物医药产业发展趋缓。一方面，在经济发展到这一阶段，人们最基本的医疗保障需求得以满足，对医药产品需求的迫切性降低；另一方面，处于这一阶段的国家一般都将面临重要变革，包括人们的思想观念、生活方式甚至政治制度、管理体制等方面，社会政治经济的脆弱性表现得非常突出，一旦出现某些不利因素，各种危机就将出现，对于生物医药产业发展产生严重的影响，如阿根廷、巴西、智利、波兰等国，在严重的政治或经济危机影响下，生物医药产业增长大幅度下降。（3）当人均GDP超过3万元以上，生物医药产业以较高的发展速度增长。而一旦跨入"中等收入陷阱"，在人们的基本保障得到较好满足以后，健康保健方面的需求开始迅速上升，从而促进生物医药产业高速增长。

2. 国内生物医药产业演化发展规律

一是我国生物医药产业发展起步较晚，但发展迅速。虽然从20世纪70年代才开始将生物技术应用到医学上。但在30年左右的时间内，已实现生物医药的产业化，并且生物医药产业在我国一些地区已经成为新的支柱产业和经济增长点。带动了大量相关产业的发展。据相关测算，我国生物医药产业的年均增长率高于25%，具有良好的市场需求前景。二是与国外生物医药产业相比存在很大差距，我国生物医药产业在规模、技术水平、效益等方面均落后于发达国家，特别是在生物技术的产业化方面。据调查，我国生物医药产业一年的销售总额约50亿元，与国际制药大企业相比差距很大。东北生物制药业整体发展水平与发达国家和地区相比，还有很大一段路要走。因此，必须在政府的支持下走产业化和规模化的道路。

(三) 生物医药产业的集聚方式及特征

生物医药产业集聚具有明显的溢出效应。与其他产业相比，生物医药产业集聚除能带来规模优势外，还具有技术上的溢出效应。主要表现为生物医药产业的研发活动不仅是产业化的重要环节，而且生物医药产业研发的核心成果是信息、知识及技术创新，而信息、知识与技术均具有公共产品的属性，即非竞争性和非排他性。通常是技术领先者通过技术的非自愿扩散，对同行业企业及其他企业的技术进步和生产力水平的提高产生积极影响。生物医药技术以三种途径产生溢出效应，主要是技术转移途径、知识扩散途径和人才流动途径。从技术转移途径来看，可通过明显的技术优势如技术发明、创新能力、专利和各种生产要素禀赋等技术扩散，从而对其他行为主体产生了示范作用；或者通过增加竞争压力，迫使竞争对手谋求提高技术水平，并引起模仿，产生溢出效应。从知识扩散途径来看，知识作为产业资源，具有公共物品的特性，通过知识扩散产生溢出效应。从人才流动途径来看，生物医药产业具有掌握技术的人员的流动可以带动技术的流动，将由此获得的技术、营销、管理知识扩散出去，产生较大的溢出效应。在现阶段，由于生物医药产业在大多数国家都是由政府控制准入的产业，政府的严格监督和高初始投资的特征导致生物医药产业普遍具有较高的进入壁垒，而进入企业易享有垄断优势。因此生物医药产业除具有形成本地市场垄断的特征外，还可形成跨区域的市场垄断。

二、生物医药产业基地的相关研究

(一) 生物医药产业特征及产业基地形成的动因

关于生物医药产业生产经营规律研究的主要观点包括：(1) 在不同生物医药公司利润差异的主要因素研究方面，辛西娅 (2001) 认为生物医药发展趋势及生物医药产业发展规律引致的企业内部管理机制和商业模式差异,是生物医药产业丰厚利润的源泉。类似的研究有摩根和洛文斯顿(2006)等学者对生物医药产业运营机制进行的研究。(2)在生物医药产业利润影响因素研究方面,认为进入壁垒与销售增长具有正相关性,广告与销售增长也存在正相关性,但是与价格变化及已经存在于该领域的企业数目负相关。如特尔泽(1975)对市场结构对生物医药产业影响进行研究时,通过各种治疗领域产品目录调查了进入壁垒、价格变化以及广告促销之间的关系,采用在 1963 年到 1972 年间的数据,发现在 17 个治疗领域,Hurwitz 和 Caves(1988)在采用广告、定价以及普药厂商的数量对失去专利保护的品牌药物市场份额进行解释时,发现在专利保护期内,品牌药物的市场份额随着广告的增加而增加,但是一旦专利期过后,极少存在竞争壁垒。(3)在生物医药产业基地形成与发展的主要动因研究上,王之强、黄芳(1996)认为生物技术的产业化、商业化和国际化以及作为经济模式的生物经济的兴起是主要动因,因此发展生物技术产业时,应适时实施赶超战略,推动形成符合国际化特征的产业基地。(4)罗明典(2001)认为生物技术与医药、环保、保健食品、化学工业、仿生学技术具有融合发展及其产业化的优势,与其他产业相比,生物医药产业从盈利能力、偿债能力和发展潜力方面具有良好的发展趋势(陈文晖、刘颂,2002)。

关于我国生物医药产业发展特点的研究的观点主要包括:(1)孙爱仙(2004)认为我国生物医药产业的技术研发取得了长足进步,产业发展稳步增长,形成了专业化的人力资源队伍,国际合作加强,逐步形成了规范化管理体系。(2)我国医药产业发展存在产业集中度低、产品结构不合理、技术创新能力弱的特点。如曹燕、吴世玉(2003)研究发现,我国生物制药企业目前是集中度上升但亏损面扩大。(3)郭克莎(2002)认为外资企业的迅速发展对我国生物制药产业增强国际竞争力起了重要的作用,而受进口产品冲击较小的行业,受外资企业的影响则相应较大。被人们认为国际差距较大的药品制剂行业受到的冲击并没有预期那样大,而与此相反的是,一般认为具有比较优势的中药制药工业却面临着新的挑战。

(二)生物医药产业基地的经济效应

在生物医药产业基地的经济效应研究方面主要观点包括:(1)研究生物医药产业及市场对医疗服务机构乃至居民健康福利的影响,如在分析了生物医药产业的高利润后,对生物医药产业的专利保护、巨额研发费用、竞争激烈的产品研发,以及严格的管制进行了研究,并认为一个专利可以形成一个合法的市场准入障碍，药品管制本身也制造了市场准入障碍，巨额的研发费用、竞争激烈的产品研发等导致了新药开发的巨大障碍。同时生物医药产业的结构与管制、生产及其可替代性、药品的定价与利润、研发与创新、费用控制等问题进行了研究。（2）曹燕、吴世玉（2004）在研究医药产业链的利润分配时。认为整个医药产业链的利润是逐年增加的。就整体利润在产业链的三大主体的分配而言，逐渐表现出利润由制药企业和流通企业向医疗服务机构流动的倾向。

（三）生物医药产业基地发展中的技术因素

近年来，许多学者对生物医药产业技术研发投入影响因素进行研究，主要观点有：（1）卡缅和施瓦茨（1975）、谢勒和罗斯（1990）认为诸如企业的寿命、盈利情况以及差异化与企业的技术研发投入具有较强的关联性，而生物医药企业规模与企业的技术创新投入存在正相关的、负相关的和无关的三种结果。上述研究成果来自不同时期，科马诺（1986）因此认为环境因素的变化是企业研发投入与企业规模不同的主要原因，比如监管、技术机会、竞争等因素。（2）亨德森（1996）认为企业的盈利水平是与技术创新投入正相关的，与企业规模的相关性并不明显。但新的新药开发模式被引进生物医药产业后，组织的刚性和惯性极大地阻碍了人们利用技术的进程。生物医药技术的根本性变革为产业的新进入者产生了极大的激励作用，导致更多采用新技术手段进行药物开发的工作在一些新创立的小企业展开（鲍威尔，1996）。后来随着人们不断地意识到生物医药技术对于医药产品创新的积极作用，开始有越来越多的大型医药企业与这些生物医药技术企业开展合作，这些合作极大地丰富了大型生物医药企业的产品线。（3）布伦纳和拉什顿（1992）认为生物医药企业主要建立在 R&D 的大量投入上，这种 R&D 资源对于小型生物医药企业来说是望尘莫及的，这就迫使这些企业更好地利用其他企业开发成功的技术成果，充分利用溢出效应，其他企业进行技术创新的溢出效应依赖企业的良好消化吸收能力才能得以发挥（科恩和利文索尔，1989；渡边，2001）。而消化吸收能力取决于企业的技术水平以及学习能力，是企业的技术水平以及学习能力的函数，这就促使小型企业加大技术创新投入，小型企业技术创新的投入增长速度远比大型企业增长的快。如学者们采用实证分析的方法对日本生物医药企业进行创新研究时，发现日本生物医药企业的 R&D 集中度在 1998 年为 8.1%，远高于其他制造企业的平均水平 3.9%。（4）千寻（1998）从技术创新集中度、技术溢出效应、消化吸收能力之间的关系分析，认为小型企业尽管在技术创新投入上缺乏足够的竞争力，但是通过必要的技术创新投入可以迅速提升对于技术溢出的消化吸收能力，从而产生技术创新能力。

在研究我国生物医药产业基地发展中的技术因素方面，具有代表性的观点认为：(1) 我国生物医药产业创新模式运行与制度安排过程中，制度和技术同等重要，我国生物医药产业在创新体系与体制、技术创新投资与经费、生物医药技术推广、生物医药技术创新制度与政策等方面，存在着诸多问题和制约因素。应借鉴国际生物医药技术创新模式与制度建设的经验，根据竞争与合作的原则，选择多元化的合作生物医药技术产业创新模式。生物医药技术要实现产业化发展，促进科技链向产业链的转换至关重要（项桂娥，2005）。(2) 周基清（2001）提出在法律允许的范围内实施完全仿制、模仿创新和院企联姻的创新战略。因为生物医药产业是一个高技术产业，其技术创新具有极为明显的高投入、长周期、高难度、高风险、高收益的特征，而我国生物医药产业具有生产企业普遍规模小、专门从事创新的人才匮乏、资金投入严重不足、缺乏创新能力的特点。(3) 何勤、苏子仪（1997）认为我国生物医药产业具有技术创新模式多元化的必然性，选择创新技术来源这一分类原则，需要对我国较有代表性的企业进行分类，并对不同创新模式的动力与进化机制的具体表现形式进行具体分析。

（四）生物医药产业基地发展中的制度因素

关于生物医药产业制度研究的主要观点包括：(1) 尤尔根（1996）认为生物医药产业要发展必须创新才能在高度竞争的环境下获得成功，并将创新战略的选择分为短期、中期、长期三种战略。短期战略通过与研究机构联合提高新药的产量，中期战略是指建立研发中心，产生一种创新的工作意识和环境，长期战略是指运用基因等高科技来研发新药。(2) 关于如何根据国家创新体系来建立管理结构，进行决策制定、研发过程的组织等。史蒂芬·卡斯帕尔和凯瑟琳·麦特勒佛（2001）认为管理结构应能够适应国际、国内竞争环境的改变，引导各国对生物医药产业进行创新战略，加大对生物医药行业研发的投入，增强其国际竞争力。(3) 埃丝特（2002）认为生物医药产业的制度创新可以分为线性创新与非线性创新。线性创新表现为在增加的成果上面的逻辑创新，用于达到更好的、清楚的目标，如在现有的基础上通过寻找更好更安全的产品。非线性创新表现为大量飞跃创新，是不能预测的，未来目标是不确定或者不存在的。在创新过程中要考虑专利制度的影响。如艾登·霍利斯（2004）提出根据疗效来给予创新者相应的报酬来替代过去用专利来给予报酬的方式。格拉博夫斯基和弗农（1992）研究了1984年颁布的美国专利制度对产品品牌忠诚度、市场进入与竞争方面的影响机制，博尔德林和莱文（2001）分析了生物医药产业专利制度的正面与负面作用。

在研究我国生物医药产业基地发展中的制度因素方面，具有代表性的观点包括：(1) 黄祖辉（2001）认为由于生物医药技术存在展示的机遇及在农业中应用的利益与风险，因此政府在生物技术研究、开发、应用方面应发挥积极的作用。特别是未来生物制药产业的发展趋势表现是全球化的发展趋势，如果政府支持力度加大，技术研究领域将趋于集中，市场前景将十分广阔（艾静，2004）。(2) 张平川等（2003）认为加入WTO后医药产业面临的机遇，主要是知识产权保护可以激励研发，有利于推进医药企业的结构调整及组织创新，有利于充分发挥中医药的优势，有利于加强医药行业的行业秩序。如朱倩（2000）提出中药研究与现代生物技术的紧密结合，把现代生物技术的最新成果应用于中药研究领域，是我国实现中药现代化和迅速发展壮大生物技术产业的最佳途径。(3) 陈文晖、刘颂（2002）认为医药企业存在规模小，龙头企业在本行业主导作用不显著，总资产周转率低的问题。如张飞燕（2003）运用产业组织学理论从市场结构、企业行为、经济绩效三方面对制药产业的技术创新障碍进行分析。从市场结构来说，我国制药产业规模经济性低，市场集中度低，产品差异少，进入条件相对简单。孙国君、邱家学（2003）运用产业超额利润率法、企业数目法、企业规模比重法对我国制药产业的进入壁垒进行排序，分析得出我国医药产业中化学药品产业和医疗器械产业的进入壁垒最高。杭品厚（2007）对医药产业组织进行分析表明，我国医药产业市场集中度较发达国家低，缺乏规模经济、研发水平低。吴照云、肖宏（2003）等指出，我国制药产业结构中存在的问题是：低水平重复生产，企业规模小，市场占有率低，条块分割，地区封锁和行业垄断严重。(4) 王玉梅（2004）认为推动生物制药产业实现跨越式发展。要高层次定位，非均衡发展，调整产业结构，推动产业升级；加快建设制药产业服务支撑体系。应从产业组织、产业结构、产业技术和产业布局四个方面着手制定分析法律（胡元佳，2004）。如赵玉海等（2001）将我国生物医药产业的发展模式与美国模式、德国模式、丹麦模式进行对比，并分别进行了较为详细的分析论述，提出了我国生物医药产业跨越式发展的主要政策。(5) 李泊溪（2001）认为生物医药产业中创新的发生率很高，创新对于医药产业的意义也非常重大，这已为国内外许多医药企业和产品的成功或失败所证实；医药产品的差异程度大、医药知识产权的保护强、医药产业是高投入和高技术含量的产业存在较高的进入壁垒等医药产业的特点决定了创新的重要性。生物医药产业创新过程的特点可归纳为重点是产品的扩散、以市场开拓为主，在此基础上生物医药产业具有不同的创新产品扩散的模式（陈君宁，1998）。颜久兴（2002）认为由于生物医药产业具有产品差异度大、知识产权保护意识强、高进入壁垒等特点，因此创新应从产品、工艺、市场、组织、管理等几个方面进行创新。在此过程中，政府介入发挥重要作用，成为新药成果产业化的关键（张贺文，2005）。

第二节 东北生物医药产业基地发展特征

一、东北生物医药产业基地发展的基本特征

1. 生物医药产业基地的国际化特征

因为全球生物医药市场规模日益扩大和市场集中度提高，跨国企业依靠市场和技术的垄断优势获取超额利润的能力大大提高，生物医药产业在世界范围内出现大规模的结构重组和生产转移的趋势，带来全球范围内的生物医药产业格局和利益的变化。由于生物医药产业具有高投入、高风险、高回报的特点，在全球范围内实现最佳的资源配置方式，可以减少成本。另一个途径是通过内部重组优化，实现更强的规模经济性和国际性，大幅度降低研发成本。由于部分工业化国家将生产转移到包括我国在内的发展中国家，为生物医药产业基地发展提供了机遇，即在承接发达国家生物医药产业转移的过程中，积极参与技术的研究和产业化，并逐步将某些技术转化成自主知识产权，从被动地承接发达国家生物医药产业转移，转向主动谋求与发达国家的技术合作，形成生物医药产业基地的市场国际化、研发全球化和投资国际化特征。

2. 生物医药产业基地的知识化特征

由于生物医药产业是典型的知识与技术密集型产业。技术、信息和管理等资源已成为该产业优化升级的核心资源。生物医药产业知识价值的链式发展，可以提升产业价值链的附加值及竞争力。使产品为适合消费者多样化需求不断升级换代，产业技术创新能力不断增强，使得产业价值链向产业链的上游回流，向产业链的下游延伸。生物医药产业基地的知识化特征还表现在专业性服务机构，如委托代理机构，中介服务体系如生物安全性评估、专利代理、投融资和咨询服务机构等形成知识服务业，为企业提供各种公共服务，减少学习成本，提高产业价值链中游的价值。由于生物医药产业对知识、技术和管理等高级知识人才需求的不断增加，使产业劳动者必须终身接受教育和培训，加快了产业基地知识化趋势。

3. 生物医药产业基地的融合化特征

主要体现在两方面：一是产业融合。首先表现为自身产业链内的整合，即在

结构上需要在跨国制药巨头之间、生物技术公司和制药公司通过并购或战略联盟的方式进行合作，在价值的传递和转移上则通过技术、资金、信息生产设备、销售能力以及物流等方面相互联结，亦即技术链、资金链、信息链和物质链的整合。同时，也表现为其他产业之间的融合，如生命科学产业中生物、医疗电子、制药和信息等项重要技术日益交融，相关企业间的跨行业的合作或合并，通过产业融合化发挥产业基地优势，推进产业升级和优化。

二是技术融合。随着生物技术进步速度的加快，技术融合的程度加深，导致产业基地的发展出现融合化的新趋势。目前，生物医药产业的技术融合主要集中在五个方面：（1）与计算机技术的融合发展。在药物分子设计、分子结构优化等方面，应用计算机分子模拟技术和理论化学计算方法研究药物的作用机理，进而采用计算机辅助药物设计方法设计新的高效、低毒药物分子，极大地提高了科研速度与成功率。（2）与生物芯片技术的融合发展。随着人类基因组的研究进展，生物芯片技术在各领域中的应用逐渐成为可能。已有的生物芯片包括基因芯片、蛋白芯片、细胞芯片、组织芯片以及其他多种由生物材料制成的信息芯片。目前生物芯片主要应用于疾病的分析与基础研究，随着这项技术的不断成熟，在基因药物的研究、疾病预防与治疗等方面必定具有广泛的应用前景。（3）与组合化学合成技术的融合。组合化学是采用适当的化学方法，在特定的分子母核上加入不同的基团，在同样条件下产生大量的新化合物。组合化学技术的发展为药物的发现提供了大量的化合物，扩大了药物发现的范围，提高了成功的可能性。（4）与纳米技术的融合发展。一方面，纳米技术使生物医药产业化将大幅度提高疾病防治水平，纳米技术在生物医药方面的应用可概括为：纳米药物载体、生物学分析、基因工程、矫正技术，另一方面也为企业的发展提供了空间。（5）与高通量筛选技术的融合发展，即对有可能作为药物使用的物质进行药理学和生理学的价值评价，进而发现药物。

4. 生物医药产业基地的生态化特征

包括技术生态化和企业生态化。技术生态化强调现代生物医学技术创新，符合环境代价小、社会成本低、经济利益最大化的要求，按照符合自然生态环境系统的发展模式发展；企业生态化包括管理主体生态化、管理效果生态化、生产制造生态化、营销手段生态化和品牌生态化，使企业内部效益外部化，使生产、加工、运输、销售、消费的全过程转化为绿色的过程。

二、东北生物医药产业基地规模及技术效率特征

数据包络分析方法是以相对效率概念为基础发展起来的一种效率评价方法，

是研究产业基地规模及技术相对有效性的工具。采用 DEA 模型进行分析是因为 DEA 模型具有以下四个特点：一是能对有多项评价指标的投入和产出进行综合系统测量；二是评价过程以精确的数据为基础，可以避免运用其他方法时难以避免的主观随意性，使评价及其结果更加客观可信；三是能够比较不同区域技术创新的相对有效性；四是 DEA 综合模型不受加权、排序等外界人为因素的影响，具有较强的操作性。考虑决策单元处于规模报酬递增或是规模报酬递减的状态，建立如下模型：

$$\max E_k = \frac{\sum_{r=1}^{s} u_r Y_{rk} - u_0}{\sum_{i=1}^{m} v_i X_{ik}}$$

$$s.t \frac{\sum_{r=1}^{s} u_r Y_{rj} - u_0}{\sum_{i=1}^{m} v_i X_{ij}} \leq 1, \quad j = 1, \cdots, n$$

其中，u_r，$v_i > 0$，$r = 1, \cdots, s$；$i = 1, \cdots, m$，分别代表第 r 个产出项与第 i 个投入项的权重，n 为受评地区之个数，m 为投入因子的个数，r 为产出项的个数。

通常当 $\theta = 1$，并且 $s^- = s^+ = 0$ 时，称被评价决策单元 DMU。相对有效，其形成的有效前沿面为规模收益不变，即在这 n 个决策单元组成的经济系统中在原投入 X_0 基础上所获得的产出 Y_0 已达到最优。当 $\theta < 1$ 时，若 $s^- \neq 0$、$s^+ \neq 0$，则认为 DMU 无效，或技术无效，或规模无效。若 $s^- = s^+ = 0$ 则技术有效。令 $k = 1/\theta \sum_{j=1}^{n} \lambda_j$，当 k = 1 时，称 DMU 规模有效，k < 1 时规模收益递增，反之递减。若 DMU 无效，在相对有效平面上的投影来改进非 DEA 有效的决策单元，在可以不减少输出的前提下，使原来的输入有所减少，或在不增加输入的前提下，使输出有所增加，使其转变为 DEA 有效（见表 8.1）。

表 8.1　　　　　　　　2009 年东北三省生物医药产业效率

地区	规模效率	技术效率	创新效率
辽宁	0.946	0.558	0.527
吉林	0.945	0.561	0.529
黑龙江	0.501	0.323	0.182
全国平均	0.823	0.820	0.625

可见，从技术效率来看，目前东北生物医药产业技术创新效率不高，所投入的资源没有被充分利用。从规模效率来看，由于规模效率小于1，说明技术创新的产出和投入无法成比例增加，因此这些地区的总体效率相对无效主要是由规模无效引起的。从创新效率来看，这些地区的生物医药产业创新效率不高，所投入的创新资源没有充分利用，主要体现在R&D活动人员及非R&D技术经费的投入冗余上。虽然东北地区依托老工业基地的优势有很强的原料药深加工能力，且拥有东北制药、哈药集团等大型企业，但初级产品比重过大，高附加值的制剂品牌药少。因此政府应该给予扶持和引导，加快技术创新和产业升级。

第三节 东北生物医药产业基地演进的动力分析

一、东北生物医药产业基地演进的市场要素考量

1. 国际产业转移

欧美等国际主流医药消费市场受金融危机影响经济增长进入低迷期，收入的大幅降低将使这些国家减少医药费用支出，为具有成本优势的新兴国家生物医药产业发展提供了市场机遇。同时，发达国家生物医药产业向中国、巴西、印度等新兴医药市场国家转移的速度正在加快。国内医药消费市场扩张以及相关政策调整为生物医药产业发展带来的市场机会，使发达国家生物医药制造和研发服务加速转移，跨国医药企业开始构建较为完整的生物医药产业链，这也为东北生物医药产业国际化发展提供了机遇。

2. 需求水平

生物医药产品的特性和医保扩容提升患者支付能力，将扩大生物药品需求。生物医药产品消费具有刚性，特别是随着生活水平的不断提高，居民在健康方面的消费会越来越多，对医药产品的需求会越来越大。同时由于医改进程的加快，医保增量资金已经颇巨。在现行缴费水平下，新型农村合作医疗保险制度及城镇居民基本医疗保险将带来大量的新增药品市场和新增药品支付能力。若考虑到随着经济水平的提高，各个地区的财政投入、个人缴费金额进一步增加，药品市场的扩容效应将更加明显。医保覆盖面扩大将直接带来医药市场的扩容，新农合、社区医疗体系的完善催生第三终端的快速崛起。医疗体制改革将直接影响整个医药经济的发展，可以预期在新医改模式下，医药产业的格局还将继续演变，政府

通过加强监管、鼓励创新、促进产业集中度提升，行业竞争环境将明显改善，这对于主流医药企业而言，可说是另一个无形的市场增量。目前，在"新农合"和城镇居民基本医疗保险制度下，病人自付的比例均在50%以上，考虑到低收入人群的价格承受能力，同一疾病的治疗药品中，中低价药品的需求量将会提升。

二、东北生物医药产业基地演进的制度要素考量

1. 产业规划

因生物技术产业具有市场前景广阔、发展空间大、绿色环保、经济社会效益高等优良产业特性，我国开始把生物技术产业作为21世纪重点发展的产业之一，从资金、政策等方面给予优惠和支持。从《中长期科学和技术发展规划纲要》（2006~2020年）看，生物技术占据了重要地位，如在五项前沿技术中，生物技术占据首要位置，在提出的四项重大科学研究中，生物技术占据其中两项。"十二五"规划，也明确地提出了重点发展生物技术产业的战略构想。据统计，当今生物技术成果60%应用于生物医药产业，可见，生物医药产业的地位随着生物技术产业地位的提高而有了很大提高；同时政府制定了一系列的直接针对生物医药产品研发、生产和销售的扶持政策。东北相关地方政府给予生物医药企业包括土地、税收和资金等方面的优惠政策，鼓励生物医药企业做出品牌。在这种情况下，东北生物医药产业基地充分发挥当地药业资源丰富、工业基础雄厚、生产要素充足、科研支撑有力、发展环境优越等比较优势，发展产学研齐发展的产业体系，形成以中药和天然药为主，以保健食品、医疗企业、化学制剂为切入点和突破口，以生物制药、医药研发外包服务为战略重点的产业发展格局。如本溪生物医药产业基地规划3~5年时间，形成200家企业的产业聚集，实现千亿元的产业规模、入驻企业数量国内最多、产业集群规模全国最大、药业科技研发和医药物流能力全国一流、独具中国北方特色的国家级生命健康产业基地。

2. 行业制度

近年来，政府针对生物医药行业出台了多项政策，这些政策及制度的出台将会长期规范行业和企业的发展，有利于生物医药行业健康良好运行。在药品注册方面，《药品注册管理办法》于2007年10月1日起实施，从制度上保证申报资料和样品的真实性、科学性和规范性。在药品生产方面，2007年10月29日，食品药品监督管理局公布了新修订的《药品GMP认证检查评定标准》（下称GMP新标准），并于2008年1月1日起施行。GMP新标准进一步强化了软件管理，这对生物制药企业来说无疑又是一项巨大的挑战。在药品流通方面，自2007年10

月1日起实施的通用名制度以及《关于进一步规范药品名称管理的通知》,则使除新药和专利药外,新仿制药将不再批商品名。在药品使用方面,2007年5月1日开始执行的《处方管理办法》和为配合它的《处方常用药品通用名目录》,对占药品市场80%多份额的医院用药市场是一次比较有效的净化,会进一步促进创新产品和优质优价产品市场份额的扩大。在行业监管方面,政府颁布了相关的法案和管理措施等,对生物医药企业进行有效的监管,淘汰落后企业,促进生物医药产业良性发展。

3. 产业创新制度

现阶段,生物医药产品多为仿创品,自主研发完全拥有自主知识产权的产品不多,其原因主要有两方面:一方面由于前期知识产权保护不足,影响创新主体积极性;另一方面是研发资金投入不足,导致创新活动缺乏,新产品少。随着市场化程度的加深,创新越来越成为企业生存和发展的重要动力。自2001年政府加强知识产权保护以来,企业的自主创新意识和积极性得到了很大提高,自主创新研究迅速开展,成果不断涌现,甲乙肝联合疫苗等几十种拥有自主知识产权的新药问世,并有一批新药已进入产业化阶段,生物医药技术和产品创新水平的不断提高,产业化促进的加快必将促进生物医药产业更加高质量、健康的发展。

第四节 东北生物医药产业基地发展对策

东北生物医药产业基地发展不能仅仅立足于本地区现有经济、技术及消费格局的支持性战略,而应当是立足于现实需求与潜在需求以及新能源革命将要推动的技术与经济革命,使东北地区生物医药产业与世界发达国家保持同步,占领新一轮经济社会革命的制高点,提升经济社会发展的水平与层次。

一、东北生物医药产业基地发展中的技术创新政策

1. 实现技术创新主体的跨组织合作

从前面分析可以看出,生物医药产业的发展很难依靠自身的资源(资金、具有专门技能的员工、隐性知识和生产能力)来实现创新目标,必须依靠跨组织合作实现技术创新,这是因为:(1)由于生物医药产业需要学科和领域之间的相互补充,而随着科学技术的不断发展,各个领域的知识与技术研究的难度日益加深,因此生物医药技术的研究与开发不断复杂化。(2)跨组织的合作研发能产生

协同效应，能够帮助相互合作的成员在市场上更好地获得并保持竞争优势，创造出难以模仿的衍生资源。(3) 由于影响研发成功的因素不断增多，研发成本也呈现不断上升的趋势。随着研发的不断深入、复杂化程度加剧以及研发难度加大，研发结果的不确定性日益加剧，需要合作伙伴之间信息的充分交流以减小研发的不确定性。(4) 合作企业借助共同制定研发策略和共享研发信息，建立更有效的研发途径，从而使得研发的成功率上升。在合作组织内部合作伙伴的优势互补和合作企业的专业化分工，可以有效地降低研发的总成本，提高研发的效率。合作企业将进行专业化分工，各自从事最擅长的部分，使合作组织整体实力上升。

2. 建立具有持续学习能力和良好柔韧性的技术创新组织

从东北生物医药产业来看，建立具有良好柔韧性和学习能力的组织是生物医药企业获得竞争优势的重要条件。生物医药产业中的技术创新具有不确定性强的特点，影响研发成功的因素较多，复杂的外部因素也对企业的创新能力提出了挑战，需要生物医药企业具有持续学习能力及良好的组织适应性，能够对复杂外部因素做出及时的反应。从产业竞争强度来看，企业必须快速向市场提供创新产品，才能获得技术创新活动产出的最大回报。从生物医药产业组织来看，由于生物医药产品创新是通过多个职能机构共同作用实现的，涉及众多的参与创新的创新主体，需要建立互动的组织模式，生物医药产业组织的学习能力体现在不同职能机构和不同企业与研究机构之间的活跃互动上。生物医药产业的特殊性需要较强的政府行政管制，管制的目标是使生物医药产品在要求研发阶段、临床试验阶段和生产阶段的产品具有一贯性。因此生物医药产业组织需要具有柔韧性，以适应不同职能机构、不同合作企业和研究机构在技术创新活动的需要。在实践中，国外生物医药产业在企业研发的早期，是通过建立柔性学习性组织形成合作研发模式，在产品开发上与科研机构建立多层次的合作，以促进企业的技术创新的弹性管理，不仅快速积累了企业技术创新必需的条件，而且持续提高了企业的市场竞争力。

3. 整合生物医药产业外部创新网络

从生物医药产业发展规律来看，在生产早期从减少风险来讲，应促进各主体之间的优势互补与合作。由于各研发主体在效率上不同，如企业研发机构由于市场竞争因素的影响，比高校和科研院所具有更高的研发效率。因此，东北生物制药企业应整合外部网络，在不同的研发阶段选择与不同研发机构合作，如早期选择与具备了一定的开发实力的企业合作，或选择与高校在基础研究进行深入的合作以及与科研院所进行合作。除生物医药产业外部研发网络外，生物制药产业需要对营销网络进行整合，通过对销售代理商选择更为紧密的营销合作网，在各环节进行管理。在整合外部网络过程中，政府应采取更为积极的政策促进科研院所或高校的基础研究，并鼓励中介机构和研发机构的发展以促进基础研究的成果转化。政府应逐渐建立有效的协调机制，如英国的生物医药产业发展中，政府通过成立专项小组，以促进政策制定的科学性和协调性，并通过信息反馈提高各项审批效率。在生物医药产业与研发组织合作方面，政府需减少监督职能，增加指导职能，为企业服务。并充分发挥行业协会等组织的作用。如英国的行业协会组织，代表企业与政府进行价格谈判，以形成更为合理的价格和行业标准。

4. 强化生物医药产业内部创新活动

在生物医药产业发展早期，国际性生物医药企业认为在企业内部进行技术创新活动是最理想的选择，由于生物医药技术改变了药物开发流程，创新活动主要源于新技术的开发，有别于传统医药产业，不是传统意义上的新化学成分的开发，而是具有潜在治疗效果的已知化合物转变为生物医疗产品的开发。传统医药产业处于转型中，部分企业在转化为生物医药企业时，缺乏必要的技术知识储备，难以开发具有风险的生物医药产品，许多生物医药企业选择在技术创新上进行合作。随着生物医药产业的发展成熟，技术创新和市场研发呈现规律性，大型生物医药企业通过发展，已积累足够的资源进行自主研发，相比较而言，合作研发的管理成本较高，主要产生在协调、管理和控制过程中，因而自主研发对于生物医药企业更具有成本优势。东北生物医药企业应考虑顺应技术创新活动的内部组织模式选择的发展规律，建立自己的创新中心和研发部门，以提高企业技术创新活动的效率。从国际上生物医药产业发展的实践看，国际生物医药产业在具备风险承受能力及技术创新条件的基础上，已更倾向于实现企业内部的自主技术创新，这样不仅有利于降低技术创新风险、有利于在企业内部技术创新中削减不必要的管理沟通成本，而且有利于企业更好掌控技术创新的趋向和实施财务管理。

二、东北生物医药产业基地发展中的制度创新政策

1. 建立统一的管理协调机构

（1）由于东北各生物医药产业基地均由不同政府主管部门管理，在生物医药产业政策、指导、组织和协调方面容易造成部门分割和行业阻隔，不利于生物医药产业基地整体规划和要素的综合配置。设立专门的生物医药产业管理协调机构可以协调各有关行业部门的利益，发挥指导、协调、咨询和服务功能，制定综合性的生物医药产业规划、政策和特定生物医药产业相关标准，指导生物医药产业主管部门民主化决策、立法与产业政策的实施。实践中，许多国家在支持生物医

药产业发展时采取了上述措施。如日本政府成立专职部门——医药产业全球策略委员会，其职能是为生物医药产业发展提供咨询。新加坡政府的专职部门——研究、创新及创业理事会，主要职能是促进生物医药等创新产业的发展。(2) 政府可以设立生物医药产业的行业协会。行业协会由政府产业主管部门、企业家代表和相关领域的专家、学者代表组成，由政府管理，在职能上是为政府咨询和审查生物医药产业政策的智囊机构。具有非官方性质的权威性咨询机构。行业协会的主要任务是为政府制定、调整生物医药产业组织政策提供理论支持和建议，对政府部门提出政策法案进行审议，做出可行性评价。

2. 建立科学的政策评估体系，提高政策绩效

政府需要建立科学的政策评估指标体系，客观评价生物医药产业政策，提高生物医药产业政策有效性。在建立生物医药产业政策评价指标体系时，应根据不同阶段的特点进行评价，在生物医药产业政策出台之前的评价主要是对政策可能产生的正负效益进行分析，在分析中必须考虑的因素包括政府的力度及影响因素，可以采用历史经验数据进行拟合，以减少政策失误。当政策实施以后的政策评价主要是评价政策效果，包括生物医药产业的发展现状和存在的主要问题。在指标选择上，可以从市场结构、市场行为、市场效果三个方面来评价，其中生物医药产业市场结构指标可用市场集中度、进入壁垒程度、产品的差别化程度、市场需求价格弹性等指标。市场行为可用产品价格政策、产品质量政策、产品竞争政策和产品投资政策来衡量。市场效果可用产业的企业规模、利润率、产业生产能力、市场需求量、销售费用、产业内的技术进步率来衡量。并采用计量方法确定各影响因素对结果的敏感性，选择最重要的若干影响因素作为评价指标。在评价时，需要注意数据的可得性、科学性和准确，减少评估者的主观性的影响，保证评估结果的准确性，因此，从提高生物医药产业政策绩效出发，需要深入研究科学的政策评估体系，更有效地发挥政府对生物医药产业基地的管理和协调。

3. 营造研究人才成长环境，鼓励创新

东北发展生物医药产业，必须营造良好的人才成长环境，实施吸引和留住人才的多项政策：(1) 引导和鼓励研发人员的集中和聚集，改变研发人员在企业间的零散分布现状，以发挥科技研究生产率的规模经济和范围经济效应，从而提升东北生物医药企业的核心竞争力。这种集中包括两个方面：数量上的集中和性质上的集中。理想的结果是形成若干家具有较强竞争力的创新型医药企业，以及相关的配套企业，更多地吸引各类人才。(2) 完善激励政策。工作条件的好坏，工资待遇的高低，物质生活条件的好坏，对于个人的成长，个人才干的发挥和自我价值的实现都有着重要影响。当前，东北生物医药企业科研人员和生产人员的工资普遍偏低，物质生活条件较差，其工作积极性很难充分发挥，这也是造成部分人才流失的重要原因之一。因此，应在科研、试验、国际交流与合作等方面，给生物医药人才创造良好的工作条件，提高工资待遇和改善物质生活条件，从而使其聪明才智得到充分发挥。这是调动生物医药人才积极性、巩固和发展生物医药人才队伍的主要一项。(3) 更新文化观念和价值观念。要培养勇于创新、敢于创新的观念，培养鼓励冒险、允许失败的观念，培养鼓励竞争、崇尚合作的观念，培养献身职业、成就事业的观念。还需要有良好的法制环境作保障。目前尤其要加强生物医药知识产权的保护，完善知识产权法律体系，加大知识产权保护的执法力度。(4) 政府提供政策保障。风险投资具有极强的专业性，对人才的激励是风险投资成功的关键。政府需要在制度上通过技术共享、信息共用、利益分享等机制来调动创新者、创业者和投资者的积极性与创造性，促进集成、互动与合作，建立科技与经济互动，形成部门联动，调动科学家和创业者的积极性。

第九章

东北现代农业基地研究

东北地区现代农业基地主要包括松辽平原和三江平原现代化国家级商品粮基地、松嫩平原和蒙东草甸草原精品畜牧业发展基地、辽东半岛和辽西丘陵地区绿色水果生产基地及沿海优势水产品养殖、精深加工出口示范基地等绿色农产品生产基地。这些产业基地的共同特征是通过现代技术改造传统农业，使其具有较高的生产率和完善产业体系。现代农业基地的建设和发展有利于东北地区的经济发展和新农村建设，对保持国家的粮食安全具有重要意义。

第一节 现代农业基地研究背景

一、现代农业概述

（一）现代农业的内涵和特征

1. 关于现代农业的界定标准

现代农业是一个动态概念，在不同发展阶段，现代农业的内涵存在差异。（1）现代农业是传统农业通过不断应用现代科学技术，不断提高农业生产力过程中的物质技术装备水平的过程。（2）现代农业是不断调整农业结构和农业专业化和分工的结果，以实现农业总要素生产率水平的不断提高和农业持续发展为目标。（3）现代农业的核心内涵主要表现为用现代科学技术来发展农业，用现代工业产品观念来发展农业和采用现代科学技术管理体系来管理农业。（4）现代农业以现代发展理念为指导，以提高劳动力生产率和保护农业生态环境为目标，以现代科学技术和现代物资装备为支撑，是农、工、贸和产、供、销相衔接的、可持续发展的、多功能的高效产业体系。

现代农业内涵丰富，不再仅仅局限于种植业、养殖业等传统的第一产业，而是拓展到了生产资料和食品加工等第二产业以及技术和信息服务等第三产业。主要包括三个既有区别又有联系的环节：一是产前环节，如种子、饲料、化肥、农药、农膜、水利、农机、燃料等领域；二是产中环节，如种植业的种植到收获环节、畜牧业的育雏到出栏环节、水产业的养殖到捕捞环节，以及林业的培育到采伐等领域；三是产后环节，如农产品收集、加工、食品工业、包装、储运、营销、进出口等领域。

2. 现代农业的典型特征

现代农业是一个综合的系统，既涉及生产力的高度发展，又涉及农业组织和管理制度的相应变革，是科学化、集约化、市场化、社会化的农业。现代农业具有以下典型特征：（1）在农业生产经营中全面采用先进技术和现代装备、设施，采用现代的组织和管理制度，具有高效的、科学的生产经营决策水平。（2）具有单位规模上的高资本投入和高效益产出特征，包括结构的合理化。（3）农产品和生产要素（土地、劳动力、资金、技术等）均进入市场，进行竞争性生产。（4）在完善、有效的社会化服务体系中进行专业化生产。

（二）国内外现代农业的演化发展规律

1. 国外现代农业的演化发展规律

现代农业肇始于20世纪初，到20世纪中期，世界上大多数工业发达国家先后完成由传统农业或近代农业向现代农业的转变。通过半个世纪的建设和发展，现代农业目前已发展到了一个较高级的阶段，（1）现代农业具有较强的抗灾害能力，也具有持续发展性和环境友好的特征。表现为现代农业已从弱质产业向强势产业转变，抵御自然灾害的能力显著增强。特别是20世纪80年代以来，现代农业尤其重视发展的可持续性，重视农业生产资源的高效利用以及生态环境问题，农业发展的观念逐渐转变为利用资源与保护环境并重。（2）高新科学技术对现代农业的支撑和促进作用日益显著，现代农业智能化程度越来越高。随着农业自控化、智能化和数字化程度不断提高，农业流程演变更加标准、科学和高效。现代农业生产日益依靠高科技，科学技术对现代农业增长的贡献率高达70%~80%。在未来一段时期内，新技术、新材料、新能源的出现，将使现代农业发生深刻变化。（3）现代农业经营已实现了产业化、一体化和社会化。现代农业通过增加投入，应用先进的科学技术和设备，强化组织管理等手段，生产率得到显著提高，生产规模不断扩大，现代农业生产集约性特征日益突出。（4）现代农业与其他产业的联系趋于密切，即现代农业与其他产业已形成相互关联的、一体化的经营体系。农户在广泛参与专业化生产和社会化分工的基础上，运用产业化方式经营现代农业，通过专业协会、生产合作社等不同形式，实现现代农业服务的社会化。
(5) 现代农业生产趋于标准化，发展趋向国际化。现代农业要求对产品的生产、加工、储藏、运输、销售等全过程实行标准化管理。标准化的发展主要与人们对食品卫生质量的要求提高有关，由于近年来农产品卫生质量逐渐变为市场竞争的一个关键要素，工业化国家现代农业市场竞争主要是产品竞争，而产品竞争主要表现为品牌之间的竞争，而品牌竞争的关键是质量竞争。同时现代农业发展的国际化趋势明显，现代农业的生产、分配、交换、消费等环节已融入世界经济循环中，国际农产品市场的贸易自由化的特征较为明显，各国农业品间竞争日益激烈。现代农业竞争表现为国家间品牌的竞争，不同国家都在充分发挥各自的比较优势，参与国际竞争，同时，农产品贸易正朝着自由化、国际化方向发展。

在现代农业发展过程中，主要工业化国家根据各自国情的特征，形成以下三类典型的现代农业模式：(1) 现代农业发展以规模化经营、提高劳动生产率为主的模式。如美国、加拿大和澳大利亚等国耕地资源丰富，劳动力短缺，地广人稀。但具有资金优势，其现代农业发展中实行规模化经营，并充分利用工业技术和资金优势，用农业生物技术、信息技术、养殖技术、环境控制技术等支撑现代农业发展，提高劳动生产率。这些国家的现代农业服务高度社会化，农产品高度商品化，生产的国际化趋势明显，出口份额通常在40%以上。(2) 现代农业发展以集约化经营，提高土地利用率为主的模式。如荷兰、日本、比利时等国耕地资源短缺，劳动者力昂贵，地多人少。但具有技术优势，其现代农业发展中主要通过优化产业内部结构和技术创新，用花卉业、蔬菜业、畜牧业等支撑现代农业发展，提高土地利用率。这些国家实行规模化和产业化经营，发展设施农业，立足于自主创新，以科技创新弥补资源短缺，发展创汇农业，实现国际化经营，完善农业和农村合作组织及其他社会化涉农服务。(3) 现代农业以提高机械化和大量采用高新科技为主，同时提高土地利用率和劳动生产率为主的模式。如德国、法国和英国等国耕地资源有限，劳动力较少，在雄厚的工业和技术基础上，他们高度重视农业的可持续发展，提倡和发展绿色农业和生态农业，促进农户集约经营，逐步扩大生产规模，财政和信贷也提高支持力度，并建立多元化、社会化为特征的农业经济合作组织和技术服务体系，建立了完备的农民教育与培训体系。

2. 国内现代农业的演化发展规律

(1) 从整体上说，目前我国农业发展程度还比较低，处于现代农业发展的初级阶段，农业尚属弱质产业。(2) 政府在农业现代化中发挥了重要作用，并取得了初步的成功，表现为农业科技取得突破和农产品产量的大幅提高。(3) 与发达国家的农业相比，我国现代农业发展总体差距还很大，农产品生产环节与收购、加工、运输、仓储及销售等环节割裂，难以实现农业产业链的纵向发展。(4) 与发达国家相比，我国发展现代农业面临的一个基础性约束是农业就业比重过高，农户土地经营规模过小。近年来，在广泛吸收国外先进经验，大力调查和评价分析的基础上，现代农业开始作为一个独立概念和研究领域映入人们的视线，农业经营管理、农业生态的可持续发展开始延伸为现代农业的重要组成部分。在农业和农村经济持续高速增长的背景下，东北在农业经营制度和农业市场化两方面进行的改革已经初步取得了成效。

（三）现代农业的集聚方式及特征

现代农业的生产经营方式和发展路径很大程度取决于区域资源禀赋状况，相对其他产业而言，现代农业具有更加明显的地域依赖特征，更适于专业化分工和集群式发展。具体来说，现代农业生产过程具有机械化和科学化的特点，在农业生产的各个环节中运用先进的机械设备代替人的体力劳动可以提高劳动生产效率，将先进的科学技术广泛应用于农业生产过程中，可以提高农产品的产量和质量，降低生产成本，保证食用安全，而集聚发展有利于创造规模经济和范围经济效益。现代农业的集群发展，能够弥补小农经济带来的农户分散经营、规模小、技术落后等方面的不足，通过制定产品生产标准和建立区域品牌可以提高区域产业发展的竞争力。通过集群式发展，农业产业内部专业分工日益细化，外部则形成链式开发，这种以产业链为基础的农业集群，能有效地降低交易成本，获得外部规模经济和范围经济效益，增加创新绩效，提高区域农业竞争力。

现代农业的集聚方式特征包括：(1) 现代农业集聚是以现代农业或农业关联企业为基本单位形成的。(2) 现代农业产业集聚是以网络方式结合而成的一个有机整体。(3) 现代农业产业的空间集聚性受自然因素影响大，生产过程呈现明显的连续性和周期性。(4) 现代农业产业集群只能从产业链的角度出发，充分考虑关联性产业和支撑服务机构的因素。

二、现代农业基地的相关研究

（一）现代农业的演化及特征

对现代农业的演化阶段和特征研究方面，具有代表性的观点包括：(1) 在传统农业向现代农业演进问题上，许多学者认为传统农业贫穷但有效率。要转变传统农业，必须向农业提供现代投入品，对农民进行人力资本投资。如舒尔茨（1964）采用新古典经济学的分析方法，对传统农业的地位、性质提出了新的见解，从理论上阐述了发展现代农业的积极意义，并且首次从人力资本——教育投资的角度，指出了提高农村劳动者素质对发展现代农业，提高农村劳动生产率和促进农村经济发展的重要意义，同时他也从供给和需求两方面，分析了为发展现代农业必须创造的生产要素条件。（2）王天生（2006）等学者认为现代农业是指处于一个时期和一定范围内具有现代先进水平的农业形态。而农业现代化则是指农业由原来落后的传统形态向先进的现代形态转变的过程，同时也是指农业要达到的现代水平，是一个相对的、动态的历史概念，而不具有规定的模式和发展路径。现代农业是农业发展的一个新阶段，是用现代科学技术武装的，用现代工业提供的物质手段装备的，以现代经营理念和组织方式经营的，高生产效率和效益的规模化、集约化、市场化和社会化农业。（3）按照农业技术的性质，把传统农业向现代农业的转变过程划分为不同阶段。如梅勒（2004）认为第一个阶段是技术停滞阶段。第二个阶段是劳动密集型技术进步阶段，或者是低资本技术动态农业发展阶段，这个阶段的农业发展主要依赖劳动使用型或资本节约型的技术创新和使用，以提高土地生产率为重点。第三个阶段是资本密集型技术进步阶段，或叫做高资本动态农业发展阶段。第三个阶段是现代农业发展阶段。梅勒认为，当前大多数低收入国家基本上处于第二个阶段，其资源状况是劳动力充裕和资本稀缺，因此，农业发展应该尽量避免与工业相竞争。（4）从技术层面和经营管理层面归纳现代农业的若干特征。如从技术层面看，现代农业具有以下特征：一是生物技术不断取得重大突破，生物技术的产业化成为推动农业产业升级的重要动力；二是信息技术得到越来越广泛的应用，农业逐步成为可控性行业；三是以农产品深加工为主体的食品制造技术迅猛发展，使农业产业化不断向纵深推进；四是农业装备技术迅速发展，使农业的装备水平和生产手段不断改进；五是可持续农业技术越来越受到重视；六是材料技术、航空航天技术、核技术等高新技术在农业领域得到了广泛应用。从经营管理层面看，现代农业同样具有六大特征。一是集约化经营，不断提高资源利用率和持续发展能力；二是专业化分工，讲求高度分工和紧密合作；三是科学化管理，不断创新；四是市场化运作，要求建立完善的农业生产要素市场和农产品销售市场体系；五是社会化服务，不断延伸产业链；六是可持续发展，追求环境保护、生态和谐与良好的生态再造。（5）石元春（2003）认为现代农业是正在拓展中的一种多元化的新型产业，以生物技术和信息技术为先导的现代科技和贸工农一体化的生产经营方式，推动着现代农业由单一的初级农产品生产，向着以生物产品生产为基础的农产品加工、医药、生物化工、能源、观光休闲等领域拓展，传统的三次产业界限将趋于模糊。高新技术在建设现代农业过程中发挥着重要作用，表现为高新技术改造传统农业的技术体系、运行机制以及农业高新技术本身的创新、传递和选择。（6）王学真（2006）认为农业国际化对现代农业具有重要影响，农业国际化从农业技术进步、结构升级优化、农业市场化和现代农业组织建立等方面促进了现代农业的发展。胡培兆（2006）认为我国应该走机械化大农业与园艺小农业相结合的生态农业道路。在发展机械化大农业的同时，扶持和鼓励发展劳动密集型的园艺小农业，重建农业循环经济；在西方国家普遍实行现代化大农业的情况下，我国积极发展精耕细作的园艺型绿色农业，可以赢得比较优势和竞争优势。

（二）现代农业基地的形成与特征

对现代农业产业集群的研究主要有以下观点：（1）从集群活动的角度，农业发展组织（2003）认为现代农业和食品生产集群开始于农作物包括谷类、家畜等的成长，结束于农产品的批发零售和配送，集群还包括一些支撑产业，如冷冻仓库贮存等。集群活动可以被概括为三种：农业生产、农业支持、增值加工。（2）纽约经济发展研究所（2004）从集群的组成角度，认为现代农业集群包括若干子集群，如种植业生产和乳品业耕作、食品制造、饮料制造等。如苏伦和汤普森（2005）认为三类子集群组成为农业生产子集群、食品加工子集群、农场投入制造子集群。（3）赵重琮（2004）认为在现代农业产业集群的形成中，现代农业产业集群的规划以及建立 SME 集群和网络具有重要意义。

在现代农业基地特征的研究方面具有代表性的观点包括：（1）凯尔西（2004）认为现代农业、林产或食物集群的普遍特征是所有的 AFF 子集群是增值经济活动，增值经济活动应用于未加工农业的天然的资源，带来收益和工作。现代农业集群化发展是提高区域竞争力的有效手段，对区域经济增长具有重要的促进作用（戴维，2006）。（2）现代农业集群能转移农村富余劳动力，提高就业率（南达科他州劳工部，2002）。苏伦和汤普森（2005）认为集群对经济具有直接、间接和诱致影响。在经济转换期，现代农业集群发展预期的可能结果包括：农村居民收入会随着现代农业集群的形成和发展而增加，贫困减少，妇女的就业机会增加，可以增加现代农业生产需求的供给，改进贸易平衡。（3）玛莎（1997）认为现代农业和食品产业集群内各个部门之间很少有相互吸引和相互作用，农业产业集群的进入壁垒高。这一结论主要是基于国外学者对某个地区农业群的基本情况的实证分析，如美国纽约州芬格湖地区的现代农业集群（伊丽莎，2005），多伦多食品和面包集群（迈克尔，2005），斯蒂芬（2004）对美国东北部的现代农业和食品产业集群的研究。在进行实证研究中采用的计量分析工具主要包括：地方就业分析、区域配额、变化共享分析、工资、bubble 图、位置关联和投入产出分析。

（三）现代农业产业基地发展中的技术及制度因素

在分析我国现代农业产业基地发展中的技术制约因素方面主要观点包括：（1）周琳琅（2005）认为我国的农业科技研究创新和推广应用还不能为发展高产、优质、高效、生态、安全农业和推进现代农业建设提供强大的科技支撑。表现为农业科技创新能力仍然薄弱，成果推广应用缓慢。与发达国家相比，我国科技对农业增长的贡献率还比较低，远远不能适应新的农业科技革命的要求。同时现代农业技术利用率不高，普及率低，地区间、行业间农业技术水平差距明显。农业科技储备严重不足，农业科技取得重大突破的难度越来越大。（2）黄传武、唐任伍（2006）认为农业技术创新中存在制度阻碍因素，如歧视性管理制度、残缺不全的市场体系、技术和资金等要素向非农领域流动等，是造成我国农村贫困和农业落后的主要原因。与现代农业特征相适应的市场环境缺失。表现为市场环境缺失和价格扭曲，使现代农业必需的资源不能顺畅地流入现代农业生产领域，现代农业领域多余的资源也不能合理地流向社会。由于农村教育落后和农民文化科技素质偏低，制约了生产方式和观念的更新，阻碍了农业技术的推广。歧视农业和农民的社会意识，也降低了劳动力市场的资源配置作用，阻碍了农业技术人员向农村、农业流动。

分析现代农业产业基地的制度因素的主要观点包括：（1）毕美家（2007）认为发展现代农业，客观上要求尽快建立现代农业制度。因为现代农业发展的主要标志就是生产力的现代化，必然要求农业经济社会制度的现代化。如果只有农业生产力的现代化，而没有农业经济社会制度的现代化，落后的农业生产关系就会形成一种桎梏，阻碍先进的农业生产力的发展。（2）韩国农村经济发展研究院（2005）认为在现代农业产业基地发展进程中应注意政策导向，建立法律法规框架，在集群参与者之间创立亲密的关系，价值链创新，提供广泛的金融支持和投资促进，建立必要的基层结构等。（3）许经勇、张志杰（2001）、关付新（2005）、党国英（2006）从制度创新的角度，对我国现代农业发展过程中制度进行了分析，提出了稳定农业土地制度、适度规模经营、发展农民合作组织、完善现代农业建设过程中的集体产权制度等问题的重要性。在这一进程中应选择提高劳动生产率的内涵式规模发展道路和建立科技、制度和农民"三位一体"的现代农业发展体系。（4）毕美家（2007）认为应实施集成创新，加快现代农业制度建设，完善现代农业制度的基本架构。第一，土地实行家庭经营制，建立稳定的土地使用权流转、出让机制；第二，农户实行合作制，把它作为现代农业建设的基础；第三，农业企业实行股份合作制，把公司、合作社、农户作为农业产业化经营的基本组织形式。在现代农业制度的基本框架下，建立相应的辅助支撑体系。

第二节 东北现代农业基地发展特征

一、东北现代农业基地发展的基本特征

（1）现代农业基地内的农产品生产、专业化分工与协作程度高，农业生产的规模化、组织化水平不断增强。基地内农业生产者形成了明显的专业分工与协作，农业基地内农户间、企业间协调配套机制逐步完善，农产品生产、加工、流通各个环节都形成了比较密切的合作关系。现代农业基地生产加工销售一体化程度较高，一般都实行农产品的产销加一体化，是生产集群、加工集群、销售集群的综合体。

（2）现代农业基地内的农业科技推广应用步伐加快，已形成基地发展的主要支撑力量。基地内企业一般都有自己的科技队伍、研发队伍，能够为产业基地发展提供有力的技术保障。现代农业基地的核心力量和依托是具有带动能力的龙头企业。不论哪种类型的产业模式，一般都依托内部或外部的各类龙头企业，通过龙头企业发展带动整个产业基地的发展。农业产业化龙头企业和农业产业化经营是农业产业基地产生和发展的共同基础和特征。

（3）现代农业基地有良好的政策环境。许多地方政府对新型产业基地认识高，给予政策扶持的力度大，提供了有利的政策和政府的服务。现代农业基地具有勇于创新、创业的领导机构，管理人员勇于改革、富于创新、诚信程度及和谐程度较高，从而降低了交易成本和谈判成本。同时，现代农业基地的基础设施建设现代化程度较高，拥有现代化的基础设施特别是交通、通信设施，从而为现代农业基地发展提供了必不可少的外部条件。

（4）现代农业基地强化了"经营产业"的开放意识。市场经济条件下的专业化分工和社会化协作，促进了各地区、各产业和生产经营各环节的相互开放，使农业从相对封闭的生产体系转变为更加开放的产业体系。这种开放的产业体系，不仅包括农产品市场对国外产品的开放、农业开发对国外资本的开放，也包括农业产业系统对其他产业系统、农业部门对其他部门以及农业生产经营诸环节

之间的开放。因此，现代农业具有"一体化经营"的特征，实现了第二、第三产业与种养业连接，从而在开放中实现产业化经营。

二、东北现代农业基地集聚度测算

测定现代产业集群的集聚程度的指标大体可以分为两类：一种是考察地区集中度；另一种是采用各种不同的方法和指标，如洛伦茨曲线、集中率法（CR法）以及区位商法等，以考察企业规模分布的不均等状态。采用地区集中度和区位商两个指标判断产业集中程度，主要考虑其两个明显的优点：第一，统计集中度的数据容易获得；第二，能充分体现区域生产水平与全国平均水平的比较，明晰该地区的生产集中情况在全国所处的地位。

区位商指标解决了地区间贸易数据问题，同时部分反映了区位具体行业在区域产出结构中产出的份额，分母部分反映了该行业在整个国民经济的产出份额。整个指标的优点是把各地区的产出结构放在更大的空间系统中，以整个国民经济产出结构作为参照系来判断各地区各行业的相对份额大小，借以判定地区产业的相对短长。具体来说，区位商是指某地某产业比重与整体区域的该产业产值的比重之比，是空间分析中用以计量所考察的多种对象相对分布的方法。区位商计算公式如下：

$$Q = \frac{d_i / \sum d_i}{D_i / \sum D_i}$$

其中 d_i 表示某区域 i 部门的产值；$\sum d_i$ 表示某区域总产值；D_i 表示全国 i 部门的产值；$\sum D_i$ 表示全国 i 部门的总产值。区位商能够测度该地区的生产结构与全国平均水平之间的差异，借此可以评价一个地区产业的集聚程度。对一般区域而言，当 Q>1 时，可以认为此产业是该区域的专业化部门，Q 值越大，专业化水平越高；当 Q<1 时，则认为此产业是该区域的自给性部门。但对于工业化程度明显高于上级区域的地区来说，要明显地大于 1 才有可能成为该地区的专业化部门。而对于一个工业化程度明显低于上级区域的地区来说，Q=1 甚至接近 1 也可能是专业化部门（见表 9.1）。

表 9.1　　　　　东北地区典型城市现代农业①区位商

地区	沈阳	大连	长春	吉林	哈尔滨	齐齐哈尔	赤峰	通辽
区位商	2.74	2.91	2.87	0.46	2.39	0.69	1.42	2.48

---

① 现代农业在核算过程中，主要以农产品加工业为主。

第三节 东北现代农业基地演进的动力分析

一、东北现代农业基地演进的市场要素考量

1. 要素禀赋条件及组合方式

要素禀赋条件包括自然资源禀赋条件，如水资源、土地资源、矿藏等；也包括非自然资源禀赋条件，如资本、劳动者和知识技术等。资源禀赋条件是现代农业产业基地形成的最基础的因素之一，在现代农业产业基地形成的初期尤为重要。在市场经济中，现代农业企业和其他生产者会寻求最优的土地利用方案，以应对激烈的市场竞争，实现利润最大化的目标，因而现代农业企业和其他生产者在选择农产品的品种时会根据比较优势的原则，以达到现代农业生产产出最大化或成本最小化，取得生产经营的最佳经济效益。由于现代农业生产者的收益取决于其产出的收入与投入的成本，而要素禀赋条件决定了一个区域的现代农业投入要素的价格水平，所以，现代农业的生产因受要素禀赋的诱导，对一定的区域具有指向性。现代农业生产者要素组合方式选择包括投入要素的比例、技术设备选择以及组织管理方式。要素组合方式的选择主要依据企业生产条件、投入要素的价格水平以及当期生产的预期收益决定。其中预期的收益取决于上期生产的收益以及政府的政策效应。如果政策效应没有显著影响现代农业生产环境，则现代农业生产者将不会考虑政策效应，否则，将影响现代农业政策者决策。

2. 市场需求的规模化与细化

根据现代农业发展经验，只有在市场上拥有长期稳定的、规模化需求的现代农产品，在发展中才能逐步形成大规模的专业化产业集群。随着现代农业分工的进一步深化和细化，工业化的程度提高以及城市化水平的不断提升，市场需求形成规模化，为现代农业基地的形成奠定了基础。与此同时，市场消费需求的细化和现代农业专业分工，使现代农业的生产方式呈现集聚趋势，从而促进形成有利于区域专业化分工的现代农业基地。具体来看，由于市场经济不断发展，依托现代科技的现代农业市场化程度不断提高，由此逐步形成了大量各具特色的专业化现代农产品市场，专业化市场的形成推动了现代农业专业化生产和产业基地的形成与发展。除国内市场需求外，国外市场对现代农产品的需求也是重要因素，并带动形成以优势现代农产品为核心的现代农业基地。

3. 多元竞争主体

与其他产业相比，现代农业竞争是各类生产主体在市场中处于相对平等地位的基础下进行的。现代农业竞争主体可分为内部竞争主体和外部竞争主体。内部竞争主体是现代农业生产基地内的生产企业、合作组织、农业园区以及农工商综合组织之间的竞争机制和规则，通过竞争可以提高产业链中现代农业生产及服务的竞争力。外部竞争机制是与现代农业生产直接相关的提供相同或相近的产品和劳务的生产者之间的竞争机制及规则。这些竞争者包括：生产资料的供应企业以及合作经济组织，进行大面积田间机械作业的企业以及合作经济组织，农村生产技术咨询服务企业、政府的农业经济技术部门、各类农业技术专业协会以及向农户提供技术咨询服务的农业高等院校的科研人员，也包括对农产品进行加工、包装、销售服务的合作组织以及承担产后服务职能的企业等。因此，现代农业市场竞争的特征是现代农业基地形成及提高竞争力的重要内在动力，现代农业企业在激烈的市场竞争条件下，需要形成多元主体下的产业基地，以提高现代农业企业在市场供求和价格方面的竞争力，适应市场的变化。

二、东北现代农业基地演进的制度要素考量

1. 政府政策及相关制度

政府的支持政策是东北地区现代农业产业基地形成和演进过程中的重要因素之一。政府通过政策、法律制度和投融资制度，对优势现代农业生产经营的支持和补贴，能够调动资金、人才等要素向本地区的优势现代农业生产经营领域集聚，有利于该区域现代农业生产专业化程度的提高，进一步将本区域的比较优势转化为持续的竞争优势，从而提高现代农业产品的生产效率和产品价值，增强区域现代农业产品的持续竞争力。许多国家在现代农产品尚未形成国际竞争力的情况下，政府都采取支持政策及相关制度，促进现代农业优势地区集聚，形成现代农业产业集群。在增加本国现代农业产品出口和增强现代农业产品的国际竞争力的同时，有利于抵制国外同类农产品的进口。政府的规划在东北地区现代农业产业基地的演进过程中也发挥了重要作用，政府规划的作用在于弥补现代农业产业基地布局中市场机制存在的缺陷，而并非替代市场机制的作用。政府通过制定现代农业基地的总体发展规划，分阶段分地区逐步实现现代农业发展的制度化和规范化，避免出现重复建设、与实际不符的盲目建设等问题。政府规划的作用还表现在可以实现多部门、多地区和多种所有制形式的协调发展，并有利于充分调动各地区、各部门和各类所有制形式组织的积极性，达到统筹兼顾、长短期结合、

上下游产业融合、协调发展的目标。在政府制定现代农业基地发展规划的过程中，政府有组织、有步骤地实现对现代农业服务模式的转变以及对产业基地的领导和协调。政府的领导和协调主要体现在对服务体系建设的指导上，政府通过对各个服务部门和服务组织提供政策、技术、信息和经营指导，促进现代农业产业基地的发展和成熟。

2. 合同契约制度

完善的契约制度保证了现代农业基地的正常运行，具体来看，现代农业基地的生产企业同科研机构签订的科技成果开发合同、同金融机构签订的资金扶持合同以及同服务部门签订的产销合同均符合契约制度安排。合同中均明确规定了各经济主体的权利与责任。以产销合同为例，作为普遍采用的产销制度，该合同可以有效减少生产的盲目性，促进供需平衡，合同一经签订，现代农业生产企业接受现代农业基地内服务部门的指导，进行现代农产品生产，并按合同规定，与服务部门进行产品交易。现代农业基地内的服务部门在交易后，根据合同规定的质量条款与数量条款，对现代农业产品进行深加工，实现现代农业产品价值。契约制度保持生产的连续性和稳定性。

合同契约制度在规定签约双方履行的义务和违约责任的同时，也保证合约签订双方的平等地位，避免出现服务部门利用优势地位进行压低价格等与民争利，甚至损害农民利益的现象出现。具体来看，在现代农业基地内当农户具有分散生产特征时，提供公共服务的政府、合作组织与企业，由于在经济与技术实力更具优势，在签约时常处于有利地位，因此契约制度可以在现代农业基地内实现基于生产部门和服务部门的利益共享与协调的市场交易机制，各经济主体以契约关系为纽带，提升了市场竞争力，实现了发展。

3. 科技进步

科技进步对现代农业基地的动力机制就是现代农业中高新技术成果的推广和应用过程中各经济主体的相互作用机制。从微观企业层面考察，科技进步对现代农业基地的作用机制表现为提供现代科技成果的主体与采用现代科技成果主体之间的交易关系，两者通过科学技术成果所有权和使用权的交易都会获取较高的经济收益。从提供科技成果的主体来看，科研主体根据市场需求研发科技产品，通过科技成果的所有权和使用权的出让获得价值补偿和经济效益，对企业性质的现代农业科研开发主体来说，对经济利益的追求是现代农业科学技术研究和创新的持久推动力。从现代农业生产经营主体来看，由于购买科学技术成果可以实现对产品质量改良和降低生产成本，并通过提高土地利用率提升生产率，获得了超过社会平均利润的超额利润，所以现代农业生产者对现代农业科学技术的引致需求是为实现生产条件、生产效率的改善而形成的对现代农业科学技术的需求。从产业基地层面来考察，产业基地内的现代农业生产者的收入水平、经营规模和整体受教育水平等因素都是影响现代农业中对高新技术有效需求的原因，由于在现代农业产业基地内，现代科学技术对现代农业基地发展具有关键作用，政府需要以宏观的经济手段和政策手段支持现代科技在现代农业中的应用，而现代农业基地有利于政府集中引导和协调，促进了对科学技术的有效需求的形成。

由于现代农业科技的研发与推广具有较强的公益性，而且分散性的农业生产特点决定了现代农业科技研发具有较高的风险性和外部性，政府需要对现代农业科技研发提供金融服务、总体规划协调和政策支持，促进科技在现代农业基地的融合渗透。政府及有关部门对现代农业科技的研究发展和科技成果推广的激励和促进是通过推动科技在现代农业的渗透融合来实现的，在现代农业基地内，政府可以从整体上对科学技术研究、创新以及科技成果的推广应用加以系统的规划设计和组织实施，更有利于推动科技在现代农业的渗透融合。

科技进步是现代农业基地形成和发展的重要推动力量，它促使现代农业生产形成集聚，并不断提高集聚效应。科技进步在现代农业基地演进中的作用表现在：(1) 科技进步实现了现代农业产品品种改良及适应性提高，使得一些原来不宜种植该品种的地区可以种植，因此扩大了作物种植的范围，形成现代农业区域性专业化生产，为现代农业基地的形成创造了有利条件。(2) 现代农业的其他环节，如运输、储存、销售、加工等环节的科技进步，为优势现代农产品的专业化提供了基本条件。(3) 科技进步推动现代农业技术创新，并通过技术溢出效应促进其他生产者的借鉴、模仿和学习，从而提高现代农业生产的效率、节约成本并创造更高的产品价值。由于在技术溢出效应中，在区位更接近的企业更容易获得新技术，因此技术溢出效应客观上逐渐推动现代农业基地的形成。可见，科技进步是现代农业基地形成和发展的重要推动力量。

第四节 东北现代农业基地发展的创新对策

一、东北现代农业基地的技术创新对策

由于现代农业生产方式的改良、产业功能的扩展以及产业链的延长和深化，都是通过科学技术融入现代农业来实现的，所以建立适合东北地区的农业科技创

新体系,加快现代农业科学技术快速转化为生产力,是东北现代农业基地发展的关键。具体来看,科技融合推进现代农业发展可以从调整现代农业技术研发重点、投入结构、推广体系的构建与创新等方面入手。

1. 优化现代农业技术研发的重点环节,以适应现代农业发展特点

东北地区传统农业科技创新有以下特点:一是以提高农作物产量的生产技术研发为主,偏重种植业技术创新。二是以节水、节地、节肥等资源开发技术为主,注重提高农业经济效益的技术领域。现代农业在注重发展农产品产量和质量的同时,需要注重食品安全、农产品深加工以及鲜活储运等生产和流通技术的研发;需要由种植业扩展到畜牧业、渔业技术、生物质能源、医药保健、农业信息等综合开发领域;需要强调资源开发技术与市场开拓技术的结合;注重提高农业综合生产能力、农村社会经济全面发展需要的综合技术,维护农业生态环境、改善农村人居环境和农村社会发展等领域。在技术领域引进学习发达国家技术的同时,需要根据现代农业发展的现实需求进行跨行业跨学科的共性技术和关键技术的自主创新和集成创新。

2. 调整现代农业科技投入结构

东北地区现代农业科研投入结构性问题表现为科研机构科学事业费基本支出比例低、科研领域研究经费过度竞争、科研机构内部的不同研究领域经费分配不均衡等现象。在调整现代农业投入结构上,一是提高现代农业科研机构的基本研究支出和人员经费投入。二是要建立合理的经费竞争机制,以激发研究人员的创造性和潜能为目标,同时避免过度竞争造成农业科研以改进为主,缺乏突破性创新成果的问题。三是在研究经费分配上增加自主性,如建立科研机构的自主研究经费、不同现代农业门类的自主研究经费和专家自主研究经费。以促进对本领域、本学科的研究前沿的把握,提高农业科研投入的针对性和时效性。

3. 完善农业科技成果推广交流体系

一是以龙头企业为核心推动现代农业基地的发展,通过技术推广和应用,提高现代农业产品的质量水平和现代农业生产技术。二是进一步扩大现代农业的对外开放领域,构建农业科技成果交流推广体系。在积极开展和加强与农业发达国家和地区合作,引进先进农业生产技术的同时,也将现代农业科技成果推向国际市场。三是加强县级现代农业科技成果推广体系的建设,以国家与省级现代农业科研机构、农业产业化龙头企业、合作组织、村级技术员构建体系,根据本地现代农业产品的特点,建立现代农业技术服务队伍。

4. 逐步提高农民科技素质和受教育水平

现代农业的长期发展需要逐步提高农民的整体科技素质和受教育水平,目前东北地区农民科技素质和受教育程度尚需提高，需要加强对现代农业生产者的科教培训和提高其市场意识。一是根据市场经济的需要，培育具备管理能力和市场意识的现代农业生产经营者。二是需要逐步提高教育培训普及度，提高农民的科技素质。通过省级农业教育平台、县乡农业科技培训基地，扎实推进农民科技培训项目、农业科技入户工程等项目实施，提高农民整体科技素质和受教育水平。

二、东北现代农业基地的制度创新对策

现代农业的生产方式、产业功能、发展空间和运营手段都发生了极大的变化和拓展，传统的农业管理制度，已经不能适应现代农业基地的发展需要。需要在现代农业管理体制、现代农业管理方式和现代农业体系等方面进行发展和创新，实现东北地区现代农业基地的制度创新。

1. 构建一体化的现代农业管理体制

现代农业管理体制强调对各级现代农业管理机构的功能和重点的重新界定。现代农业管理体制改革实质是政府职能的改革，要消除传统农业管理体制中功能重复、机构分散缺乏统一指导和协调的问题，在农业管理体制上划分县、乡两级，各部门侧重结合本地实际情况执行有关政策和汇总相关情况，在机构设置和职能分配上对相关部门进行整合，可以建立地区合作社。

2. 在现代农业管理方式上，培育融合型的产业管理模式

传统农业采用分立式产业管理模式，造成行政条块分割、调控不力等问题，已不能适应现代农业基地的构建与发展。融合型产业管理模式是现代农业基地发展的客观要求，这是因为现代农业具有融合型的特点，表现为现代农业不仅仅局限于传统农业的种植业和养殖业，而是扩展到产前、产中和产后各环节，与第二、第三产业紧密融合的现代农业体系。因此，为适应现代农业基地发展的需要，东北地区现代农业发展必须培育融合型的现代农业管理方式，在借鉴各国现代农业先进管理经验的基础上，建立统一的宏观管理和调控服务体系，以产业融合推进东北地区现代农业基地的发展，以解决传统农业管理体制下的产业割裂和城乡产业分割等问题。

3. 以制度创新推动现代农业专业合作组织发展

尽管东北地区是全国农业主产区，但除黑龙江等省部分农场实行规模化经营外，其他地区的现代农业大多尚未形成规模化经营。由此导致现代农业生产主体尚不具备较强的抗灾害和抵御市场风险能力。从各国现代农业发展实践来看，现代农业专业合作组织，是推动现代农业规模化生产、提升现代农业基地竞争力的

第九章　东北现代农业基地研究

客观需要。东北地区现代农业专业合作组织在发展中尚存在现代农业合作组织的地位不明晰，相关的政策不完备，各经济主体参与的积极性较低等问题。因此发展东北地区现代农业专业合作组织需要充分调动各种经济主体的积极性，推进经济合作组织、民间组织和专业协会的发展，以"民间主导、群众自愿"的原则，探索多元化途径。同时要充分发挥政府在现代农业专业合作组织发展中的指导和协调作用，通过制定和完善支持农业经济合作组织发展的政策措施，科学、系统地推动专业型合作社的建设和以农村综合开发建设为主要服务内容的综合型合作社建设。

第十章

东北现代服务业基地研究

东北地区的现代服务业基地主要是指生产性现代服务基地，即与东北现代工业相适应的金融、保险、物流、科技服务、信息服务基地等，具体为沈阳、大连的东北金融中心，沈阳、大连、长春、哈尔滨、通辽的物流基地，以及以长春、大连为核心的国家数字电影制作和国产动漫产品生产基地等。东北地区现代服务业基地的发展有利于提升区域的现代服务水平，对相关产业的发展具有重要的促进作用。

第一节 现代服务业基地研究背景

一、现代服务业概况

（一）现代服务业的内涵及特征

1. 关于现代服务业的内涵界定

（1）生产性服务业或制造服务业，概念的提出最早源于布朗宁和辛格曼（1975）对服务业的分类，是服务业中非常重要的"亚产业"集群。西方发达国家经济发展中服务业演进包含三个阶段，第一阶段在资本主义工业化前期，主要包括商业、交通和通信业。第二阶段在19世纪末20世纪初，主要包括金融、保险业和商务服务业。第三阶段在金融、保险和商务服务业快速发展的同时，扩展到包括科学教育事业等现代服务业。现代服务业的增长速度快于传统服务业的平均速度，也高于国民经济的平均增长速度，表现为现代服务业在产业结构中的比重逐渐提高，优化了服务业的内部结构。（2）以生产性服务业为核心，包括金融、保险、信息服务、商业服务、咨询服务以及房地产等部门。认为现代服务业是从传统制造业的部分分化形成的，与现代化科学技术发展密切相关。从服务业产品的功能来看，包括四大类：基础服务包括通信服务和信息服务；生产和市场服务包括金融、物流、电子商务、农业支撑服务以及中介和咨询等专业服务；个人消费服务包括教育、医疗保健、住宿、餐饮、文化娱乐、旅游、房地产、商品零售等；公共服务包括政府的公共管理服务、基础教育、公共卫生、医疗以及公益性信息服务等。这些服务部门的产品既包括用于直接消费的，也包括用于中间投入的部分。（3）部分学者认为现代服务业是服务业的现代化，无需准确界定服务企业是属于传统还是现代服务业。现代服务业的概念与传统服务业的区别表现在一方面认为现代服务业是由传统服务业演化发展而来的，同时不断地改变着传统服务业，这种改变是由于信息技术和知识经济的形成与发展。从这个意义看，现代服务业是现代科学技术和管理理念的产物，是更高质量的生活服务和生产服务。

2. 现代服务业的典型特征

与其他新兴产业相似，现代服务业也具有高人力资本含量或高技术含量的特征，这种特征具体表现为现代服务业带来的技术特征、产业特征和增长方式特征。技术特征是现代服务业与不断发展的网络技术等新技术结合，形成的新的现代服务业平台为基础的创新模式。产业特征是现代服务业受技术和市场因素的影响较大，产业会根据其他产业发展和居民需求水平变化调整，从而形成新兴服务业态。增长方式特征表现为现代服务业增长有利于人力资本的增长和产业结构升级，现代服务业是资源消耗少、环境污染少的高附加值产业。现代服务业的价值主要体现在以专业知识满足客户需求，这种专业性价值源泉是对知识的深度、广度和精确度更高的要求。

与其他新兴产业相比，现代服务业的进入壁垒较低。原因在于：一是许多现代服务业只需要较少的初始投资，而制造业需要大量的资金，所以与之相比，现代服务业的进入壁垒更低。二是与传统服务业相比，现代服务业产品内差异化提高，但与新兴产业相比，现代服务业与竞争对手的差异化小，主要是因为服务产品缺少专利保护。由于进入壁垒较低，现代服务业发展较快，内部竞争激烈。

（二）国内外现代服务业的演化发展规律

1. 国外现代服务业演化发展规律

（1）产业集聚成为现代服务业发展的主要形态。现代服务业集聚的主要原因是全球经济一体化程度的不断提高，国际分工日益加深，现代服务业在知识、技术、信息、人才等方面的比较优势的日益显著，造成空间布局的集群化和网络化特征。许多发达国家已经建立起以服务经济为主的产业结构，如以美国华尔街为代表集中全美主要大银行、保险公司、交易所以及公司总部。英国伦敦集聚了大量以生产性服务业为主的现代服务业集群，是城市强大竞争优势的源泉。以丸之内金融区、新宿办公区和临海部信息港为主体，形成的现代服务业集聚区是东京现代产业集群发展的基础。除工业化国家外，许多新兴国家现代服务业集聚现象也日益显著，如印度的班加罗尔计算机信息服务软件园和金融服务集聚区等。聚集包括微软在内的大型跨国公司。现代服务业集聚带来的凸显的集聚竞争优势已成为这些国家和地区城市国际竞争力的源泉。（2）现代服务业的发展在20世纪60年代到80年代为发展初期，从90年代至今，现代服务业发展迅速。表现为一是具有现代服务业特征的金融服务业、商务服务业和科研技术服务业在服务业的比重不断上升，在部分国家和地区已成为支柱产业。这些服务业具有知识、技术、信息和人才密集的特点，属于现代服务业范畴。二是在传统服务业中新技术不断运用，技术含量和专业化程度不断提高，企业不断创新生产和经营模式。如传统零售业巨头沃尔玛利用信息技术对传统零售业进行改造，在世界范围内建立起全球采购网络，改变了该行业的传统业态。

2. 国内现代服务业演化发展规律

（1）我国现代服务业集聚特征日益显著，如2010年北京、上海、广州、深圳等中心城市现代服务业集聚区发展初具规模。北京成为中国内的金融管理中心，上海朝着国际金融中心的方向发展，深圳依托其开放的经济政策、毗邻国际金融中心香港的区位优势，意在打造亚太区域性的国际金融中心。沈阳、大连也在力争建设成为东北地区金融中心。（2）与美国、英国、德国等主要发达国家相比，尽管随着经济的不断发展，我国现代服务业与过去相比有了较大发展，仍有很大差距。我国现代服务业增加值占GDP比重在2010年仅为43.1%，而根据国际统计数据，世界平均的服务业增加值占GDP比重高于我国近20个百分点。

（三）现代服务业的集聚方式及特征

现代服务业集聚方式与功能有关，生产性服务集聚方式根源于生产方式，以实现生产领域劳动生产率的不断提高为目标。由经济的信息化和知识化产生的现代服务业，具有生产和消费的存储性，突破传统服务业不可分割的特点及交易的束缚，使得现代服务业在集聚方式上可以实现跨地区整合，有助于现代服务业进一步的发展。其根源是专业化实现增值产生的现代服务业，除具有实现现代服务业增值功能外，还具有服务的规模效应和服务融合的聚集效应，表现为现代服务业集群有良好的经济效应和网络效应，从而进一步促进现代服务业的发展。

(1) 现代服务业集聚具有大都市性与地方根植性的特征。国际性或区域性的现代服务业中心均是国际性大都市，如纽约、洛杉矶、伦敦、东京等。地方根植性表现为各地区经济发展水平不同，导致现代服务业水平也各不相同。(2) 从内部来看，现代服务业集群会以规模较大的现代服务企业为核心。由于现代服务业企业规模的扩大，市场和交易活动在空间上趋于集中，集群内外分散的企业会向该企业聚集，以缩短交易时间，节约交易成本，集群的形成有利于规模较大企业发展，从而形成良性循环，扩大了交易的规模。(3) 从外部网络特征来看，现代服务业集群具有网络组织的特征和优势，主要表现为服务企业网络、劳动力市场网络和区域创新网络，网络中的各经济主体以正式或非正式的关系，不断进行着信息、知识、技术的交易、交流与互动。具有有效的冲突解决机制、较高的声誉及无形资产、共同学习和知识转移，实现资源的柔性配置以及规模经济、范围经济等优势，推动现代服务产业基地的持续创新和发展。

二、现代服务业基地的相关研究

(一) 现代服务业基地的演进及特征

在关于现代服务业研究中，集中于知识型服务业和生产型服务业的研究上。其中具有代表性的观点包括：(1) 斯科特 (1988) 强调在现代服务业基地中建立极为适应外界变化的外部联系和劳动力市场关系的网络的重要性。由于新技术比如网络和信息化的出现，使得生产企业和相关服务业以及生产性服务业之间不必集中在地价水平最高的中心区，该观点认为新的生产方式和管理方式对生产性服务业的布局产生了重大影响，更多地依赖于新技术的生产方式使得相关服务业可以"远离"生产企业并且趋于分散，在低成本运营中利用新的信息技术比如视频会议等方式完成沟通和管理。虽然来自距离最小化的交易成本节约，其自身不足以解释高附加值和知识型集群活动的持续增长。但这些企业可以获取当地化和相对不流动的隐性知识以及知识外溢的优势。(2) 纳楚姆和基伯 (1999) 认为专业性服务业集群高度重视空间上聚集的网络对获取重要新知识，尤其是专业和市场知识的重要性。因为对于专业性服务业集群，极为适应外界变化的外部联系和劳动力市场关系的网络十分重要。所以如穆拉恩特和加罗杰 (1993)，基伯 (2000) 等所指出，对现代服务业基地的研究需要包含越来越重要的全球网络、客户与集群企业间的联系。(3) 从形成机制的角度，姚莉英 (2006) 归纳提出了原生型、嵌入式和外生性三类服务业集群发展模式，并在分析三种模式利弊的基础上指出，嵌入式发展模式尤其值得城市政府研究和借鉴。孙晓峰（2004）认为集聚区形成和发展动力机制是具体动力要素的深入和综合，是驱动产业集聚区形成和演化的力量结构体系及其运行规则，具有一定的稳定性和规律性。可以从两个方面总结产业集聚区形成和发展动力机制：内源动力机制，是一种自发的内在的力量，表现为分工互补、降低交易费用、知识共享、外部经济、规模经济、网络创新等。外源动力机制，来源于外部环境与国家（或地方政府）有意识地对集聚区进行的规划、调控行为等。

对于服务业在空间分布上呈现集中发展现象的原因，主要观点包括：(1) 丹尼尔·贝尔（1984）认为造成服务业集中发展的关键因素是互补共生，也就是单一类型服务业需要各种不同的服务业聚集在一起，才能完成其服务的最终目的。但是，虽然服务业会因互补共生而获得收益增加或成本降低，服务业的聚集也会产生聚集不经济的现象。并因为不同类别服务业对产业区位影响因素不同，所以在空间分布上受集聚经济的影响程度也不同，进而造成在空间分布上的集中程度也有所不同。如萨森（1994）也认为咨询企业定位在国际性大都市的知识型服务业集群内对开发和促进全球联系具有超常的优势。(2) 沃森和胡佛（1959）认为服务业在空间分布上会受到交通成本、劳动力、办公租金及其他空间因素的影响，并认为消费性服务业与生产性服务业都同属服务业范畴，在空间分布上有正的相关性存在，但因两种类型服务业的区位条件要求有所不同，所以在空间分布上也存在差异。这一观点表明，服务业集群发展的一个理由是获取全球网络、客户和知识以及地方知识基地的需求。如山姆和南基范（1998）分析了汉城生产性服务业集聚的发展过程。由于第二产业逐渐的从汉城城区向城郊扩散甚至周边卫星城市扩散，而为制造业提供外包服务的生产性服务业在汉城中心区逐渐集中，集聚效应开始发挥作用。服务业集聚开始形成，政府也开始重视该区域的发展并且对产业结构的调整进行引导，对产业布局进行规划，由此形成多个核心区和不同的功能区，生产性服务业集聚向纵深发展进入快速集聚时期并保持了长期稳定发展。研究发现，汉城生产性服务业集聚的发展初期是依靠市场力量，而在发展中期是和政府的支持与规划分不开的，并且服务业集聚产生的集聚效应是个动态值和变化值，在某一个边界点上，集聚效应可能为负，具体表现为集聚区内的交通的拥挤和企业之间争夺资源的加剧，集聚区内的企业发现集聚不经济出现时就会外迁至其他地区，由此导致集聚走向扩散。该研究证明了生产性服务业集聚是一个动态过程，在这个过程中政府的作用是不同的，集聚的效应和表现也是不同的。(3) 服务业究竟是趋于集中还是分散不能脱离产业的生命周期分析。任何产业的演化都要经历导入期、成长期、成熟期、饱和期和衰退期五个阶段，服务业同样不能脱离这个规律。当产业进入饱和期后，集聚不经济的出现将导致该产业区出现衰退。由于现代服务业的兴起，关于现代服务业基地的区位研究也日益增多。大量研究表明，生产性服务业增长将造成非均衡发展，这些研究基本上在两个尺度上进行：一是区域之间层面；二是区域内部层面（大都市区）。前者发现，在区域、国家和国际尺度上，现代服务业倾向在大都市区的布局，这造成非大都市地区甚至是较小的大都市区域处于发展的不利地位，因此，现代服务业增长对区域经济发展的意义成为文献普遍关注的主题。并且现代服务业有着与制造业不同的区位动力机制，市场（客户）的区位、熟练人力资源的区位以及集聚经济等因素都造成现代服务业的非均衡分布。在区域内部层面，弹性生产方式创造了许多新的生产性服务活动的空间聚类，其功能差异和组织不同的企业之间表现出紧密的前向和后向联系，它们类似新产业区中的制造业机构的空间行为，并且这种趋势倾向发生在主要的大都市。

（二）现代服务业基地的经济效应

在现代服务业基地经济效应的研究中，具有代表性的观点包括：(1) 海里斯（1992）认为现代服务业基地对城市与区域发展的作用主要通过两条途径：一是作为当地的基本经济活动；二是作为间接基本经济活动。例如作为基本经济活动部分的生产性服务业，通过产品出口，即服务贸易的形式，向城市或区域外部输出服务，为城市创造新的收入和就业机会。由于服务产品的非物质性等特征，生产性服务贸易一般有两种形式：一是通过个人和商品的移动进行贸易；二是通过"物化"服务来进行贸易。作为间接基本经济活动部分的生产性服务业，通过向基本经济活动提供策略服务和为服务使用者构建环境，提高当地基本经济活动企业的生产率和竞争力，从而间接地为地区发展提供帮助。(2) 卡马尼（1991），基伯和威尔金森（2000）认为存在与创新环境有关的集体学习过程，因而具有溢出效应，特定产业或部门的企业在地区集聚的方式能随时间产生充满活力的过程，这一过程明显增强了企业的创造性及学习和分享集群企业所创造新知识的能力。在成功的知识型创新的环境下，通过使集群企业接入集体学习过程，从而增强了集群的竞争优势，提高了集群的增长率。而这一过程是通过地方劳动力市场的技术劳动力的流动、客户和供应商在技术和组织上的交流、模仿来运作的。(3) 丹尼尔斯（1986）认为现代服务业有增强传统制造业功能的作用，并将这种关系称为"团块法"，在团块中的经济功能之间的联系可以分为前向联系、后向联系和水平联系。现代服务业对制造业的作用可以通过外部化或市场化的途径进行，也可以在制造业企业内部进行，但不论选择何种途径，其对制造业均有重要的作用。如提高制造业企业的生产率，提高其竞争能力。制造业企业在选择途径时候，既考虑到企业自身的因素，也考虑所消费的服务方面的因素。研究还认为，最易外部化的服务是那些企业并不专长的活动。企业在决策时，通常考虑到成本、公司内部的技术制约、是否属于经常性的需要、服务质量等方面的因素。影响服务外部化的因素包括制造业企业的规模、成本、降低风险和困难的考量，以及对服务产品的要求。并且，现代服务业基地的外部化趋势已经形成。如李善同（2002）探讨了现代服务业和制造业竞争力的关系，研究根据国外发达国家服务业发展的经验和趋势，指出现代服务业的发展重点是生产性服务业。现代服务业与制造业之间存在相互促进的关系。制造业的发展程度取决于生产性服务业的发展水平，生产性服务已成为制造企业提供差异化产品和增值的主要源泉，生产性服务是国家竞争优势的重要来源。（4）程大中（2004）认为现代服务业尤其是生产性服务业作为知识中间投入，在国民经济中发挥重大作用。钟韵（2003）从经济效应、经济变革、经济全球化的角度研究认为，现代服务业的发展有助于国民经济的量和质的提升。从经济贡献率和就业贡献度角度，生产性服务业发展和我国经济发展关系密切，生产性服务业伴随着国民经济的发展、国民经济结构的变化而发展，且具有较大的发展潜力，一方面，生产性服务业有利于分工深化，是现代经济增长的基本动力来源。另一方面，生产性服务业的发展有利于高素质的人力资本、高效率的现代通信基础设施和竞争性的市场结构的形成。对一些地区的实证研究也证明了这一观点。如阎小培（1997）分析广东省生产性服务业的发展水平与主要特征，并对广东省生产性服务业发展的区际差异进行研究，指出广东必须优先发展生产性服务业。向俊波（2002）以苏州、无锡、杭州的现代服务业为研究对象，具体分析了上海都市紧密圈外围特大二级城市现代服务业发展的必要性及这些现代服务业的经济效应。

第二节 东北现代服务业基地的发展特征

一、东北现代服务业基地产业集聚度特征

在实际利用空间基尼系数比较不同产业的集聚水平时，由于产业组织或区域差异可能造成跨产业比较的误差。埃里森和格兰泽（1998）指出基尼系数大于零并不一定表明产业集聚现象一定存在，因为基尼系数没有考虑到企业之间的差

异。利用空间基尼系数来比较不同产业的集聚程度时，会由于各产业中企业规模或区域大小的差异而造成产业比较上的误差。为了解决空间基尼系数失真的问题，埃里森和格兰泽（1998）提出了新的集聚指数（Concentration Index of Industrial Space）来测定产业空间集聚程度。

假设某经济体某一产业内有 N 个企业，将该经济体划分为 M 个地理区域，这 N 个企业分布于 M 个区域之中。Ellison 和 Glaeser 建立的产业空间集聚指数计算公式为：

$$\beta = \frac{G - \left(1 - \sum_i q_i^2\right) H}{\left(1 - \sum_i q_i^2\right)(1 - H)} = \frac{\sum_1^M (p_i - q_i)^2 - \left(1 - \sum_i q_i^2\right) \sum_{j=1}^N S_j^2}{\left(1 - \sum_i q_i^2\right)\left(1 - \sum_{j=1}^N S_j^2\right)}$$

其中，β 表示产业集聚指数，p_i 表示 i 地区现代服务业就业人数占全国该产业总就业人数的比重，q_i 表示该地区就业人数占全国总就业人数的比重。S_j 表示第 j 个企业市场占有率，H 表示赫希曼—赫佛因德指数，表示该产业中以就业人数为标准计算的企业规模分布。

计算现代服务业区位基尼系数首先需要统计产业区位商。根据区位商公式，如果 i 地区 k 产业的区位商大于 1，就说明 k 产业在 i 地区的比重大于地区工业占全国工业的比重，也就意味着 k 产业在 i 地区过度集中，反之则说明 k 产业在 i 地区过度分散。各地区间的区位商差别越大，对应的洛伦兹曲线越弯曲，越偏离 45 平等线，基尼系数便越大，产业的集聚水平便越高。一个区域类现代服务业的从业人员的规模决定了该地区服务业的发展状况。因此，就业人员的集聚程度和现代服务业的集聚程度应该是一致的，以现代服务业就业人员为指标计算现代服务业的产业集聚程度是可行的。下面相关指标的计算均以现代服务业从业人员数作为数据分析的依据。现代服务行业的就业人数进行空间基尼系数的计算（见表 10.1）：

表 10.1　　　　东北三省现代服务业主要行业空间基尼系数

年份	2005	2006	2007	2008	2009
金融保险	0.0027	0.0031	0.0034	0.0037	0.0041
房地产	0.0284	0.0292	0.0297	0.0295	0.0314
技术服务业	0.0192	0.0197	0.0208	0.0207	0.0206
社会服务业	0.0024	0.0026	0.0031	0.0034	0.0035

可见，东北地区现代服务行业的行业特征和发展水平不同，生产特征和需求特征不同，表现出来的集聚水平呈现较大差异。没有 p > 0.05 的产业，无产业区

域分布的集聚度较高的产业。房地产业、科学研究和综合技术服务业、租赁和商务服务业这三个行业处于第二个区间，其空间集聚指数为 $0.02 < p < 0.05$，表示产业在区域分布相对较为均匀；而教育、广播电影电视业、金融保险业、卫生、社会服务业的空间集聚系数为 $p < 0.02$，表示这些产业不存在区域集聚现象，其区域分布是分散的。房地产业、科学研究和综合技术服务业、租赁和商务服务业这三个行业的集聚特征较为突出，集聚的内在动力十分明显。

二、东北现代服务业基地专业化特征

专业化程度是测量和比较区域产业结构及差异的主要指标。测量现代服务业及其分部门（或分行业）的地区集中度，即先计算出整体服务业及其分部门中各地区的经济活动（产出或就业）比重，然后与各地区全部经济活动（产出或就业）的比重进行比较，研究中采用地区专业化基尼系数测定，特定区域的专业化基尼系数可以表示为：

$$R_k = \frac{v_i^k}{v^k}, \quad \overline{R} = \frac{1}{n} \sum_k R_k$$

其中，v_i^k 表示第 k 个行业占该地区全部行业产值的比重，v^k 表示 k 行业占全国工业总产值的比重，则：

$$Gini_i = \frac{2}{n^2 \overline{R}} \left[\sum_k \lambda_k | R_k - \overline{R} | \right]$$

其中，k 为行业，n 为行业总数，λ 为行业以 R 进行排序的序号。

如果经济活动水平用就业量来表示，那么上述指标就变成了"区位指数"即 LQ 指数。区位指数表示一个地区的特定产业的就业与该地区总就业之比，再除以全国该产业就业与全国总就业之比，即：

$$LQ_{ik} = \left[e_{ik} / \sum_k e_{ik} \right] / \left[E_k / \sum_i E_k \right]$$

其中，e_{ik} 表示 i 地区 k 行业的从业人数，E_k 表示全国（或样本总体）的 k 行业的从业人数，$\sum_k e_{ik}$ 表示 i 地区的全部从业人数，$\sum_i E_k$ 表示全国（或样本总体）的全部从业人数。若区位指数 LQ_{ik} 大于 1，则表示在全国（或样本总体）范围内，行业 k 在 i 地区相对集中。

为了衡量现代服务业及其分部门的地区专业化差异，建立 K 指数，如下：

$$K_{ij} = \sum_{k=1}^{n} \left| \frac{E_{ik}}{E_i} - \frac{E_{jk}}{E_j} \right|$$

E_{ik}表示 i 地区产业的就业水平，E_i 表示 i 地区总的就业水平，这对于地区 j 也一样。如果 K_i 等于 0，则被考察的两个地区 i 和 j 是完全非专业化的，即它们的产业结构完全相同。如果 K_i 等于 2，则被考察的地区是完全专业化的，并且拥有完全不同的产业结构（见表10.2）。

表 10.2　　东北三省现代服务业及部门的区位分布与 LQ 值变化

年份	省份	金融保险业	房地产业	社会服务业	技术服务业
2006	辽宁	1.2914	1.2153	1.5792	1.1623
	吉林	1.2537	1.2018	1.3638	1.1582
	黑龙江	1.2163	1.1382	1.2908	1.1533
2009	辽宁	1.3236	1.3046	1.6280	1.1642
	吉林	1.2642	1.2625	1.3782	1.1593
	黑龙江	1.2473	1.2271	1.3165	1.1547

总体上看，东北三省现代服务业各部门的地区间差异要小于地区内差异，但各服务部门的区位分布与地区专业化表现不尽相同。大多数服务部门具有很强的"非贸易性"，从而决定了它们"就近"提供与消费的特点，这一特点使得现代服务业部门的地区分布趋于均等化。同时，各服务部门的地区专业化与分工倾向受资源、技术创新等因素的影响而存在一些差异。如金融业的专业化分工倾向较为强烈，具有相对突出的经济功能。而科技服务业、社会服务业具有非地方化倾向，具有相对显著的社会功能。

第三节　东北现代服务业基地演进的动力分析

一、东北现代服务业基地演进的市场要素考量

现代服务业基地的形成来源于现代服务业具有的知识与技术扩散特性以及公共资源共享的客观需要。现代服务业基地的发展动力是现代服务企业的生存竞争压力和产业基地的内在激励机制。具体来看，现代服务业基地内企业不仅要将目标设定为追求利润最大化，或追求投资报酬率最大化、销售额和市场占有率的最大化。而且要将现代服务企业的长期生存和内在竞争力的动态提升作为主要目标，要与企业所处的产业基地环境相适应，才能在竞争中维持长期优势。因此，

现代服务业基地演进的内生机制主要体现为：

1. 多样化的共同需求

作为最基本的因素，市场需求对现代服务业基地的深化和发展具有重要的推动作用。这是因为：(1) 现代服务业基地形成与发展是分工深化的体现，而社会成员的多样化共同需求是分工的根源。由于不同的生产过程需要不同的生产要素，不同的产品来自于不同的生产过程，而现代服务业基地形成的专业分工则可以同时利用各种生产要素并使不同产品的生产过程同时进行，通过多样化的产品供给来满足形成的多样化的共同产品需求。(2) 现代服务业产业基地的形成和发展反过来也促进共同需求在区域内的规模性和集中性特征形成。(3) 从内部来看，随着现代服务业基地的形成，产业基地内的企业可以形成庞大的内部市场，这样内部和外部的需求将促进现代服务业产业基地内企业的专业化分工更加深化。例如，沈阳、大连、长春、哈尔滨是东北三省的四大中心城市，2010年服务业生产总值占GDP的比重分别是44.7%、42%、40.7%和50.9%。从服务业的比重来看，哈尔滨高于其他三市，但其GDP在四个市中居第三位（3665.9亿元），低于大连（5158.1亿元）、沈阳（5017亿元），仅比长春（3329亿元）高336.9亿元。由此可得出沈阳服务业比哈尔滨的总体发展水平要高的结论，但四个市的分工分别满足了不同地区的要求，而其对外部要求的多样化可以进一步促进其服务业的产业化。

2. 学习效应

学习效应是企业之间存在的信息、知识和技术共享以及相互学习、共同提高的过程，学习效应能够提高现代企业之间、企业群体与外部系统之间的信息、知识和技术交流的效果，提高企业的学习效率和能力，从而促进企业从分散走向集聚。与其他产业相比，现代服务业产业基地的学习效应具有更大的优势。这是因为它能够在现代服务业间，加快信息、观念、思想和创新的扩散速度，促进现代服务业企业的信任和交流，减少现代服务业企业间的交易费用。(1) 它能够使具有异质性资源的现代服务业企业通过学习实现资源的互补与融合，达到核心能力的叠加。(2) 它能够驱使现代服务业企业个体之间积极协同，营造有序的竞争环境。因此，学习效应成为促进现代服务业产业基地融合发展的主要动力。在发展过程中，产业基地内的现代服务业企业通过现代服务业基地的协调机制和区位优势所形成的长期信任与合作机制，既可以保持单个企业的灵活性优势，又可以避免简单的规模扩张所带来的障碍和弊端。大连、沈阳软件基地的发展从实践上证明了这一点。目前，大连10余个软件园的占地面积达500万平方米，软件工作的职工达10万人，其软件园可容纳的软件工作职工至少40万人，大量软件人才的集聚无疑可带来较强的学习效应。

3. 隐性知识溢出的地方效应

从共享传播方式来看，知识可以分为显性知识和隐性知识。显性知识的共享和传播方式是通过数据、文字、图形等格式化的方式来实现，而隐性知识由于不能有效地进行格式化，且传递"隐性知识"的边际成本随距离递增而递增，所以隐性知识的共享和传播方式是通过近距离的正式与非正式的交流来实现。尽管作为知识传播重要工具的信息技术，已经克服了区域的局限性，但由于隐性知识的传播难以与企业所处的区域社会环境分割，所以具有知识溢出的地方性。

与传统服务业相比，现代服务业企业具有知识密集的特征，由于现代服务业的生产和消费过程更多是高科技、高技术的经济活动，知识溢出对其发挥的作用尤为显著。现代服务业产业基地的发展是知识在企业间传播、积累、扩散的动态过程。知识及其成果的共享在这一过程中发挥了重要作用。在知识溢出效应中，由于现代服务业中存在大量的隐性知识，包括服务观念、心理模式、思维方式等，服务产品相近或互补的企业，空间距离接近，增加了学习和交流的机会，从而提高了隐性知识的传播效率。所以，隐性知识溢出的地方效应是现代服务业产业基地形成的重要原因。实践中，隐性知识溢出的地方效应不仅是现代服务业基地的规模和效率的重要影响因素，而且促进现代服务业基地的形成和拓展。例如，沈阳、大连都在打造东北地区金融中心，其实二者各有特色。目前两市的金融业都集中在"一区一街"，沈阳是金融商贸开发区和金融街，大连是星海湾金融商务区和大连金融街。相比而言，沈阳的金融规划中心和金融业中心地位更加突出，而大连的外向型金融和期货交易中心地位更加明显。沈阳具备沈阳经济区腹地优势，大连具备辽宁沿海经济带的港口优势。正因为如此，东北地区金融企业更趋向于集中于两地，这更有利于产生学习效应和知识溢出效应。

4. 创新机制与网络

创新是社会发展的引擎，也是现代服务业发展不竭的驱动力。创新的要求促使现代服务业企业通过包括组织形式在内的各种变革实现质变。现代服务业与生俱来的创新特征，由于现代服务业企业之间在地理位置上相互接近，可以使得现代服务业企业之间的频繁交流更有可能，现代服务业基地内企业间的合作与创新具备了现实基础。这就是为什么现代服务业容易出现"扎堆"现象的原因。同时，现代服务业产业基地本身就是一种创新网络，它通过基地内企业之间的相互联系、各种正式与非正式的交流沟通，构成一种集体学习，刺激现代服务业企业的内部创新。现代服务业企业的创新不仅增强了现代服务业企业根据环境变化不断调整自身行为的能力，而且保证了创新的传播、交换和创新环境本身的更新。

尤其是隐含经验类知识的交流，能激发新思想、新方法的应用，使新产业和新产品不断出现，吸引新的客户和生产者。创新的迅速扩散又使以现代服务业产业基地的整体生产率进一步提高，最终实现整个现代服务业产业基地效率的提升。

二、东北现代服务业基地演进的制度要素考量

1. 发展战略

东北振兴战略实施已经五年。东北老工业基地改造与振兴战略极大地促进了现代服务业基地的发展。东北现代服务业基地演进的外在动力机制还表现在国际产业转移趋势、国家宏观产业政策与布局政策、经济技术发展趋势、产业区际分工与联系、外部市场需求结构及其变化等方面。主要有：（1）国际产业转移的趋势。随着经济技术的发展和经营环境的变化，出现现代服务业从产业梯度高的国家或地区向产业梯度低的国家或地区转移的态势，这对于东北地区而言是非常好的发展机遇。因此，国际产业转移的趋势已经创造了适宜现代服务业发展的环境，吸引大量现代服务业企业到东北地区入驻，是发展现代服务业产业基地的重要的外在动力。同时在知识经济和经济全球化背景下，产业的国际、区际分工与联系是在更深入的层次进行的。因此产业分工进一步细化，产业关联进一步深化，现代服务业基地的形成和发展的外在动力正是区域要素资源和发展条件选择自己最有竞争优势的环节，集中优势发展的客观需要。（2）国家宏观经济政策与产业布局。根据国家宏观产业政策和国家总体产业布局，东北地区现代服务业产业基地是与国家发展战略相协调的，特别是与东北地区的重化工业化、高加工度化发展相适应的，生产性服务业的发展有利于充分发挥东北地区的比较优势。（3）国内外经济技术和市场的发展变化趋势及特征。国内外经济技术发展趋势是东北地区现代服务业基地演进的重要外在动力，由于具有广阔的市场空间和持久的需求潜力，现代服务业基地具有支撑区域经济增长和产业结构升级的发展潜力。同时现代服务业基地应具有外向型特征，发展除满足内部市场需求外，还要以满足外部市场的需求为重点，因此目标市场的需求水平、需求结构特征及变化趋势是现代服务业基地演进的重要动力。

2. 制度环境

制度环境主要是为加强东北现代服务业基地的管理和协调，侧重于产业基地环境影响因素调整和创新，包括宏观经济、产品及服务市场、由劳动力和资本市场为核心构建的要素市场，也包括教育、医疗、卫生、安全、法律、交通建设，以及促进创新的制度等。同时，应注意与各类产业政策配合，着力提高现代服务

业产业基地适应环境的自调节能力和自增强能力，使现代服务业产业基地既能从国际环境中获取市场机会和要素资源，又能有效地规避各种环境风险。主要包括国际合作环境培育和微观环境管理。(1) 国际合作环境培育。从一定意义上说，现代服务业源于发达国家，因此，引进国外现代服务业企业，意在参与全球价值链分工和建立全球交流渠道，消除贸易障碍，完善内部市场规则，可以改善资源流动状况。从全球来看，国际间的经济交流合作、知识和技术转移、直接投资成为主要趋势。现代服务业产业基地通过在国外设置分支机构，或引进对外直接投资，实现其本地化经营。不仅有利于进行国际专业化经营，调整产品服务适应国外市场的需求，进入更多新市场。而且有利于提升产业基地内企业在国际上的竞争地位。一般来说，随着国外生产企业进入东北，随之而来的是各种服务企业，这也促进东北现代服务业基地的发展。(2) 微观制度环境管理。微观环境管理与协调的目的是发挥各种管理机构在现代服务业产业基地中的沟通和协调作用，实现产业基地区内信息的快速流通和资源的有效配置，为利益相关者创造价值。包括为科研人员、企业家和金融家搭建相互交流的平台，设立企业孵化器，构建产业基地的创新系统并使之制度化，支持公共私人合作关系，加强组织间的知识交流，培育长期合作关系，营造学习氛围，加强知识溢出和网络创新机制，开展统计工作，衡量和评价产业基地的发展水平。

第四节 东北现代服务业基地发展的创新对策

在东北现代服务业基地发展和完善过程中，为与东北地区的第一产业和第二产业的发展相适应，第三产业特别是现代服务业的发展过程中，必须强调创新的重要性，通过技术创新与制度创新"双推动"来促进东北现代服务业基地的发展。

一、东北现代服务业发展的技术创新对策

1. 加强现代服务业的基础科技研究与人才培养的支持力度

在现代服务业基地科技研究方面，在政策上对现代服务业的科技研发予以扶持，增加研发资金的投入，以现代服务业研发水平的提高来提升现代服务业的知识、技术含量和发展水平。增加现代服务业的信息化基础建设的投入，在基础研究中，运用科学的管理方式和经营理念促进现代服务业的研发水平的提高。在现

代服务业的人才培养方面，重视高等教育和职业教育相关专业的建设，鼓励在职培训，大力引进国内外现代服务业方面有经验的高级管理人才。具体来看，主要包括：在现有高等学校和高等职业学校增设现代服务业紧缺的专业，加快现代服务业人才培养。加强与国内外高校的合作，拓宽人才培养途径，积极吸引和聘用海外高级人才，专职培养能够适应国际服务业要求、熟练掌握外语的实用型服务人才。

2. 建立和完善产业基地内的创新网络体系

政府可以搭建平台促进现代服务业基地发展，提升创新能力。一是基础公共平台，制定有效的产学研结合政策，加强研发机构与企业的联系，促进企业与科研机构及大学建立技术战略联盟。东北地区的高等院校、研究院所和企业的研发中心在全国占据重要地位，对现代服务业的自主创新是重要的促进因素，也是经济增长的重要推动力。东北现代服务业基地建设除了继续加大科技投入力度，在技术创新、管理创新方面不断增强实力外，还必须完善技术创新的合作与共享。二是集群创新服务平台，引导企业、中介组织、大学和研究院所等多方协作，促进科技创新，因为现代服务业自主创新是涉及技术、产业、组织、管理、业务流程和制度的集成创新，只有进一步加快现代服务业的集群创新，才能推动现代服务业的迅速升级和发展。三是信息服务平台，为现代服务业企业提供各种专业咨询服务。

二、东北现代服务业发展的制度创新对策

1. 完善鼓励现代服务业创新的相关制度

由于现代服务业具有无形产品、隐性知识效应等特点，与传统服务业相比创新更困难，需要保护创新成果。但与其他产业不同，现代服务业创新活动很难实施传统的专利保护制度。针对这一特点，可以采取以下措施：一是建立创新保护机制和惩戒制度，促进现代服务业品牌建设的发展，为企业开发具有自主知识产权的服务产品提供保障。二是推动现代服务企业的改制和重组，形成产权明晰、产业链较长、具有较强市场竞争能力和辐射能力的现代服务企业集团，增强企业的创新能力。三是充分发挥政府和社会的监督作用，有重点、有步骤地推进社会监督体系建设，加快推进信用服务中介机构的建设，促进信用市场的形成和发展。

2. 放松对现代服务业的管制

具体来看：一是允许和鼓励多种所有制形式经济主体在更广泛的领域参与现代服务业发展，促进市场竞争和现代服务业竞争力的提升。消除企业的市场进入和退出壁垒，加快现代服务业的改革与重组进程。二是促进混合所有制经济发

展，鼓励非公有制经济以参股、控股、收购、租赁等形式，参与国有及集体现代服务业企业的公司制改造，积极推进现代服务业所有制结构的多元化。三是积极引进外商直接投资，提高东北地区现代服务业市场的开放程度，逐步放松和取消现代服务业中投资项目的行政审批，放宽准入领域，降低准入条件，通过外资参与现代服务业的发展，引进国际资本、技术、人才、管理和国际现代服务业的先进理念，促进东北地区现代服务业的发展。实现投资结构的调整目标，现代服务业投资结构调整的重点包括各种高新技术服务业、信息咨询业以及中介服务业等。

3. 建立现代服务业城乡协调发展机制

鉴于东北城乡现代服务业发展条件存在巨大的差距，需在重视现代服务业向城市集聚发展趋势的同时，正确处理与农村现代服务业的关系，发挥城市现代服务业的集聚和辐射效应，带动和提升农村现代服务业的发展，为农村的生产性服务业提供广阔的空间。

参 考 文 献

[1] 阿维纳什·K·迪克西特（Avinash K. Dixit），刘元春译：《经济政策的制定：交易成本政治学的视角》，中国人民大学出版社2004年版。

[2] 埃里克·弗鲁博顿、鲁道夫·芮切特，姜建强，罗长立译：《新制度经济学——一个交易费用分析范式》，上海三联书店、上海人民出版社2006年版。

[3] 艾伦·施瓦茨：《法律契约理论与不完全契约》，载于《契约经济学》，经济科学出版社2003年版。

[4] 埃瑞克·G·菲吕博顿和鲁道夫·瑞切特（Eirik G. Furubotn Rudolf Richter）：《新制度经济学——一个评价》，载于孙经纬译：《新制度经济学》，上海财经大学出版社1998年版。

[5] 安德鲁·肖特：《社会制度的经济理论》，上海财经大学出版社2003年版。

[6] 奥利弗·E·威廉姆森，张群群、黄涛译：《反托拉斯经济学——兼并、协约和策略行为》，经济科学出版社1999年版。

[7] 丹尼尔·W·布罗姆利，陈郁、郭宇峰和汪春译：《经济利益与经济制度——公共政策的理论基础》，上海三联书店、上海人民出版社2006年版。

[8] 道格拉斯·C·诺思：《经济史中结构与变迁》，上海三联书店1994年版。

[9] 道格拉斯·C·诺思：《制度、制度变迁与经济绩效》，上海三联书店1994年版。

[10] 德塞姆茨：《关于产权的理论》，载于《财产权利与制度变迁——产权学派与新制度学派译文集》，上海三联书店、上海人民出版社1994年版。

[11] 李睿：《国际产业转移的趋势、优化效应及我国对策》，载于《特区经济》2011年第12期。

[12] 蔡来兴：《经济大国迈向经济强国的战略调整》，载于《中国产业》2010年第5期。

[13] 朱海燕：《国际新形势与我国贸易政策选择》，载于《兰州学刊》2003年第2期。

[14] 赖海荣：《我国变革中的治理架构》，载于《经济社会体制比较》2008年第4期。

[15] 李振泉等：《东北经济区经济地理总论》，东北师范大学出版社1988年版。

[16] 董志凯：《新中国工业的奠基石——156项建设研究》，广东经济出版社2004年版。

[17] 陈才、佟宝全：《东北老工业基地的基本建成及其历史经验》，载于《东北师范大学学报》（哲学社会科学版）2004年第5期。

[18] 石建国：《东北工业化研究综述》，载于《党史研究与教学》2005年第5期。

[19] 陈耀：《我国东北工业发展60年：回顾与展望》，载于《学习与探索》2009年第5期。

[20] 姜玲、梁涵：《管理评论》，载于《东北地区科技人力资源对区域经济支撑作用的研究》2010年第7期。

[21] 余建辉：《中国资源枯竭城市的转型效果评价》，载于《自然资源学报》2011年第1期。

[22] 姜四清：《全面推进东北地区等老工业基地振兴的战略思路研究》，载于《经济地理》2010年第4期。

[23] 魏后凯：《我国老工业基地振兴过程中存在的问题及政策调整方向》，载于《经济纵横》2010年第1期。

[24] 杨大光：《关于区域投融资机制创新的思考——以东北地区为例》，载于《经济纵横》2009年第10期。

[25] 程伟：《振兴辽宁老工业基地》，辽宁教育出版社1998年版。

[26] 程伟等：《东北老工业基地改造与振兴研究》，经济科学出版社2009年版。

[27] 郎毅怀：《以产业集聚方式加快东北振兴》，载于《中国经济时报》2003年10月13日。

[28] 林木西：《东北老工业基地振兴制度创新》，辽宁大学出版社2007年版。

[29] 孙学玉、曹永森：《区域经济发展与政府政策创新——以沿东陇海产业带为例》，载于《现代经济探讨》2004年第12期。

[30] 张克俊：《振兴东北老工业基地中高新区地位与发展思路研究》，载于《经济纵横》2006年第4期。

[31] 杨公朴、夏大慰：《现代产业经济学》，上海财经大学出版社2005年版。

［32］苏东水：《产业经济学》，高等教育出版社2005年版。

［33］阿尔钦：《产权——一个经典注释》，载《财产权利与制度变迁——产权学派与新制度学派译文集》，上海三联书店、上海人民出版社1994年版。

［34］凡勃伦：《有限阶级论——关于制度的经济研究》，商务印书馆1997年版。

［35］赵德起：《中国农村土地产权制度效率的经济分析》，经济科学出版社2010年版。

［36］罗勇：《产业集聚经济增长与区域差距——基于中国的实证》，中国社会科学出版社2007年版。

［37］安虎森：《空间经济学原理》，经济科学出版社2005年版。

［38］蔡昉、都阳：《中国地区经济增长的趋同与差异》，《经济研究》2004年第10期。

［39］弗朗索瓦·佩鲁：《增长极概念》，载于《经济学译丛》1988年第9期。

［40］梁琦：《产业集聚论》，商务印书馆2004年版。

［41］保罗·克鲁格曼：《发展、地理学与经济理论》，北京大学出版社2000年版。

［42］迈克尔·波特：《国家竞争优势》，华夏出版社2002年版。

［43］王缉慈：《创新的空间——企业集群与区域发展》，北京大学出版社2001年版。

［44］王缉慈：《超越集群》，科学出版社2010年版。

［45］赵彦云：《中国产业竞争力研究》，经济科学出版社2009年版。

［46］阿尔弗雷德·韦伯：《工业区位论》，商务印书馆1997年版。

［47］李小建：《经济地理学》，高等教育出版社1999年版。

［48］乔治·J.施蒂格勒：《产业组织》，王永钦、薛锋译，上海三联书店、上海人民出版社2006年版。

［49］库兹涅茨：《各国经济增长——总产值结构与生产结构》，商务印书馆1999年版。

［50］钱纳里：《结构变化与发展政策》，经济科学出版社1991年版。

［51］泰勒尔：《产业组织学》，中国人民大学出版社1999年版。

［52］亚当·斯密：《国民财富的性质和原因的研究》，商务印书馆1996年版。

［53］约翰·克劳维根（John Groeneuesen）：《交易成本经济学及其超越：原因与途径》，载于《交易成本经济学及其超越》，上海财经大学出版社2002年版。

［54］约拉姆·巴泽尔：《产权的经济分析》，上海三联书店、上海人民出版

社 1997 年版。

[55] 科斯：《社会成本问题》，载于《财产权利与制度变迁——产权学派新制度学派译文集》，上海三联书店、上海人民出版社 1994 年版。

[56] 刘安国、杨开志：《新经济地理理论与模型评介》，载于《经济学动态》2001 年第 12 期。

[57] 朱华友：《新经济地理学经济活动空间集聚的机制过程及意义》，载于《经济地理》2005 年第 11 期。

[58] 王淑丽：《新经济地理与区域经济学研究述评——以区域为例》，载于《广西社会科学》2006 年第 6 期。

[59] 朱彤：《可竞争市场理论述评》，载于《教学与研究》2000 年第 11 期。

[60] 贾若祥：《产业集群概念辨析及对区域发展的作用》，载于《中国经济时报》2005 年 11 月 1 日。

[61] 李献宾、江心英：《全球价值链理论研究综述》，载于《商业时代》2010 年第 4 期。

[62] 史锦凤、马力：《基于产业集群的创新体系研究》，载于《济南大学学报》2005 年第 6 期。

[63] 焦连成：《经济地理学研究的传统对比》，东北师范大学博士论文，2007 年。

[64] 赵阿佩：《基于出口贸易分析的内陆口岸城市建设研究》，陕西师范大学硕士论文，2008 年。

[65] 朱华有：《空间集聚与产业区位的形成：政府研究与应用分析》，东北师范大学博士论文，2004 年。

[66] 黄雪琴：《全球化对区域经济差异的影响机理及其调控研究》，南京师范大学博士论文，2008 年。

[67] 袁阡佑：《东北产业集群研究》，复旦大学博士论文，2006 年。

[68] 郭利平、沈玉芳：《新经济地理学的进展与评价》，载于《学术研究》2003 年第 7 期。

[69] 思拉恩·埃格特森：《经济行为与制度》，吴经邦等译，商务印书馆 2007 年版。

[70] 蒂莫西·耶格尔：《制度、转型与经济发展》，陈宇峰、曲亮译，华夏出版社 2010 年版。

[71] 萨缪·鲍尔斯：《微观经济学：行为、制度和演化》，江艇等译，中国人民大学出版社 2006 年版。

[72] 宋冬林：《东北老工业基地资源型城市发展接续产业问题研究》，经济科学出版社 2009 年版。

[73] 文先明：《高新技术产业评价体系与发展战略研究》，中国财政经济出版社 2006 年版。

[74] 徐江平：《老工业基地发展动力机制研究》，中国农业大学出版社 2010 年版。

[75] 韩小威：《经济全球化背景下中国产业政策有效性问题研究》，中国经济出版社 2008 年版。

[76] 杨丹辉：《全球化、服务外包与后起国家产业升级路径的变化：印度的经验及其启示》，载于《经济社会体制比较》2010 年第 4 期。

[77] 李荻：《美国信息产业发展对中国的启示》，载于《科技进步与对策》2000 年第 1 期。

[78] 邱询旻、程楠：《美国、日本、印度提升信息产业竞争力的有效机制》，载于《贵州财经学院学报》2009 年第 5 期。

[79] 于军、邱菀华：《高科技产业发展与政府的作用》，载于《江西社会科学》2006 年第 2 期。

[80] 刘家磊：《印度 IT 产业成长模式探析》，载于《学术交流》2007 年第 11 期。

[81] 弗农：《产品周期中的国际投资和国际贸易》，载于《经济学季刊》1996 年第 50 卷。

[82] 沃尔特·亚当斯、詹姆斯·W·布罗克：《美国的产业结构》，封新建等译，中国人民大学出版社 2003 年版。

[83] 金仁淑：《后危机时代日本产业政策再思考——基于日本"新增长战略"》，载于《现代日本经济》2011 年第 1 期。

[84] 杨荣：《日本企业合并政策与产业政策协调关系的变迁》，载于《世界经济与政治论坛》2005 年第 9 期。

[85] 潘素昆、张玉梅：《日本重点产业政策评析》，载于《山西财经大学学报》2005 年第 12 期。

[86] 沈正平、刘海军、蒋涛：《产业集群与区域经济发展探究》，载于《中国软科学》2004 年第 2 期。

[87] 郑琰：《"雁阵模式"及其对我国产业升级的启示》，载于《华中农业大学学报》（社会科学版）1999 年第 2 期。

[88] 姜泽华、白艳：《产业结构升级的内涵与影响因素分析》，载于《当代

经济研究》2006年第10期。

[89] 汪同三、齐建国：《产业政策与经济增长》，中国科学文献出版社2003年版。

[90] 汪斌：《全球化浪潮中当代产业结构的国际化研究》，中国社会科学出版社2004年版。

[91] 李振泉等：《东北经济区经济地理总论》，东北师范大学出版社1998年版。

[92] 高伯文：《改革开放以来老工业基地改造的路向选择与分析》，载于《中国经济史研究》2008年第12期。

[93] 王彦堂：《东三省领舞这五年》，载于《东北之窗》2010年第11期。

[94]《国务院关于进一步加强东北地区老工业基地振兴战略的若干意见》，载于《中华人民共和国国务院公报》2009年9月27日。

[95] 张凤武：《东北老工业基地振兴策略研究》，载于《技术经济》2006年第12期。

[96] 李廉水：《中国特大都市圈与世界制造业中心研究》，经济科学出版社2009年版。

[97] 孔金平：《东北振兴与政府转型互动研究》，中国人民大学博士论文，2006年。

[98] 白永秀、赵勇：《后危机时代中国装备制造业的发展趋势及对策》，载于《福建论坛》（人文社会科学版）2010年第7期。

[99] 田也壮：《装备制造业存在问题及发展对策》，http://today.hit.edu.cn/articles/2006/08-10/08110504.htm，2006年8月10日。

[100] 李萍、罗宁：《"世界工厂"与中国制造业发展定位：理论分析与事实观察》，载于《社会科学研究》2003年第4期。

[101] 吴敬琏：《发展中国家高新技术产业：制度重于技术》，中国发展出版社2002年版。

[102] 杜晓军：《制造业的国际转移规律和趋势》，载于《经济理论与管理》2003年第6期。

[103] 董必钦：《我国重大装备发展战略思考（下）——自主化、本土化、产业化、市场化》，载于《中国机电工业》2004年第7期。

[104] 程治方、赖水红：《建设投资紧缩形势下的化工装备制造业》，载于《石油和化工设备》2008年第8期。

[105] 翟东升：《装备制造业：动态、政策和构想》，载于《开发研究》

2009 年第 2 期。

[106]《国务院关于加快振兴装备制造业的若干意见》,载于《中华人民共和国国务院公报》2006 年 8 月 10 日。

[107] 石勇:《谈谈国外装备制造业的发展与振兴》,载于《求是》2007 年第 5 期。

[108] 新文:《我国将从五方面推进装备制造业发展》,载于《中国石化报》2009 年 12 月 7 日。

[109] 科学技术部专题研究组:《我国产业自主创新能力调研报告》,科学出版社 2006 年版。

[110] 吴学花、杨蕙馨:《中国制造业产业集聚的实证研究》,载于《中国工业经济》2004 年第 10 期。

[111] 李贤沛、胡立君:《21 世纪初中国的产业政策》,经济管理出版社 2005 年版。

[112] 张威:《中国装备制造业的产业聚集》,载于《中国工业经济》2002 年第 3 期。

[113] 赵彦云:《中国制造业产业竞争力评价和分析》,中国标准出版社 2005 年版。

[114] 唐晓华、李绍东:《中国装备制造业与经济增长实证研究》,载于《中国工业经济》2010 年第 12 期。

[115] 彭中文、何新城:《所有权性质、产业集聚与 FDI 技术效率溢出——来自中国装备制造业的经验证据》,载于《中国工业经济》2011 年第 6 期。

[116] 陈爱贞、刘志彪、吴福象:《下游动态技术引进对装备制造业升级的市场约束——基于我国纺织缝制装备制造业的实证研究》,载于《管理世界》2008 年第 2 期。

[117] 王玉、孙慧、吴昌南:《长江三角洲装备制造业产业区带实证研究》,载于《财经研究》2005 年第 9 期。

[118] 尤建新:《装备制造业社会经济贡献力评价指标的研究》,载于《数量经济技术经济研究》2002 年第 4 期。

[119] 金碚:《世界分工体系中的中国制造业》,载于《中国工业经济》2003 年第 5 期。

[120] 李新:《高新技术产业集群及运行效应研究》,西南交通大学博士论文,2009 年。

[121] 唐中赋:《高新技术产业发展的评价研究》,天津大学博士论文,2003 年。

[122] 科学技术部社会发展科技司编写：《生物医学发展战略报告产业篇》，科学出版社 2009 年版。

[123] 林木西著：《东北老工业基地制度创新研究》，辽宁大学出版社 2009 年版。

[124] 王宏强著：《高新技术产业与区域经济发展》，华中科技大学出版社 2008 年版。

[125] 楚尔鸣、李勇辉著：《高新技术产业经济学》，中国经济出版社 2005 年版。

[126] 文先明著：《高新技术产业评价体系与发展战略研究》，中国财政经济出版社 2006 年版。

[127] 赵建春等著：《支持高新技术产业发展的公共政策》，河南人民出版社 2002 年版。

[128] 蒋殿春著：《行业特征与外商直接投资的技术溢出效应：基于高新技术产业的经验分析》，载于《世界经济》2006 年第 10 期。

[129] 张同斌：《中国高新技术产业区域发展水平的梯度变迁与影响因素》，载于《数量经济技术经济研究》2010 年第 11 期。

[130] 史丹、李晓斌：《高技术产业发展的影响因素及其数据检验》，载于《中国工业经济》2004 年第 12 期。

[131] 傅泽平等：《市场制度创新与高新技术产业发展研究》，载于《当代财经》2003 年第 9 期。

[132] 余泳泽：《我国高新技术产业技术创新效率及其影响因素研究——基于价值链视角下的两阶段分析》，载于《经济科学》2009 年第 4 期。

[133] 官建成、陈凯华：《我国高新技术产业技术创新效率的测度》，载于《数量经济技术经济研究》2009 年第 10 期。

[134] 叶学平等：《高新技术产业化需要企业制度创新》，载于《江汉论坛》2003 年第 2 期。

[135] 冷俊峰：《我国高新技术产业制度创新问题研究》，中南大学博士论文，2008 年。

[136] 张金杰：《论欧盟高新技术产业的发展及其政策调整》，载于《世界经济》1999 年第 10 期。

[137] 胡军国：《高新技术产业发展公共政策选择研究》，西南大学博士论文，2005 年。

[138] 匡致远：《论本国需求条件对高技术产业国际竞争力的影响》，载于

《学术研究》2003年第6期。

[139] 代瑞红：《基于产业集群的高新技术产业园区发展研究》，天津大学博士论文，2009年。

[140] 刘建冬、程洪瑾主编：《中国经济形势与能源发展报告（2010）》，中国电力出版社2010年版。

[141] 林伯强：《能源经济学理论与政策实践》，中国财政经济出版社2008年版。

[142] 周晓明著：《全球视野下江苏新能源产业发展研究报告》，东南大学出版社2010年版。

[143] 杨苹著：《广东新能源产业及促进政策研究》，华南理工大学出版社2011年版。

[144] 赵媛著：《可持续能源发展战略》，社会科学文献出版社2001年版。

[145] 王飞：《新能源产业发展的研究评述》，载于《电子工业专用设备》2010年第6期。

[146] 吕薇等：《促进新能源技术的开发利用》，载于《发展研究》2009年第2期。

[147] 张国有：《对中国新能源产业发展的战略思考》，载于《经济与管理研究》2009年第11期。

[148] 刘叶志：《关于新能源界定的探讨》，载于《能源与环境》2008年第4期。

[149] 王发明、毛荐其：《基于技术进步的新能源产业政策研究》，载于《科技与经济》2010年第2期。

[150] 肖英：《我国新能源技术进步问题与对策研究》，载于《科技进步与对策》2008年第2期。

[151] 井志忠：《日本新能源产业的发展模式》，载于《日本学论坛》2007年第1期。

[152] 刘鸿雁等：《保定新能源产业集群竞争力评价与分析》，载于《中国管理信息化》2008年第21期。

[153] 辜胜阻、王晓杰：《新能源产业的特征和发展思路》，载于《经济管理》2006年第11期。

[154] 鲁峰：《新能源产业可持续发展的战略思考》，载于《宏观经济管理》2009年第11期。

[155] 郝彦菲：《新能源产业回顾与展望》，载于《中国科技投资》2010年

第2期。

[156] 张贺文著：《湖南浏阳生物医药园的探索与实践》，湖南人民出版社2008年版。

[157] 王小宁等编著：《广东生物医药行业及促进政策研究》，华南理工大学出版社2011年版。

[158] 滕堂伟、曾刚等著：《集群创新与高新区转型》，科学出版社2009年版。

[159] 丁锦希：《制度战略理论框架下的技术创新政策作用机制研究——基于对江苏省生物医药高新企业的实证分析》，载于《软科学》2011年第11期。

[160] 张擎：《我国生物医药产业的地区布局》，载于《中国高新技术产业》2011年第29期。

[161] 王维刚：《中国医药产业成长特征与机理研究》，同济大学博士论文，2007年。

[162] 刘丽辉、杨伊侬：《发展我国生物制药业问题及对策》，载于《工业技术经济》2005年第6期。

[163] 陈文晖、刘颂：《生物技术及其产业化快速发展的原因探讨》，载于《学术论坛》2002年第5期。

[164] 马彦：《生物医药产业价值链的整合化研究》，复旦大学博士论文，2007年。

[165] 李泊溪：《论我国中药产业发展的战略背景与目标》，载于《世界科学技术——中药现代化》2001年第3期。

[166] 孙国君、邱家学：《试论医药产业的进入壁垒》，载于《中国药房》2003年第14期。

[167] 孙爱仙：《正在崛起的生物技术产业》，载于《中国创业投资与高科技》2004年第6期。

[168] 佟石：《基于价值网络的我国医药企业创新集成管理研究》，复旦大学博士论文，2004。

[169] 张飞燕：《我国医药产业技术创新现状与对策》，载于《中国药房》2003年第14期。

[170] 邹鲜红、罗承友：《基于DEA模型的我国医药制造业技术创新相对有效性研究》，载于《科技管理研究》2009年第9期。

[171] 罗增永：《我国医药产业政策研究》，西南财经大学博士论文，2008年。

[172] 周珺、徐寅峰：《企业间合作研发的发展趋势与动机分析》，载于《重庆大学学报》（社会科学版）2002年第10期。

[173] 艾静：《全球生物医药产业回顾与展望》，载于《中国创业投资与高科技》2004 年第 1 期。

[174] 蒋三庚主编：《现代服务业研究》，中国经济出版社 2007 年版。

[175] 罗必良著：《现代农业发展理论——逻辑线索与创新路径》，中国农业出版社 2009 年版。

[176] 张忠平主编：《现代农业与科技创新》，江西科学技术出版社 2008 年版。

[177] 蒋和平，辛岭著：《建设中国现代农业的思路与实践》，中国农业出版社 2009 年版。

[178] 王林贺著：《现代农业理论与实践》，河南科学技术出版社 2006 年版。

[179] 关付新著：《现代农业组织创新理论与实践》，中国经济出版社 2005 年版。

[180] 王碧峰：《我国发展现代农业问题讨论综述》，载于《经济理论与经济管理》，2008 年第 1 期。

[181] 高海水：《世界农业发展趋势与中国特色农业现代化道路的战略选择》，载于《经济经纬》2008 年第 3 期。

[182] 王慧娟：《加快构建辽宁现代农业产业体系》，载于《宏观经济管理》2011 年第 7 期。

[183] 张利庠：《现代农业产业链治理：主体与功能》，载于《农业经济与管理》2010 年第 1 期。

[184] 梁伟军：《交易成本理论视角的现代农业产业融合发展机制研究》，载于《改革与战略》2010 年第 10 期。

[185] 徐贻军：《湖南现代农业发展研究》，湖南农业大学博士论文，2009 年。

[186] 徐贻军：《湖南现代农业评价指标体系的构建及测评》，载于《湖南农业大学学报》2008 年第 4 期。

[187] 曹利群：《现代农业产业体系的内涵与特征》，载于《宏观经济管理》2007 年第 9 期。

[188] 洪艳：《现代农业集群式发展研究》，湖南农业大学博士论文，2009 年。

[189] 黄传武、唐任伍：《我国现代农业发展的困境和出路》，载于《中南大学学报》（社科版）2006 年第 5 期。

[190] 周琳琅：《关于现代农业发展的几个问题》，载于《经济问题探索》2007 年第 5 期。

[191] 席晓丽：《产业融合视角下的现代农业发展研究》，福建师范大学博

士论文，2008年。

[192] 郭翔宇：《黑龙江省农业社会化服务体系问题探索》，载于《求是学刊》2001年第9期。

[193] 尹成杰：《新阶段农业产业集群发展及其思考》，载于《农业经济问题》2006年第3期。

[194] 李冬艳：《吉林省农副食品加工业产业集群研究》，吉林农业大学硕士论文，2008年。

[195] 李成贵：《我国发展现代农业面临的主要问题和政策选择》，载于《学习与探索》2007年第4期。

[196] 高新民、安筱鹏著：《现代服务业——特征趋势和策略》，浙江大学出版社2010年版。

[197] 姚战琪等著：《技术进步与现代服务业》，社会科学文献出版社2009年版。

[198] 李朝鲜、李宝仁著：《现代服务业评价指标体系与方法研究》，中国经济出版社2007年版。

[199] 朱智著：《黑龙江省现代服务业发展研究报告》，中国商务出版社2009年版。

[200] 潘海岚著：《中国现代服务业发展研究》，中国财政经济出版社2008年版。

[201] 任英华著：《现代服务业集聚统计模型及其应用》，湖南大学出版社2011年版。

[202] 包晓雯著：《大都市现代服务业集聚区理论和实践——以上海为例》，中国建筑工业出版社2011年版。

[203] 闫星宇：《我国现代服务业主导产业选择研究》，载于《中国工业经济》2010年第6期。

[204] 张洁：《现代服务业发展模式及其国际借鉴》，载于《改革》2010年第5期。

[205] 孙青虎：《区域科技实力对现代服务业发展的影响分析》，载于《工业技术经济》2011年第5期。

[206] 李志平：《现代服务业集聚区形成和发展的动力机制研究》，同济大学博士论文，2008年。

[207] 张华平：《河南省现代服务业发展评价及对策研究》，载于《经济经纬》2011年第2期。

[208] 刘徐方：《现代服务业融合发展的动因分析》，载于《经济与管理研究》2010年第1期。

[209] 金荣学：《现代服务业集聚效应与经济发展研究——基于中国省级面板数据的实证分析》，载于《财政研究》2009年第11期。

[210] 王波：《中国现代服务业地区差异与集聚发展的实证研究》，吉林大学博士论文，2009年。

[211] 任英华：《现代服务业集聚竞争力评价模型及其应用》，载于《统计与信息论坛》2010年第10期。

[212] 代文：《现代服务业集群的形成和发展研究》，武汉理工大学博士论文，2007年。

[213] 盖文启、朱华最：《产业的柔性集聚及其区域竞争力》，载于《经济理论与经济管理》2001年第10期。

[214] 刘恒江、陈继祥：《国外产业集群政策研究综述》，载于《外国经济与管理》2004年第11期。

[215] 程大中、黄雯：《中国服务业的区位分布与地区专业化》，载于《财贸经济》2005年第7期。

[216] 姚莉英：《服务业集群发展模式研究》，载于《广东社会科学》2006年第4期。

[217] Arrow, K. J. The Organization of Economic Activity: Issues Pertinent to the Choice of Market versus Non-Market Allocation [J]. In The Analysis and Evaluation of Public Expenditures: The PBB-System, Joint Economic Committee, 91th Cong., 1st sess., Vol. 1. Washington D. C.: Government Printing Office, 1969: 24–26.

[218] Doglass C. North. Institutions and Economics Theory [J]. The American Economist, 1992, XXXVI (1): 3–6.

[219] Grossman, G. and Hart, O. The Costs and Benefits of Ownership: A Theory of Vertical and Lateral Integration, Political Economy, Vol, 1986, 94: 691–719.

[220] Henry L. Diamond, Patrick F. Noonnan. Land Use in America [M]. USA: Island Press, 1996: 123–125.

[221] I. Fisher. Elementary Principles of Economics [J]. New York: Macmillan, 2000, 1923–1927.

[222] India Institute of Marxist Studies (IIMS). Land Reforms in Bihar and the Left [R], 1997: 4.

[223] North. D. C. Structure and Change in Ecomomic History [M]. Norton, 1981.

[224] Blakely E. & Brian H. Inducing High Tech: Principles of Designing Support Systems for the Formation and Attraction of Advanced Technology Firms [J]. *International Journal of Technology Management*. 1987, Vol. 2.

[225] Jeffrey R. Divided Sun: MITI and the Breakdown of Japanese High-Tech Industrial Policy, 1975 – 1993 [J]. *Business History Review*, 1997, Vol. 71.

[226] David J. & Coleman, M. The meaning of monopoly: Antitrust analysis in high-technology industries [J]. *Antitrust Bulletin*, 1998, Vol. 43.

[227] Storey, D. Public policy measures to support new technology-based firms in the European Union, *Research Policy*, 1998, Vol. 26.

[228] Sang-Chul Park. The city of brain in South Korea: Daedeok Science Town [J]. *International Journal of Technology Management*, 2004, Vol. 28.

[229] Nobuya Fukugawa. Science parks in Japan and their value-added contributions to new technology-based firms. *International Journal of Industrial Organizationa*. 2006, Vol. 24.

[230] Knowles, Cynthia R. *Up All Night: A Closer Look at Club Drugs and Rave Culture*. Red House Press, New York, 2001.

[231] Hurwitz M. and Caves R. "Persuasion or Information? Promotion and the Shares of Brand-Name and Generic Pharmaceuticalsls", Journal of Law and Economics, 1998, Vol. 31.

[232] Matraves, Catherine. "Market Structure, R&D and Advertising in the Pharmaceutical Industry," Journal of Industrial Economics, Wiley Blackwell, 1999, Vol. 47 (2).

[233] Hollis, Aidan. "How do Brand's" Own Generics "Affect Pharmaceutical Prices?". Review of Industrial Organization 2005, Vol. 27 (4).

[234] Scott, A. J. Flexible Production Systems and Regional Development: The Rise of New Industrial Spaces in North American and Western Europe. International Journal of Urban and Regional Research, 1988, 12.

[235] Moulaert. F, Gsllouj. The Locational Geography of Advanced Producer Firms: The Limits of Economies of Agglomeration in Daniels. The geography of services Frank Cass, 1993.

[236] Daniels P. W. The geography of services. Progress in Human Geography,

1986 (10).

[237] Heris, S. The service economy: a geographical approach, Roskilde University, Denmark, England: John Wiley & Sons Ltd, 1996.

[238] Sam Ock Park, Kee-Bom, Spatial structure and inter-firm networks of technical and information producer services in Seoul, Korea. Asia Pacific ViewPoint, 1998, 39 (2).

后　　记

　　本书是国家"211工程"三期重点学科建设项目"东北老工业基地全面振兴"的标志性成果之一。

　　本书的写作最早源于2008年"辽宁中部城市群政协论坛第五次（辽阳）会议"，那次会议的中心议题是建立辽宁中部城市群国家综合配套改革试验区。作为论坛的专家组组长，本人做了题为"建立辽宁中部城市群综合配套改革试验区的总体思路与基本框架"的主旨发言，主要是吁请省委、省政府向国家力争在辽宁中部城市群建立综合配套改革试验区。应该说那次会议的主题、主旨报告和会后辽宁中部城市群7城市政协给省委、省政府的建议报告起到了重要的作用。此后，经省委研究决定将"辽宁中部城市群"改为"沈阳经济区"，并由原来的7城市改为8城市（增加阜新）。2008年、2009年全国"两会"期间，沈阳经济区8城市政协曾连续两年向国家呼吁建立沈阳经济区国家综合配套改革试验区，并于2010年4月6日得到国家批准，终于使沈阳经济区上升为国家战略。对此，《人民日报》2010年6月8日曾以"一个论坛与一个国家战略的诞生"为题进行了专门报导。

　　在沈阳经济区建立国家综合配套改革试验区是一件大事。但这个专题性的国家综合配套改革试验区到底以什么为主题，在当时是有不同意见的。辽宁省政府上报的、由国家发改委最后批准的是"新型工业化"国家综合配套改革试验区。但我个人坚持认为，这个主题过于宽泛，因为"新型工业化"涉及工业化和信息化两个方面，而信息化并非辽宁或沈阳经济区的长项。因此我一直主张以"新型产业基地"作为主题，并承担了2009年度辽宁经济社会发展重大课题"沈阳经济区上升为新型产业基地全国综合配套改革试验区研究"（此课题连同前期研究成果于2009年、2010年先后获辽宁省第二届哲学社会科学学术年会优秀成果一等奖、辽宁经济社会发展重大课题优秀结题成果一等奖）。

　　尽管国家发改委最终批复沈阳经济区作为"新型工业化"国家综合配套改革试验区，但我认为并不影响对"新型产业基地"的研究，因为这对沈阳经济区乃至辽宁（东北）老工业基地全面振兴具有典型意义，对全国乃至世界老工业基地改造与振兴具有普遍意义。正是从这个意义上,我与我指导的两位博士赵德起副教授、张华新副教授一起编写了这本《东北老工业基地新型产业基地建设研究》。

在此期间,我以本书研究为基础主持了辽宁省发改委"十二五"规划前期重点课题"辽宁省'十二五'产业结构调整思路研究"。因为有了本书的研究基础,遂使这项研究进展顺利,2011年获得辽宁省第三届哲学社会科学学术年会优秀成果一等奖,并得到了省委、省政府主要领导的充分肯定和批示:省委副书记、省长陈政高的批示为:这些研究成果,集中体现了"十二五"规划前期工作的成果,凝聚了全省各界人士的智慧,对研究制定辽宁省"十二五"规划具有重要的参考价值。中共辽宁省委在形成"十二五"建议的过程中,充分吸收了包括本研究成果在内的有关建议,辽宁省社科联对此也下发文件予以表扬和奖励。

虽然如此,本书对东北老工业基地新型产业基地的研究只是刚刚"破题",由于考虑到整套丛书的体系以及高校研究的特点,本书在规范研究方面着墨偏多,而在实证分析和案例分析方面略显不足,从而为以后进行延续分析提供了发展空间。

本书的出版得到了国家级出版社——经济科学出版社总编辑吕萍等同志的大力支持,同时也得到校内外有关人士的帮助,在此表示衷心的感谢。

林木西

2011年12月3日